für meine Kinder,

für Alle die ich liebe.

Eike Rappmund

Praxis-

Handbuch: Manipulation

Mentalmagie aus der Welt
der Hirnforschung, Psychologie und Hypnose

Fachbuch für den grundsätzlichen Einsatz
weit hinter den Regeln von Grammatik und Rhetorik

Für professionelle Manipulateure und schockierte Manipulierte,
für Anfänger und Fortgeschrittene in allen Lebenslagen.

tredition®

Umschlaggestaltung: CoCo A. Achinger, Mallorca
Lektorat: Jörg Querner, Anti-Fehlerteufel, Pforzheim
Bildquelle: ©Eric Isselee/123RF.COM

Verlag: tredition GmbH, Hamburg
ISBN: 978-3-8495-6765-1
Printed in Germany

Bibliografische Information der Deutschen Nationalbibliothek:
Die Deutsche Nationalbibliothek verzeichnet diese Publikation in der Deutschen Nationalbibliografie; detaillierte bibliografische Daten sind im Internet über http://dnb.d-nb.de abrufbar.

Inhalt

TEIL III - Grundlagen

TEIL IV - Nonverbales

TEIL V - Verbales

TEIL VI - Systemisches

TEIL VII - Mein Nachwort

TEIL VIII - Quellen

TEIL VIII - Angehängt

TEIL I - Einleitung

Persönliche Einflussnahme

Mein lieber Leser,

meine liebe Leserin,

es freut mich sehr, dass Du die ersten Seiten meines Buches aufgeschlagen hast. Es hat Dich ganz offensichtlich neugierig gemacht. War es der provokante Titel? Oder hast Du die Bewertungen der anderen gelesen und Dir gedacht: Das Ding muss ich auch haben? Vielleicht beschäftigst Du Dich ja beruflich mit zielorientierter Kommunikation? Oder Du willst einfach mehr über solche Strategien wissen, die Profis so verfolgen, um bei Dir an Ihr Ziel zu kommen? Schade, dass ich so wenig über Dich weiß. Ich kann ja nur Vermutungen anstellen ... Nun hältst Du aber mein Buch in den Händen, und das macht mich vor allem eins: dankbar und stolz. Warum?

Weißt Du, dieses Buch hat über zwanzig Jahre Leben gebraucht, um zu reifen. Um sich zu entwickeln. Um sich Stück für Stück zusammenzufügen. Über zwei Jahrzehnte, in denen vieles aus Therapie, Marketing und Wissenschaft in mein Leben schlitterte und ich oftmals heftig mit mir ringen musste, um nicht den roten Faden zu verlieren. Manches, was mir begegnete, schien in seiner Aussage unvereinbar mit dem, was ich schon wusste. Anderes hingegen ergänzte wiederum alte Fäden auf wundersame Weise. Eine spannende Reise war und ist das. Nicht nur einmal hatte ich in dem bunten Meer der Möglichkeiten das Gefühl: Jetzt! Genau jetzt den Stein der Weisen gehoben zu haben. Naja, bis eben der nächste Stein dazu kam.

Auf all diesen Wegen des leidenschaftlichen Sammelns von Wissen und Erkenntnis, der Freude an der Auseinandersetzung mit mir fremden Gedanken und Denkern, und den Safaris, oftmals weit hinter den Grenzen des mir Denkbaren, habe ich immer versucht all die Entdeckungen zusammenzubringen. Zusammenzudenken. Zusammen in so etwas wie ein großes logisches Ganzes, das nur für einen einzigen Zweck entstehen muss: Es soll helfen. Helfen, die Lebendigkeit zu wecken. Die Lust am Leben zu schüren. Die Neugier für Wege zu entzünden, die schnell schon aus alten, beengenden Grenzen führen können. Es soll befreien. Dem Leben dienen. Bewusstheit schüren. Und Klarheit schaffen, die den Dunst des trüben Alltags vertreibt. Dieses Buch, das Du da jetzt in den Händen hältst, soll genau all das sein: ein Reiseführer.

Du kannst Dir vorstellen, dass sich psychologische Konzepte, Marketingstrategien, Entdeckungen der Wissenschaft und theologische oder spirituelle Erleuchtungsformeln naturgemäß nicht sonderlich gut miteinander vertragen und ganz schön für Verwirrung sorgen können. Und doch: Genau aus diesen Spannungsfeldern ist das Handbuch entstanden. Deshalb berührt es mich, wenn ich mir vorstelle, dass genau Du jetzt dieses Buch in deinen Händen hältst und darin rumblätterst. In meiner Vorstellung musst Du daher ein ähnlicher Querdenker sein wie ich. Jemand, der Lust daran hat, alte Grenzen und Überzeugungen immer wieder in Frage zu stellen. Lust daran, Neues zu entdecken. Dazuzulernen. Jemand, der Lust daran hat, sein eigenes Leben immer wieder und weiter auszudehnen und damit zu verlebendigen. Das ist einfach etwas Berührendes.

Ja, ich weiß: Diesen kleinen Exkurs über das Buch, meine Vorstellungen zu Dir und den Ton, den ich dabei anschlage, das alles könnte man auch in einem Ratgeber für Persönlichkeitsentwicklung wiederfinden. Ganz so tiefschürfend und esoterisch verklärt will ich zwar gar nicht daherkommen, dennoch macht es mir großen Spaß, solche unter Umständen als nicht so passend empfundene Worte eben nicht einfach zu streichen, nur weil „man das eben nicht macht“! Weil solche Worte hier, in einem publizistischen Fachbuch zum Thema Manipulation und Ein-

flussnahme, einfach nicht hingehören und Dich als Leser vielleicht irritieren könnten. Genau deshalb aber muss ich es schreiben! Ich will Dich doch nicht schon im Vorwort dazu verführen, alte, von irgendwem vorgegebene Pfade einfach so unreflektiert abzulatschen! Sonst hätte uns ja ein ganz ominöser Unbekannter schon vor dem ersten Kapitel erfolgreich manipuliert.

Dennoch: Meine liebe, pingelige Lektorin Frizzi hat mir aufgetragen, dass ich trotz allem Querdenken auf jeden Fall hier und vorneweg die Frage beantworten muss, worum es in diesem Buch eigentlich ganz konkret geht. Und was es so anders macht als die vielen (und auch wirklich tollen) anderen, die es sonst noch so auf dem Markt zum Thema Manipulation und Einflussnahme gibt. Sie meint, das erwartest Du als Leser. Und sie meint, dass ich doch in der Einleitung das Pferd nicht von hinten aufzäumen soll!

Nun, den letzten Gefallen werde ich ihr (und vielleicht auch Dir) hier am Anfang nicht machen. Das ist ja genau das, was ich zu Beginn will: Nicht gleich Antworten liefern, die sich dann irgendwo im Nirwana deiner Hirnwindung ihren eigenen Weg suchen. Sondern ich will erstmal gemeinsam mit Dir ein Stück Weg gehen. Erstmal ein bisschen was mit Dir Erleben. Entdecken. Eine Beziehung zur Dir aufbauen – auch wenn ich noch nicht so recht weiß, wie man das mit einem Buch anstellen kann. Aber Du wirst schon sehen ...

Aber ich verspreche Dir, nach der Einleitung strukturiere ich den ganzen Rest des Buches dann so was von klar! Kapitel um Kapitel werden aufeinander aufbauen und Dir Stück um Stück den ganzen Horizont des Themas zeichnen. Zeichnen, dieses eine große Ganze, was ich über die Jahrzehnte zusammengetragen habe. Somit nehme ich mir jetzt die Freiheit und lade Dich hier auf den ersten Seiten dazu ein, mich auf einer kurzen Reise zu begleiten. Zu begleiten durch ein paar Seiten, die nichts anderes wollen, als um dieses eine zu werben: Offenheit für das Thema. Für Lust und Neugier, für das Erkennen von ein paar der eigenen Grenzen, um sie womöglich mit einem Schmunzeln an einer Stelle des Weges letztlich ganz zu überwinden. Erlaube mir also bitte, mit Dir zu Beginn einfach ein paar Schritte durch meine Geschichte und ein paar meiner Gedanken zu gehen. Lass uns ein paar Schritte gemeinsam tun, die vielleicht so etwas wie eine besondere, innere Haltung unterstützen könnten, von der Du später profitieren wirst.

Ok. Aber was ist nun das Besondere an diesem Handbuch? Um was geht es hier, im „Handbuch Manipulation", ganz konkret? In einem Satz: um den großen Bogen des Verstehens! Ich werde mich also in diesem Buch nicht damit begnügen, Dir irgendwelche Spezialstrategien bis zur Unkenntlichkeit zu sezieren. Damit entsteht kein grundlegendes Verständnis über Zusammenhänge und Wirkmechanismen, die tief in uns Menschen verankert sind und uns so offen und bereit für Einflussnahme und Manipulation machen. Damit würde auch keine Autonomie entstehen und somit keine neuen Wahlmöglichkeiten! Stattdessen werde ich Dir Stück für Stück aufzeigen, wie Manipulation und Einflussnahme grundsätzlich und überhaupt wirken und funktionieren. Ich werde Dir Bausteine aus unterschiedlichen Spezialbereichen an die Hand geben, mit denen Du eigenständig, kreativ und professionell hervorragend selbst deine eigenen Strategien entwickeln kannst. Fertige Konzepte findest Du in diesem Handbuch also nicht. Diese findest Du als Ergänzung auf der Web-Site. Kontinuierlich neue, aktuelle und spannende. Schau doch später mal vorbei.

Und das ist es auch, was dieses Handbuch so besonders macht. Du findest hier einen fundierten Überblick wie kaum anderswo. Ein großes Ganzes eben, das Dir un-

endlich viele verschiedene Wege aufzeigt, auf denen Du weitergehen kannst – ganz nach Deinem Geschmack. Ich sage Dir nicht, was Du wie tun musst. Dafür zeige ich Dir aber die Wirkprinzipien, auf denen alle Konzepte der Einflussnahme grundsätzlich basieren. Ganz egal, ob das Strategien aus der Werbung, dem Marketing, der Therapie, aus der Persönlichkeitsentwicklung oder der spirituellen Alltagspraxis sind. Letztlich lassen sich alle von diesen durch die Brille meines Handbuchs gut erkennen, verstehen und am Ende auch eigenständig nutzen.

Wenn Du diesen Blick hinter die Kulissen erleben willst und verstehen, was da wie und warum funktioniert, dann ist dieses Buch ganz sicher das Richtige für Dich. Es ist zwar ein bisschen Arbeit, aber dafür eine, die Spaß macht und sich nachhaltig auszahlt. Sicherlich wirst Du schon nach den ersten Seiten viele kleine und größere Erfolge feiern können. Ganz egal, ob Du Profi bist, ganz privat hier unterwegs oder aus welcher Ecke auch immer das Buch dein Interesse geweckt hat. Eins ist sicher: Wir üben hier kein Trockenschwimmen. Ich verspreche Dir, dass ich auf jeder einzelnen Seite versuchen werde, so nah wie mir nur irgend möglich bei Dir zu bleiben. Ich werde nicht in unnahbare und alltagsferne Theorien abdriften. Ich werde mein Bestes geben, um Dir so lebendig wie möglich jede einzelne Baustelle zu präsentieren, an der Du dann selbständig weiterarbeiten kannst. Am Ende haben wir es dann gemeinsam geschafft. Und ein neues, hoffentlich größeres Ganzes erschaffen. Ein Ganzes, in dem all das, was Du miteinbringst, genauso viel Platz haben wird, wie all das, was ich Dir zeigen werde, und das, was an Entdeckungen und Einfällen noch irgendwann kommen mag. Dann wirst Du dein eigenes „großes Ganzes“ erschaffen! Vielleicht halte ich ja dann irgendwann einmal ein Buch von Dir in der Hand.

Jetzt aber wünsche ich Dir, mein lieber Leser (ob männlich oder weiblich, ihr könnt Euch beide in dieser Formulierung angesprochen fühlen), ganz viel Freude, Neugier und Lust auf Leben, hier beim Studieren, Erkennen und Ausprobieren. Vielleicht treffen wir uns ja mal irgendwann persönlich. Dann werden wir womöglich beide dieses Schmunzeln im Gesicht haben, wenn wir Fachsimpeln über diese unsere spannende Welt voller spannender Menschen.

Dein Eike

Im Frühjahr 2014

der erste
Überblick

Wie alles begann
Ein Bisschen was über das Woher, Wohin, Wie und Warum

Das Problem mit den Begriffen
Ethik, Moral & Manipulation

Anleitung
Über den Umgang und den Möglichkeiten mit diesem Buch

Einleitung

Wie alles begann

Irgendwann Mitte der 1980er Jahre war es endlich so weit: Das ewige Umziehen hatte ein Ende[1] . Irgendwo, inmitten saftiger, tiefgrüner Wiesen, hatten wir in einem kleinen Allgäunest eine neue Heimat gefunden. Alles war zu Fuß erreichbar. Die Schule in fünf Minuten. Der Schlosspark in acht. Die Kneipe in zehn. Und die Kirche in vierzehn Minuten. Sicher, im Vergleich zur heutigen Zeit, in der vieles innerhalb von Sekunden oder wenigen Momenten geschehen sein muss, sind natürlich ein, zwei Handvoll Minuten schon fast eine Ewigkeit. Doch in meiner Jugend war es eben so: Wollte man wissen, was ein Freund machte, musste man hingehen, klingeln, höflich bei den Erziehungsberechtigten sein Anliegen vortragen, warten, bis sie den Spielgefährten riefen, um dann endlich eingelassen zu werden. Alles ein bisschen aufwendiger, als einfach nur auf einen Knopf zu drücken und in Facebook nachzulesen, was der Freund denn machte. Ich weiß.

Irgendwie hat sich das alles gewandelt. Mit einem müden Blick, morgens um halb acht über die dampfende Kaffeetasse hinweg, bekomme ich meistens – noch bevor mir selbst klar ist, wie es mir denn heute geht – schon mehr Statusberichte über die aktuelle Gemütslage meiner vielen virtuellen Freunde, als ich überhaupt im Laufe des ganzen Tages noch verarbeiten werde können. Aber lustigerweise haben mir diese stark beschleunigten Interaktionsmöglichkeiten damals nicht gefehlt. Die-

1 Vielen Dank Papa, auch noch mal an dieser Stelle.

ses Mehr an Aufwand war okay, und gelangweilt haben wir Burschen uns sicher nicht. Bis auf eine Ausnahme. Irgendwo in den aufregenden Fluten unserer Jugend grinste einem steinig und karg diese eine Insel der gähnenden Langeweile entgegen: die Schule. Auf schwarzen Plastikstühlen und an weißen Plastiktischen sitzend – in die man nicht einmal mehr die Initialen seiner ersten großen Liebe einritzen konnte – wurde man trainiert. Dazu trainiert, sechs Stunden lang mucksmäuschenstill zu sein. Dazu trainiert, den Blick entweder nur nach vorne zu richten, auf die unleserlichen, grün-weißen Muster, die der Lehrer an die Tafel kritzelte, oder konzentriert auf das Heft vor der eigenen Nase. Die größte Herausforderung bestand nicht nur darin, nicht einzuschlafen, sondern sich davon auch noch so viel wie möglich in die Birne zu hämmern. Damals hielt ich dies für ein meist hoffnungsloses Unterfangen. Warum die zehn Millionen Milliarden Synapsen meines Gehirns in diesen Jahren nicht zusammen funken und feuern wollten, blieb mir erst mal ein Rätsel. So habe ich das in etwa erlebt.

Zumindest scheint sich ja auch bis heute nicht wirklich viel an diesem Lehr- und Lernsetting geändert zu haben. Was sich gerade erst etabliert hat, lässt sich eben auch nicht mehr ganz so leicht verändern. Und so ein Schulsystem ist ja so was von etabliert ...

Ich für meinen Teil hatte damals zum Glück noch so etwas wie ein Notfallprogramm in der Tasche. Eine Reißleine. Sagen wir mal so: Wuchs die Sorge in mir, dass mein lebensfroher Geist durch die monotone Expansion des Schulalltags noch den letzten Funken seiner wild interagierenden Netzwerke zum Erlöschen bringen könnte, zog ich es vor, lieber lauthals die Eigenheiten des Lehrkörpers zu kommentieren, als mir weiter die Vitalität meines Gehirns zu verkleben. Zwar brachte mir diese Strategie eine unmittelbare Verortung meines gesamten Biosystems vor die Tür ein, aber immer noch besser, die Terrakottafliesen in den Schulgängen zu zählen, als vom schleichenden Tod des Systems „Unterricht" heimgeholt zu werden.

Zumindest dachte ich damals so. Gott sei Dank gab es da noch kein Ritalin. Mit Sicherheit wäre ich sonst als ruhig gestelltes ADHS-Opfer im weichen Plüschmäntelchen der Droge durch meine Jugend gekugelt worden. So blieb mir wenigstens die Chance, die Grenzen, die meinem Leben eine Richtung geben sollten, stets eigenverantwortlich auf Bestand zu prüfen oder zumindest so lange verwundert in Frage zu stellen, bis ich meine eigenen Grenzen dann irgendwann selbst setzen konnte.

So war es in meiner Jugend. Und zum Glück bin ich dann doch noch irgendwie in der Oberstufe gelandet. Mit der Möglichkeit, die Inhalte des Schulalltags wenigstens ansatzweise mitbestimmen zu können, wurde es auch zunehmend besser. Die Rituale dieses sturen Systems ließen sich besser akzeptieren und das Mitspielen wurde Jahr für Jahr routinierter. Noch besser wurde es dann natürlich im Studium. Nicht nur dadurch, dass ich nicht mehr aus dem Klassenzimmer flog, plötzlich entsprachen auch meine Leistungsbewertungen dem Rechenvermögen, das ich meiner anderthalb Kilo schweren Denkmaschine schon immer zugetraut hatte.

Heute, im Rückblick auf diese ersten zwanzig, fünfundzwanzig Jahre, wird mir vieles klarer. Heute kann ich verstehen, wieso Schule Lehr- und nicht Lernanstalt heißt. Ich kann verstehen, wieso es mir damals so viel schwerer fiel, mich auf Mathematik, Französisch oder Erdkunde zu konzentrieren als auf Deutsch, Geschichte oder Biologie. Heute, viele Jahre später, verweist mich die Reflexion meiner stürmischen Jugendtage auf einen Schatz, den manch ein anderer wohl erst noch aus endlosen Frustrationsschleifen heben muss. Die vielen scharfen Ecken und Kanten, an denen ich mich gestoßen habe, die schwindelerregenden Höhen und abgrundschwarzen Tiefen, durch die ich hindurchmarschiert bin, haben mir letztendlich eine Ressource freigelegt, ohne die ich mir mein Leben nicht mehr vorstellen könnte: Neugier!

Neugier ist in meinem Leben so etwas wie ein Überlebenselixier. Meine Neugier schenkt mir die innere Freiheit, erst mal nichts so stehen lassen zu müssen, wie es zu sein scheint. Neugier ist für mich der Zauberspruch, der einen offen und begierig durchs Leben kreuzen lässt, wie durch ein Schlaraffenland an Möglichkeiten. Neugier zeigt mir, wo mein Leben beginnt und wo es abrupt aufhört. Neugier lässt Fragen entstehen, deren Antworten nach und nach immer mehr Qualität und Lebenslust erwecken können. Sie bringt Klarheit in vieles, das im Sumpf der geliebten Alltagsrealität abzusaufen droht. Neugier lässt die Sonne dort aufgehen, wo ich mir im Dunkel meiner Orientierungslosigkeit die Nase anschlage. Neugierig sein ist wahrhaft eine Ressource, ohne die ich mir nicht vorstellen könnte zu leben, und Du?

Nun hat Neugier leider nicht nur eine lustvolle Seite, sondern auch eine harte und kernige. Im strahlenden Glitzern eines neu gehobenen Schatzes, in der Klarheit eines frischen Weitblicks fällt einem im gleichen Atemzug leider auch die Aufgabe der Verantwortung unsanft auf die Füße. Schließlich will der Weg, den das Licht der Erkenntnis zu erhellen scheint, ja auch gegangen werden. Was man da wahrgenommen hat und nun auch langsam zu verstehen beginnt, will ja auch umgesetzt und gelebt werden. Alles beim Alten zu belassen geht dann nicht mehr. Der Zug ist durch!

Lieber Leser, lass Dich gleich zu Beginn von mir warnen: Was ich auf den folgenden Seiten zusammengetragen habe und Dir zum einen als Backgroundwissen anbiete und zum anderen als konkreten Schlachtplan gegen den scheinbar freien Willen deines Gegenübers, will Dir nicht nur den Heiligenschein der Manipulation verleihen, und das in schwindelerregender Rotation um dein Ego, sondern Dich vor allem neugierig machen. Neugierig auf die Vielfalt von Leben. Neugierig auf die Möglichkeiten, die in Dir und uns allen stecken. Neugierig auf die Tiefe und Leichtigkeit von Bewusstheit und den Spaß dabei, wenn man sich mal wieder dabei ertappt, wie man als gut dressierter Affe im Kreis hüpft. Zumindest habe ich ungefähr das im Sinn, wenn ich auf all die Strategien, Forschungsergebnisse und Übungen vor mir auf den Tisch blicke, die nur darauf warten, die kommenden Seiten dieses Buchs zu füllen.

„Wissen nur um des Wissens willen" ist für mich sinnlos und funktioniert auch nicht. Spaghetti kaufst Du Dir ja auch zum Essen und nicht einfach um ihrer selbst willen. Wissen ist nur dann sinnvoll, wenn es einen konkreten Beitrag zum Leben leistet. Das war auch schon damals in der Schule mein Problem. Kurvendiskussionen, Formelsammlungen und selbst Sprachen lernen konnte an nichts in meinem noch jungen Erfahrungsschatz richtig andocken. Physikaufgaben klangen für mich in etwa so: „Es waren einmal zwei Kamele, eins davon war lila. Wie viel wiegt der Sand, wenn es dunkel ist?" (@_phantomscherz_, 2013)

Heute erklärt Gerald Hüther (Hüther, 2008) ganz locker, „dass ein Kind sowieso nicht imstande ist, wirklich etwas Neues zu lernen. Es kann immer nur etwas Neues zu dem bereits vorhandenen Wissen und den bereits entwickelten Fähigkeiten hinzulernen. Neues muss also immer an bereits vorhandenes anknüpfbar, assoziierbar sein." Kein Wunder also, dass ich neulich auf einmal meinem Sohn ausrechnen konnte, wie viele PCs er für seine LAN-Party an eine Steckdose anschließen kann, bis die

Sicherung durchbrennt – in der siebten Klasse Physik war mir das noch ein Buch mit sieben Siegeln. Aber nun, nach eigenen unzähligen Elektroinstallationen bei Renovierungen, Umbauten und während einigen „Büro-Reorganisierungs-Phasen" war es plötzlich das Selbstverständlichste von der Welt. Und seitdem ich mein Leben mit einer fließend Spanisch sprechenden Schönheit teile, fällt mir auch das Vokabellernen erstaunlicherweise leichter als jemals zuvor während meiner gesamten Schulzeit.

Wenn Du also merkst, dass Du Dich durch das angehäufte Wissen dieses kleinen Handbuchs quälen musst, dann könnte es klug sein, Dir ein ganz konkretes, lebensnahes Szenario vor Augen zu rufen, um darauf all die Ideen, Experimente und Übungen zu projizieren, die ich Dir in den einzelnen Kapiteln vorstelle. Vielleicht ist es ja dein Beziehungspartner – im Kapitel „Wie ich mir ein ‚Ja' erschleiche!" – oder dein Chef, wenn ich über das Kontrastprinzip philosophiere. Wie auch immer, wenn Du plötzlich merken solltest, dass es leicht und einfach geht und Du die trockenen psychologischen Abhandlungen wie ein Kochbuch lesen kannst, dann bist Du dabei! Dann hast Du dein Gehirn aktiv in einer zielgerichteten und erfolgreichen Art und Weise manipuliert. Die sogenannte Wunderfrage lautet: „Was wäre, wenn ich ein Profi in angewandter Manipulation wäre? Wie könnte es mir gelingen, meine Ziele zu erreichen? Wie würde mein Umfeld meinen neuen Erfolg beklatschen? Welche Möglichkeiten würde ich dann als Nächstes anpacken und nutzen? Und so weiter. Das kann Dich vielleicht hier und da auf ein paar Ideen bringen, um passende, assoziierbare Netzwerke in deiner Denkmaschine wachzurütteln.

Wenn es dann bei Dir gut klappt, kannst Du diese Strategie ja vielleicht auch deinen Kindern beibringen oder besser noch gleich dem Lehrkörper, in dessen Fängen täglich dein Nachwuchs um seine Zukunft ringt. Lernen, leichter zu lernen, wäre doch mal ein wirklicher Lernerfolg, oder nicht?

Wie Du siehst, hin und wieder lohnt es sich, die eine oder andere Grenze, die unser Gehirn uns vorspielt – als ob wir sie hätten – einfach mal links liegenzulassen. Am einfachsten geht das nach meiner Erfahrung in vier kleinen Schritten: Zu Anfang sollte man Grenzen (die man glaubt zu haben) erst einmal als solche wahrnehmen und erkennen. Erkennen, wie diese auf das eigene Leben wirken. Erkennen, in welche Richtung sie einen drängen. Erkennen, für was sie gut sind, aber auch, was sie verhindern. Damit ist aller Anfang gemacht.

Dann sprudelt im zweiten Schritt von ganz allein dieses Elixier empor, das ich „Neugier" nenne. Falls man sich nicht in grenzerhaltenden Notfallplänen verfangen hat, will man dann meist mehr. Man will verstehen, statt einfach nur nachzuplappern, was andere als gegeben postulieren, was andere als korrektes Verhalten definieren und damit bestimmen, was „man" so zu tun und zu lassen hat. Man will verstehen, warum man einmal diese richtungsweisenden Gassen für sich in die synaptischen Furchen seines Gehirns gepflügt hat. Man will verstehen, was an ihnen hilfreich war und was es ist, das einen hilflos macht. Im Verstehen beginnt Tiefe. Eine Tiefe, aus der Handlungsfreiheit aufzukeimen beginnt.

Dazu muss man dieses Stückchen der neu erlangten Bewusstheit aber erst ein wenig gießen. Gut gegossen wird dann nämlich etwas ganz Entscheidendes frei: die Möglichkeit zu wählen! Wo vorher nur Sackgassen waren, eröffnet sich vor einem plötzlich ein Horizont, eine Vielfalt an Angeboten. Aber Wahlmöglichkeiten sind nicht nur Geschenk, sondern auch Aufgabe: Man muss entscheiden! Doch im Entscheiden wohnt auch ein Zauber. Im aktiven, selbst zu verantwortenden Handeln erlebt man sich so stark wie nirgends sonst als autonomes, lebendiges und vitales Individuum.

Wenn man sich nicht ganz verzettelt, verplant und verorganisiert, sich nicht ganz hinter den eben erwähnten Regeln, Grenzen und Verhaltensanweisungen anderer versteckt, sondern tatsächlich gewillt ist, das eine oder andere auch konkret umzusetzen, dann schließt sich der Kreis und wir haben einen erfolgreichen Schritt in unserer persönlichen Entwicklung hin zu einem kompetenten, autonomen und vitalen Menschsein gemacht. Was kann man mehr wollen?

Nun, was hat das alles mit Manipulieren zu tun, mit Einfluss nehmen und Überzeugen?

In einem Wort: Alles! Ich will es mal so erklären: Im Schlaraffenland der Möglichkeiten findet man einen unüberschaubaren Fundus an Ratgebern. Sämtliche Fach- und Sachbücher über alle möglichen Techniken, Strategien und Verfahren geben sich die Klinke in die Hand. Aus meiner Perspektive sind die meisten dieser Bücher nichts anderes als Verhaltens- und Verfahrensanweisungen, Regelwerke, die einem das selbständige Entscheiden und Denken abnehmen. Bevor man Gefahr läuft, sich auch nur einen einzigen Gedanken zu der Wirkungsweise, der Umsetzbarkeit oder dem Transfer all dieser tollen Möglichkeiten in seinen persönlichen Lebenskontext selbst zu machen, steht schon das nächste Buch im Regal, das pauschal versucht, die Antwort für Dich zu finden. Versteh mich bitte richtig, ich finde dieses Universum an Möglichkeiten wirklich bereichernd – Du solltest mal meine Bücherregale sehen. Was ich aber schwierig finde, ist, dass kaum eines dieser Werke zum selbständigen Reflektieren, Nachdenken und Transferieren einlädt. Dazu braucht man einfach mehr als einen bloßen strategischen Ablaufplan.

Doch lass uns mal versuchen, einen Überblick über diesen Fundus zu gewinnen. Ich schlage vor, dieses gesamte Universum ganz grob in drei Fraktionen zu unterteilen:

Die erste Fraktion beschäftigt sich vor allem damit, wie man sich am Besten „gegen" irgendwelche (meist theoretischen) Angriffe auf die eigene Willfährigkeit zu Wehr setzen kann. Genannte Beispiele rühren meist aus den späten 1980er Jahren. Da war die Wahrscheinlichkeit noch recht hoch, dass ein obdachloser Ex-Knacki, der, soeben geläutert, für soziale Projekte Abos für Programmzeitschriften an der Tür verkauft, Dich plötzlich morgens aus dem Schlaf riss. Mit ausgebufften Tricks entlockte Dir dieser dann deine Unterschrift für ein bis zwei Dutzend Illustrierte, noch bevor Du „Guten Morgen" sagen konntest. Wenn das tatsächlich noch zu deinem gewohnten Lebensalltag gehört, dann musst Du Dich unbedingt mit den Autoren beschäftigen, die mit dieser Art Beispiele arbeiten. Von ihnen kannst Du eine Menge über den Aufbau von Verkaufsstrategien lernen.

Alle anderen, die hingegen interessiert, wie professionelle „Manipulatoren" in Fernsehwerbung, Einkaufszentren, Tageszeitung, viralen Produktkampagnen, Radio und so weiter es schaffen, unsere Synapsen zum Glühen zu bringen, die sollten sich besser auf die Suche nach aktuelleren Beispielen machen.

Dann gibt es eine Fraktion, die schon deutlich kleiner ist und die mehr oder weniger elegant die psychologischen bzw. sozialpsychologischen Erklärungsmodelle nachreichen. Das ist schon spannender. Die wissenschaftlichen Grundlagen, die Forschungsergebnisse und psychologischen Erklärungstheorien, die einem das eigene oder das Verhalten anderer Mitmenschen erhellen könnten, lassen einem Junior-Manipulator schon das Wasser im Mund zusammenlaufen. Den Transfer zu Assoziationsmustern traut sich leider kaum einer.

Noch viel kleiner ist die dritte Fraktion. Diese bieten dem neugierigen Leser ganz unverfänglich alle möglichen und unmöglichen Anleitungen zur Manipulation an. Leider ringen alle mit dem Vorurteil, dass das aber „unethisch" sei und man dies nicht tun dürfe[2]. Aber dazu gleich noch mehr. Bei dieser letzten Fraktion fällt vor allem auf, dass sie kein Sterbenswörtchen über die Grundlagen ihrer abgeleiteten Strategien spricht. Als gewillter Manipulationsjünger ist es daher fast unmöglich, eigene Strategien zu schnitzen, geschweige denn überhaupt zu verstehen, wieso das eine funktioniert und das andere nicht.

Von all diesen Büchern habe ich eine wirklich lesenswerte Auswahl in das Literaturverzeichnis am Ende dieses Handbuchs gestellt. Noch mehr dazu findest Du auf meiner Website. Dort habe ich - soweit möglich - alle Originalveröffentlichungen von Forschungen, Strategiepapieren (wie zum Beispiel auch dem der CIA) und vieles Weitere abgelegt. Viel Spaß beim Stöbern.

Alle diese Autoren haben beim Schreiben einen bestimmten Typ Leser vor Augen. Die einen sehen nur die ängstliche Gattung Bürger. Diejenigen, die sich vor der bösen und gefährlichen Welt samt Erdlingen täglich zu schützen suchen. Ein rascher Blick auf die bösartigen Tricks der Verführer soll nur der eigenen Sicherheit und dem Schutz der eigenen kleinen Welt dienen. Daher fühlt man sich ja auch erst wirklich wohl, wenn man auf einem riesigen Stapel an Versicherungspolicen sitzt, einen

2 Bis auf Gloria Beck natürlich. Die hat in ihrem Buch „Verbotene Rhetorik" auch einen sehr sympathischen Weg gefunden, mit diesem leidigen Thema umzugehen.

dicken Mercedes vor der Tür hat und selbstverständlich nur Qualitätsware konsumiert.

Die Anderen haben den wissbegierigen Mensch vor Augen. Derjenige, der sich einen Vorsprung sichern will. Mehr Wissen – so glaubt man – bringt auch mehr Kontrolle. Dass allein die Theorie, zum Beispiel ein Auto zu fahren, nicht ausreicht, unfallfrei am Straßenverkehr teilzunehmen, weiß hingegen schon jedes Kind. Da versteht man nun zwar alle möglichen und unmöglichen psychologischen, rhetorischen und didaktischen Zusammenhänge, hat aber dennoch keine Chance, sich an einem POS (Point of Sale) im Supermarkt vorbeizuschlängeln, geschweige denn selbst erfolgreich einen aufzumachen. Dieses eine, unglaublich praktische Ding musste dann leider einfach irgendwie doch noch mit in den Einkaufswagen. Dafür finden sich bestimmt rasch Dutzende von stichhaltigen Erklärungen – nur leider keine wirklich stimmigen.

Die Dritten fokussieren die Gruppe der Pragmatiker. Diese wollen nicht viel wissen und noch weniger wahrnehmen. Eigentlich wollen sie nur eins: Wissen, wie es geht. Machen, machen, machen lautet die Devise. Und wenn einmal etwas nicht machbar scheint, muss man es eben anders machen. Für diese Gruppe findet man eine Vielzahl an ganz praktischen Ratgebern. Man findet Bauanleitungen für rhetorische Formulierungen, für die passende Körperhaltung oder einen raffinierten Kleidungsstil. In der Welt des Machens scheint der Fundus genauso unerschöpflich zu sein wie die Absicherungsangebote eines Versicherungsvermittlers. Die Leser unter Euch, die einfach nur machen wollen, sollten sich schon mal drauf einstellen, dass sie aus der Schleife des „immer neue Macharten lernen“ nie wieder rauskommen, wenn sie ihren Blick nicht ein bisschen weiten werden.

Eine Gruppe habe ich jetzt übersprungen. Das hast Du sicher schon bemerkt. Die Gruppe der Entscheider fehlt. Hier sieht es aber auch mau aus. Wer will sich schon so viel Arbeit machen. Bevor man sich endlich aus einem Fundus von Wahlmöglichkeiten frei heraus entscheiden kann, muss dieser ja auch erst einmal erschaffen werden. Und das geschieht ja nicht von alleine. Sich und die Welt wahrnehmen, wie all diese Teile aufeinander Einfluss nehmen und sich wechselwirkend manipulieren, sich in die eine oder andere Tiefe graben oder auf einen Gipfel der Erkenntnis klettern, ist eben nicht ganz so bequem wie schnell mal einen Tipp für effektive Rhetorik auswendig lernen. Ok! Dafür ist es aber deutlich spannender und nachhaltiger. Und das werde ich jetzt mit diesem (Praxis-) Handbuch unter Beweis stellen.

Mein Vorschlag: Halte es einfach mal für möglich. Halte für möglich, dass es sich lohnt, diese vier oben genannten Schritte abzulaufen: (1) Wahrnehmen, (2) Verstehen, (3) Entscheiden und (4) Tun. Zumindest macht es dann Sinn, wenn man wirklich sicher, nachhaltig und kompetent mit so viel Tücke wie dem menschlichen Verhalten zielgerichtet umgehen lernen will. Es taugt allemal mehr, nicht nur sein Gegenüber, sondern auch sich selbst und die Welt, in der man lebt, mit einem wachen Auge wahrnehmen zu können, als sie nur pseudo-pragmatisch an der Oberfläche anzukratzen. So wirst Du auch ein deutliches Mehr an Möglichkeiten daraus ziehen können, die Dich so flexibel machen, dass Du deine Ziele auch erfolgreich erreichst.

Um nicht nur zu meckern und zu lästern: Ich zähle mich auch zu einer Fraktion. Vielleicht zu einer neuen. Ganz entscheidend finde ich nämlich, dass es dank der „Manipulations-Brille“ erst so richtig möglich wird, über die menschlichen Eigenheiten, über seine verfänglichen Bedürfnisse, seine Gewohnheiten und die Schwierigkeiten, die jemand hat, zu sprechen, um wirklich neue Muster und einen wirklich neuen Wind ins Leben zu bringen. Sicher, wenn Du die Brille der Manipulation gut nutzen kannst, wirst Du nicht einfach nur zielstrebiger sein, sondern auch einen deutlich weitreichenderen Blick auf Dich selbst, auf deine Mitmenschen und unsere Gesellschaft entwickeln. Dann wird es Dir möglich sein, ein ebenso deutliches Mehr an Lebensqualität für alle, und nicht nur für ein paar Studierte, zu entwickeln. Oder anders gesagt: Wenn alle manipulieren, was das Zeug hält, wird keine alte Abhängigkeit und kein Machtgefüge mehr funktionieren können wie zuvor. Dann wäre ich wirklich gespannt darauf, wie man in so einer Welt lebt.

Kommen wir zum letzten Aspekt meines Vorworts. Da Du nun so grob weißt, woher ich komme – auch wenn Du wahrscheinlich nur zwischen den Zeilen herausgehört haben wirst, was letztlich alles zu diesem Buch geführt hat, dann dürfte Dir dafür aber eines umso klarer geworden sein: Nämlich wohin ich Dich auf den folgenden Seiten mitnehmen will. Einen wichtigen Punkt müssen wir aber noch erörtern, bevor wir losmarschieren können. Ganz klar: Um das Thema Ethik kommen wir nicht herum. Zumindest Erwähnung sollte es finden. Immerhin ist unser Thema mit der Manipulation derart ethisch und moralisch vorbelastet, dass ich auf jeden Fall, wenn auch nur kurz, noch meinen Senf dazu geben will. Also, schauen wir uns das Ding mit der Ethik mal kurz an, ok? Es wäre schade, wenn Du deine Neugier für unser Thema aufgrund derartiger innerer Reglementierungen nicht ganz entfachen könntest

Nutzen wir doch einmal zusammen und ganz konkret die oben erwähnten vier Schritte, um eventuell vorhandene Schleier der Unklarheit, oder durch unreflektierte Glaubenssätze entstanden, zu lüften und das Ding mit der

„Ethik" wieder im rechten Licht leuchten lassen zu können.

(1) Wahrnehmen

Zuallererst können wir wahrnehmen, dass dieses kleine Wörtchen „Ethik" ein synaptisches Netzwerk in unserem Gehirn anwirft. Es lässt sozusagen eine Menge an Synapsen losfeuern. Deren Feuerwerk löst ein bestimmtes Grundgefühl in uns aus. Das mag sicherlich bei jedem etwas unterschiedlich assoziiert sein, also an unterschiedliche Ängste, Erfahrungen und Bedürfnisse gekoppelt sein, aber unterm Strich wird einem sicherlich irgendwo aus den Tiefen der meisten Gehirne ein „Böse!" entgegenschallen, wenn man beschwingt über Manipulation und Einflussnahme philosophiert. Da ich aber genau das auf den folgenden Seiten vorhabe, wird es ganz hilfreich sein, einen zieldienlichen statt blockierenden oder gar verhindernden Umgang mit diesen Worten zu finden.

Die Worte „Manipulation und Einflussnahme" lösen also eine ganze Netzwerkexplosion in unserem Gehirn aus, die letztendlich ein Gefühl in uns zurücklässt, aus dem heraus wir versucht wären, unseren Zugang zum Thema Manipulation und Einflussnahme als „un-ethisch", als „un-moralisch" oder ähnlich zu beschreiben. Doch wie kommt das? Wieso können ein, zwei Wörter überhaupt ein „MindSet" (so etwas wie eine innere Erlebniswelt) erzeugen, das uns irgendwie und irgendwas fühlen lässt?

Das Lustige dabei ist, dass diese gesamte Mechanik der Verarbeitung weder bewusst in uns geschieht noch in einem Tempo, das es uns ermöglichen würde, die einzelnen Schritte unserer Steuerzentrale überprüfen zu können. „Bang!" macht es, und schon fühlen wir uns irgendwie. Wir sind geneigt, in eine bestimmte Richtung zu denken, unser Verhalten darauf auszurichten und eine bestimmte

Haltung einzunehmen. Und das alles fast schon wie im Affekt. Nach einer wirklichen Entscheidung hat uns da niemand gefragt. Irgendetwas hat in uns entschieden, noch lange bevor wir überhaupt einen ersten Gedanken dazu formulieren konnten. Aber dazu später noch mehr. Noch sehr viel mehr.

Wie Du an Dir selbst gerade ganz praktisch wahrnehmen kannst, reicht schon ein einziges Wort, um Dich in eine bestimmte innere Haltung zu versetzen. Diese begünstigt nun ein (in diesem Fall nicht so) gewünschtes Verhalten. Das könnte vielleicht so etwas wie Abwehr sein. Oder Schutz. Oder Rückzug. Also, alles keine so wirklich günstige Haltungen, wenn mir wichtig wäre, dass Du mein Buch magst.

Dabei fällt mir ein, hast Du mal den Film „Life of Brian“ gesehen? Wo wir gerade beim Thema „WortMagie“ sind, erinnerst Du Dich an diesen einen Durchgeknallten, der - dumm-dämlich hüpfend - laut: „Jehova! Jehova! Jehova!“, durch die Menge krähte? Auch diese Szene bzw. auch dieses eine Wort löst bei vielen, die den Film damals gesehen haben, auch jetzt noch ein ganzes MindSet aus. Eines, dessen Wirkung vielleicht etwas mittelbarer, leichter und nachvollziehbar ist als das Ding mit der negativen Konnotation von: Manipulation. Oder erinnerst Du Dich an die Szene mit der Steinigung? Wo ein findiger Händler seine Produkte anbietet: „Große Steine, kleine Steine, Kieselsteine, spitze Steine ...!“

Hat Dir das jetzt zumindest ein Schmunzeln ins Gesucht gezaubert? Oder findest Du Monty Python nur dämlich? Im ersten Fall wäre das jetzt schon eher ein gewünschtes „MindSet“ gewesen. Humor ist - wissenschaftlich erwiesen - das beste „MindSet“, um Neues zu lernen. Was mit Freude und Spaß assoziiert wird, motiviert. Macht neugierig. Da will man mehr von haben. Zu diesem Schluss ist zumindest eine Langzeitstudie (Murayama, 2012) der Universität München gekommen, die 3.500 bayerische Schüler über sechs Jahre lang verfolgte. Herausbekommen wollten sie, ob man nur intelligent sein müsse, um Mathematik gut zu verstehen, oder ob es noch andere Faktoren geben könnte, die ein leichtes Erlernen eines solch trockenen Stoffs wie Mathematik ermöglichen. Und die gibt es. Die Wissenschaftler haben herausgefunden, dass es nicht auf die Intelligenz eines Schülers ankommt, sondern nahezu alleine darauf, wie motiviert der Schüler ist.

Ich erinnere mich noch gut daran, wie sich mein Erstgeborener damals durch die Grundschule pauken musste. Ich erinnere mich, wie ich zu kreativen Höhenflügen auflief, um ihn mit den abartigsten Beispielen davon zu überzeugen, dass Mathematik etwas Lustiges ist, etwas, das Spaß macht. So wurden aus trockenen Dreisatzrechnungen Strategiepläne. So ersonnen wir uns eine Taktik, wie und mit welcher Geschwindigkeit ein Panzer rasen müsste, um rechtzeitig einen besoffenen Gauner vom Fahrrad zu blasen, der sich zu einer bestimmten Uhrzeit auf den Weg zur Bank gemacht hatte. Ja! Da staunst Du nicht schlecht, was? Das geht alles mit einem Dreisatz. Nur frag mich bloß nicht, wie der genau ging. Ich hab es vergessen. Nicht vergessen hingegen habe ich, wie miserabel meine Mathematiknoten waren und dass ich es ohne meinen geliebten Oberstufenpauker wohl niemals durchs Abitur geschafft hätte. An dieser Stelle – falls Sie noch leben sollten – nochmals einen ganz herzlichen Dank an Sie, Herr Waal.

(2) Verstehen

Da unser Gehirn dank der Spiegelneuronen während des Betrachtens oder Erlernens eines Vorgangs die gleichen Potenziale auslöst wie bei dem Menschen, den wir bei seiner Handlung beobachten, war meine Strategie als väterlicher Mathematiknachhilfelehrer, selber so viel Spaß und Freude dabei zu entwickeln, wie mir nur irgend möglich war. Das hat funktioniert. Meine Jungs sind in Mathematik niemals in der Talsohle der Notengebung aufgeschlagen, zumindest nicht in der, die ich damals mein Zuhause nennen musste.

Für unsere Begriffe: „Manipulation und Einflussnahme" wollte ich Dir mit meinem „Geblubber" in den vorherigen Abschnitten zwei konkrete Übungsbeispiele an die Hand geben. Das erste war: Zu beobachten, wie sich dein Empfinden verändert, wenn Du Dich in einem Kontext von Spaß und Leichtigkeit diesem Themenkomplex unethischer Philosophie näherst. Das zweite war: Um mitzubekommen, wie sich das ursprüngliche Feuerwerk verändert, wenn man den Bezugsrahmen, den sogenannten „Frame" verändert. Um, neu gerahmt – in meinem Beispiel als Experiment getarnt –, alles als unwillkürliche Abläufe automatischer Musterprozesse verstehen zu können. Damit verdampft nämlich mehr und mehr der ursprüngliche Kriegsschauplatz und somit der innere Widerstand vor einer inhaltlichen Auseinandersetzung. Zumindest tendenziell. Die Hartgesottenen unter euch haben sich sicherlich schon lange gefragt, was das eigentlich nun alles mit Ethik und Manipulation zu tun hat.

Auch mit euch möchte ich mich jetzt noch auseinandersetzen. Schauen wir uns das mal genauer an.

Das Problem mit den Begriffen

1. Manipulation

Kurz zur Geschichte des Wortes

Das Wort „Manipulation“ stammt vom Lateinischen „manipulus“, das sich aus „manus“ - die Hand - und „plere“ - vollmachen, füllen - zusammensetzt. In seiner geschichtlichen Herkunft bedeutet „Manipulieren“, jemanden mit einer Handvoll Irgendwas zu be-Hand-eln. Wie Du siehst, noch meilenweit von unserer heutigen Bedeutungsgebung entfernt. Wenn wir die Geschichte weiterdenken, dann war das Ergebnis dieser Behandlung im Idealfall Gesundheit. Den Prozess beschreibend, könnte man also sagen: Jemand behandelt einen mit einer Handvoll Irgendwas, das zum Ergebnis hat, dass dieser wieder gesund wird. Toll, das Ding mit der Manipulation, oder nicht? Zumindest hat es im 18. Jahrhundert so noch gestimmt. Mit der Zeit ist wohl dann draus geworden, dass irgendwer irgendeinem anderen etwas tut, woraufhin dieser sich dann anders fühlt als zuvor. Und wieder später tat am Ende dieser Irgendwer dann auch noch das, was der Manipulator wohl letztendlich beabsichtigten wollte.

Gleich, wie die geschichtliche Entwicklung ihren Lauf nahm, Manipulation ist und war immer schon etwas Wechselseitiges. Es braucht immer mindestens zwei Interaktionspartner, wie Verkäufer und Käufer, Politiker und Wähler, Physiotherapeut und Patient oder Ich und das Gehirn und so weiter - sonst geht der Handgriff ins Leere. Diese Interaktion hat nun aus der Perspektive der Manipulation einen ganz besonderen Zweck: die unbemerkte Einflussnahme auf die Willfährigkeit des Gegenübers. Wenn also jemand - von mir ganz unbemerkt - Einfluss auf meine Willensentscheidung nimmt, dann nennt man das Manipulation.

Oh, dann teile ich aber mein Leben mit einer heftigen Manipulateuse. Wenn ich da an meine Partnerin denke, dann schafft sie das auch auf eine meiner Bewusstheit sich auf geheimnisvolle Art entziehenden Weise, mich alle möglichen Dinge tun zu lassen, wie zum Beispiel Tüten schleppen, Müllbeutel verorten, Füße massieren, Essenkochen und so weiter.

Ist so gesehen Manipulation dann nicht ein ganz gängiges Ritual zwischenmenschlicher Interaktion? Manipulieren sich dann Menschen nicht gegenseitig nahezu andauernd und irgendwie immer? Manipuliert so die fröhlich strahlende Sekretärin nicht ihren Chef, weil sie weiß, dass sie so ein wenig mehr an Ansehen und Anerkennung zurückbekommt? Oder die Kinder, die mit einem ohrenbetäubenden Stimmtraining drohen, was sich umgekehrt hervorragend durch eine Handvoll Süßigkeiten vermeiden ließe? Oder erleichtern wir Männer uns nicht unsere anstrengende Jagd auf die passende Partnerin, indem wir uns dickere Autos kaufen, modischer kleiden oder versuchen, sportlicher zu wirken, weil irgendwo in unserer jahrtausendalten Erbmasse steckt, dass wir so als besserer Genpool wirken?

Lieber Leser, das Problem mit der Manipulation (wenn es denn überhaupt eins gibt) liegt nicht in der aktiven und willentlichen Beeinflussung anderer, sondern in der Trägheit und Unlust der Anderen, sich bewusst zu machen, wie man selbst als Individuum mit Bedürfnissen funktioniert. Der einzige Moment, in dem man durch die Brille der Manipulation ein wirkliches Problem ausmachen kann, liegt einzig und allein darin, dass wir uns als arme, unbescholtene Schlafmützen einfach nicht dazu aufraffen können, uns ein wenig mehr über unsere Natur und Funktionsweisen bewusst zu machen. Stattdessen weisen wir lieber jegliche Verantwortung von uns und zeigen mit dem Finger auf den bösen Einflussnehmer, der uns mit einem winzigen Zauberspruch (wenn überhaupt, meist reicht ja auch schon ein dickes Auto oder ein kurzer Rock) irgendwie um den Verstand gebracht haben soll. So sind die Politiker an unserer Wirtschaft schuld (und die Bürger, die genau diese gewählt haben, natürlich nicht), so ist der Partner an unserer Seite schuld an der schlechten Laune, die man hat (und man vergisst ach so gerne, wer denn da gerade wirklich so eine Laune hat, dass es einen nur grausen kann), oder der Chef ist schuld, weil er sowieso immer schuld ist.

Ein Gedankenexperiment: Nehmen wir einmal an, wir wären ein bisschen klarer, bewusster und kompetenter im Umgang mit unserer vollautomatisierten Denkmaschine da auf unserem Hals. Glaubst Du dann wirklich, dass Du Dich dann noch allen möglichen Dingen, Menschen und Situationen derart ausgeliefert fühlen würdest? Oder würden wir im Zweifel nicht einfach anpacken und den Zustand ändern, in den wir uns irgendwie hineinmanövriert haben? Natürlich können wir auch weiterhin das Schicksal, die Sterne oder den schwarzen Freitag für unsere Zufriedenheit verantwortlich machen, aber aus diesem Lager möchte dann zumindest ich keinerlei Beschwerden mehr über die ach so bösen Manipulateure hören. Es liegt jedem von uns selbst in der Hand, ob er lieber wie eine willensbefreite Labormaus im Viereck springen oder mit ein bisschen Neugier und Entdeckergeist die eigene Autonomie entwickeln will. Die Frage ist: Wie entscheidest Du Dich?

(3) Entscheiden

Ah, Du hast weitergelesen. Prima. Dann nehme ich mal an, dass wir dank deiner „neugierigen“ Entscheidung von nun an noch viel Zeit miteinander verbringen werden. Dann lass uns mal gleich noch ein paar weitere Grundsatzentscheidungen fällen.

Wir haben gesehen, dass Menschen auf seltsame Art und Weise grundsätzlich offen zu sein scheinen, auf mehr oder weniger direkt formulierte Verhaltensaufforderungen Dritter (nennen wir das jetzt mal so) grundsätzlich einzugehen. Wieso das so ist, dazu gleich mehr.

Ebenso wird klar, dass Manipulation eine wechselwirkende Interaktion ist. Zwar wirft der Versicherungskaufmann seine Police mitten im Krater unseres Sicherheitsbedürfnisses ab, doch umgekehrt wird er uns ab dann auch in sein Nachtgebet einschließen und darum bitten, dass wir als braver Kunde nicht seine Provision durch Rücktritt oder übermäßige Beanspruchung der Versicherungsleistung zunichtemachen. Der einzige Unterschied zwischen dem, der meint, er würde aktiv manipulieren, und dem, der meint, unbewusst manipuliert zu werden, ist wirklich ein minimaler, nämlich: Bewusstheit. In dem Maße, wie wir uns selbst mehr und mehr bewusst werden, steigt auch die Kompetenz, Situationen klarer und bewusster wahrnehmen zu können und dadurch mehr und mehr autonome Entscheidungen fällen zu können, um unser Verhalten auch eigenständig und aktiv in der Weise auszurichten, wie wir das auch wirklich wollen.

Diesen Prozess könnte man auch irgendwie als „indirekte Persönlichkeitsentwicklung" oder so in der Art bezeichnen, die wir eigentlich nur den Angriffen Dritter auf unsere Willfährigkeit zu verdanken haben. Eigentlich müsste man sagen: Dank Manipulation bin ich ein bewussterer, kompetenterer Mensch geworden. Damit wir das am Ende dieses kleinen Handbuchs auch sagen können, sollte das eine von deinen Grundsatzentscheidungen sein: Manipulationsversuche, die uns in unserem Lebensraum eigentlich überall begegnen, sind nicht böse und schlimm, sondern willkommene Möglichkeiten, sich besser zu trainieren und zu entwickeln.

Wenn wir die Wirkungsweise von Überzeugungsstrategien, Techniken und rhetorischer Taktiererei bei uns selbst verstehen, können wir auch entsprechend kompetent und bewusst in unser zwischenmenschliches Miteinander eingreifen. Provozierend liegt mir auf der Zunge zu sagen: „Erst wenn wir nicht mehr derart offen für Manipulationen sind, weil wir sie durchblicken, dann wird es uns unser Gegenüber auch einmal danken, dass wir irgendwann damit begonnen haben, ihn zu manipulieren, was das Zeug hält. So wird jeder irgendwann einmal einen motivierenden Grund haben, aus seiner Alltagstrance aufzuwachen, um die Zügel seines Lebens wieder selbst in die Hand zu nehmen." Aber so etwas würde ich natürlich nie öffentlich vertreten. Gott, was das wohl für eine Kontroverse nach sich ziehen könnte ...

(4) Tun

Etwas wahrzunehmen, es zu verstehen und aufgrund dessen kluge Entscheidungen zu treffen, um sich neu auszurichten, bringt leider nichts, wenn man diese am Ende nicht auch umsetzt und übt bzw. in die Gänge kommt. Aus rein ökonomischen Gesichtspunkten ist es uns Menschen ja leider nicht möglich, sich einfach „dauer-bewusst" zu sein. Erst durch Wiederholung und Übung entwickeln wir eine Automatik, die uns dann sozusagen diese neuen Steuerungsprozesse abnimmt und spontan leben lässt.

Nur zu trainieren, etwas abzuwehren, kann zwar langweilig und furchtbar anstrengend sein und auf Dauer depressiv stimmen. Es gibt aber noch eine Kehrseite der Medaille, wenn Du durch aktives Tun, durch Üben, durch Agieren und Ausprobieren all das trockene Know-how dieses kleinen Handbuchs zum Leben erweckst. Denn im

Tun erkennt man nicht nur sich selbst am besten, sondern man erkennt auch die Wechselwirkungsprozesse, man erkennt Struktur und Wirkung in unserem Miteinander, und man erweckt durch Eigenverantwortung ein ungeahntes Maß an selbstbestimmter Lebenslust und -freude.

Ich will Dich also gerade dazu motivieren, alles, was Du hier in diesem Buch zusammengetragen findest, nicht nur theoretisch zu betrachten. Probiere es aus. Versuche es in deinen Lebensalltag zu integrieren. Spiele damit. Entwickle deine Strategien, und lache über deine tölpelhaften Fehlversuche. Du wirst merken, dass Du so oft über deinen Schatten springen musst, dass es gar nicht anders geht, als langsam mehr und mehr zu erleuchten (welch ein Wortspiel!). Und das hat nicht nur für Dich einen positiven Nebeneffekt, sondern auch für deine Umwelt. Dank der Spiegelneuronen wissen wir ja: Trifft ein Benebelter auf einen Erleuchteten, dann geht auch im dunkelsten Kämmerlein noch ein Licht an (oder die Erleuchtung hatte 'ne Fehlfunktion).

Wenn das zum Normalzustand der Menschen würde – wow! In was für einer Welt würden wir dann leben? Anders gesagt: Wenn wir alle stets mit all dem, was uns bewusst wird, aktiv und lebendig umgehen würden – wie ansteckend wäre das denn? Wenn wir Menschen alle mit dieser Art von Neugier, Wachheit und Lebenslust – dank unserer Umwelt und dank unserer Mitmenschen – unser Leben immer weiter explorieren und in Bewusstheit ausweiten würden, wie zügig könnten sich dann Beziehungen entwickeln, unsere Systeme, in denen wir leben, die Gesellschaft gar, zu der wir gehören?

2. Ethik

Wenn man selbst oder eben viele über einen gewissen Zeitraum hinweg das Gleiche tun, dann nennt man das irgendwann Gewohnheit oder Brauch. Weißt Du, wie das ursprüngliche Wort hierfür heißt bzw. wo es herkommt? Aus dem Griechischen stammt es: ἔθος (ethos) heißt es. Erinnert Dich das Wort an was? Genau, unser deutscher Begriff „Ethik“ leitet sich davon ab. Nicht zu verwechseln mit dem fast gleichlautenden Wort: ἦθος (äthos): Charakter, Sinnesart. Das sind die Wurzeln unseres heutigen Begriffs: „Ethik“. Zusammengelesen bedeuten sie dann so viel wie: „Charakter, Sinnesart“ plus „Brauch, Sitte und Gewohnheit“ ergibt: eine charakterstarke Gewohnheit.

Ethik – als praktische Philosophie gesehen – beschäftigt sich also dem Ursprung nach mit dem „Wie“ menschlichen Handelns. Mit dem „Wie“ von gesellschaftlich tradierten und akzeptierten Handlungen. Diese werden dann als „ethisch“ beschrieben. „Unethisch“ – dem Wortsinne nach – ist demnach eine Handlung, die nicht von einer Mehrheit der Gesellschaft als charakterstark angesehen wird und sich daher auch nicht als Brauch, als Sitte verwachsen hat.

Jetzt kommt man aber ins Überlegen, oder nicht? Was wäre denn dann „unethisch“? Nackt einkaufen gehen? Laut singend seine Bestellung beim Italiener aufgeben? Oder freundlich Menschen in der Fußgängerzone anstrahlen? Zumindest wäre das in Deutschland (nach dieser Definition) ein ziemlich unethisches Verhalten! (Es tun einfach zu wenige, sozusagen.)

Hingegen alle Register zu ziehen, um einen anderen zum Kauf eines Schokoriegels zu bewegen oder für das neue faltenfreie Anti-Schmuse-Shampoo zu begeistern oder die siebenundvierzigste Versicherung gegen den statistisch signifikanten Worst-Case von drei Promille irgendeiner Wahrscheinlichkeit zu verhökern, das ist alles enorm ethisch. Es gibt sogar Ausbildungen, Studien und Seminare, um solch eine „Sinnesart" zu erlernen und sich in ihr so lange zu trainieren, bis sie zum eigenen Charakter wird. Zum ἔθος.

Stellt sich nun abschließend die Frage, auf welcher Grundlage man nun diskutieren sollte, ob etwas unmoralisch oder gar unethisch sein könnte? Von Manipulationstechniken zu sprechen oder zu erklären, wie man rhetorische oder psychologische Überzeugungsmanöver startet, also wie man andere dazu bringt, ein Verhalten zu zeigen, das man sich eben wünscht – ist das dem Wortsinne nach wirklich unethisch?

Tun wir das nicht alle ständig? Manipulieren wir uns nicht gegenseitig andauernd? Unsere Kinder, Partner und Freunde? Oder wie bekommst Du das „Ja" aus deiner Frau gelockt, Dich in Ruhe Fußball gucken zu lassen? Durch die Auflistung reiner Sachinhalte etwa? Das will ich mal sehen! Oder erpresst uns nicht auch unser Lieblingsverein durch die Androhung von Liebesentzug und sozialer Ächtung, sollten wir uns nicht am Sommerfest hinter das zwölf Millionen Grad heiße Waffeleisen stellen, um mit einem Euro pro Stück die Vereinskasse aufzubessern?

Den Manipulationen und Überzeugungsmanövern Dritter ausgesetzt zu sein, ist nicht die Ausnahme einer teuflisch geschickt eingefädelten Kaffeefahrt, auf der man sich plötzlich unter einem Stapel Heizdecken wiederfindet.

Die bewusst angebotenen Verhaltensmodifikationen Dritter, in dessen Feuerwerk sprachlichen Dauerbeschusses wir uns wiederfinden, das ist Alltag. Man kann ja kaum den Fuß vor die Tür setzen, ohne gleich von bunten Kaufanweisungen auf Plakaten niedergeschrien zu werden. Etwas hinterhältiger kommen die musikalisch dargebrachten Angriffe auf das schlechte Gewissen daher, aus denen man sich nur noch mit einem Griff zum Geldbeutel befreien kann. Oder gehörst Du zu den Menschen, die sich vom Radio wecken lassen? Dann kann es ja passieren, dass man mit dem sonoren Kampfgeschrei eines Körnerfetischisten: „Friss mein Müüüssliii! Läckaaa! Läckaaa! Läckaaa!" aber sowas von aus den Federn gerissen wird, dass man erst mal den Vormittag braucht, um sich von diesem Schock zu erholen.

Manipulation, wohin das Auge auch reicht. Die Versuche unserer meist kapitalorientierten Mitmenschen, uns zu einem bestimmten, meist „großzügigen" Tauschgeschäft zu verleiten, sind unerschöpflich. Wenn das nicht schon längst Sitte und Brauch ist, dann weiß ich auch nicht ...

Das ist aber bei Weitem nicht nur das Vorrecht unser kapitalorientierten Mitmenschen. Wie las ich da doch neulich in einem populären Fachmagazin für Alltagspsychologie: „Geben Sie ihrem Streitpartner einfach ein bisschen Recht, dann beruhigt sich die Lage schon ..." Na, wenn das mal keine Manipulationsstrategie für den Alltagsgebrauch ist (wenn auch eine ziemlich dämliche, wie ich finde ...).

Du siehst, dass auf diesem Know-how angeblich nur eine studierte Minderheit sitzt, ist völlig falsch. Wir alle sind mehr oder weniger professionelle Manipulateure. Und das seit den Tagen, da wir das Licht der Welt erblickten. Zu begreifen, was wir da alles so im Schatten unserer unbewussten Kompetenz vermögen, dazu soll dieses kleine Handbuch seinen Beitrag leisten. Diese Kompetenzen aus dem Dunkel automatischer Selbstläufer in die Kader bewusster Entscheidungsprozesse zu heben, das ist das Ziel meiner Zeilen.

Der Praxisteil dieses kleinen Handbuchs stellt Dir daher eine Auswahl an Ideen vor, wie die Theorie leicht und mit Spaß in den Alltag umgesetzt werden kann. Ich werde Dir Beispiele für „MindSets", rhetorische Strategien für die Umsetzung und allerlei Techniken anbieten, mit denen Du Dich nach Herzenslust ausprobieren kannst. An Dir selbst oder wem auch immer. Wenn dein Gegenüber es bemerken sollte: super! Dann könnt ihr euch ja gemeinsam auf den Weg in eine größere Wahlfreiheit und Selbstgestaltung machen.

Dein Feedback und den ein oder anderen Erfahrungsbericht zu deinen neu gewonnenen Kompetenzen würden mich auf der Homepage zu diesem Buch sehr freuen. Du findest sie, und darüber hinaus auch den Großteil aller Originalquellen, die ich für dieses Buch genutzt habe, sowie ein Onlineprogramm zum Üben und vieles mehr unter www.handbuch-manipulation.de

Ich wünsche Dir jetzt viel Spaß auf deiner Entdeckungsreise zu einem Mehr an Bewusstheit, Kompetenz und Wahlfreiheit in deinem Leben. Schnell noch ein Satz zum Umgang mit Handbuch, Workbook und Onlinetraining, dann legen wir los.

Über den Umgang mit diesem Handbuch

Wie Du ja gesehen hast, besteht das Gesamtwerk aus zwei Teilen: dem Handbuch und dem Workbook. Diese Aufteilung war nötig und sinnvoll, um diesen vorliegenden Teil mit den Grundlagen, Strategien und Konzepten effektiver Einflussnahme nicht mit Dutzenden von Beispielen unnötig aufzublasen. Umgekehrt ist die dauernde Wiederholung von Grundlagen beim Praxistransfer im Workbook ebenso nicht wirklich zielführend. Daher gibt es eben zwei Teile.

Das Handbuch

Im Handbuch findest Du alles über die Grundlagen effektiver Einflussnahme, Manipulation und Überzeugungstechnik. Hier beginne ich mit den für unseren Zweck nützlichen Erkenntnissen aus der Gehirnforschung. Danach zeige ich auf, wie man mit nonverbalen Mitteln nicht nur eine stabile und gute Beziehungsbasis schafft, sondern auch die ersten Manipulationsstrategien einfädelt. Konkreter wird es dann in Teil III. Hier geht es um Sprache. Genauer gesagt, um die Strukturmerkmale von Sprache. Du wirst lernen, diese Muster zu erkennen und sie zieldienlich für deine Zwecke zu nutzen.

Mir liegt viel daran, dass Du wirkliche Kompetenzen aufbaust und nicht nur planlos irgendwelche Strategien „herunterklapperst". Dann erst wirst Du auch völlig frei und unabhängig deine eigenen Strategien situativ und spontan entwickeln können und sie zielgerichtet platzieren.

Daher findest Du in Teil IV dann noch einmal einen Schwung an grundsätzlichen Strukturmustern, die Du nahezu bei jedem Menschen entdecken kannst und perfekt für deine Zwecke gebrauchen wirst. Diese Muster stammen aus der angewandten Sozialpsychologie und soziologischen Forschungsarbeit und bieten einen riesigen Fundus für gezielte Einflussnahme.

Am Ende dieses Handbuchs angelangt, wirst Du Dir dann nicht nur auf den drei verschiedenen Ebenen, (1) nonverbal, (2) verbal und (3) systemisch, perfekte Manipulationskonzepte zusammenstellen können, sondern auch immer wissen, warum sie funktionieren.

Sollte das eine oder andere Konzept, das Du Dir gebaut hast, einmal nicht den erwünschten Erfolg bringen, kannst Du dank dieses Grundlagenwerks ebenfalls sofort herausfinden, woran es gelegen hat, bzw. deine Strategie weiter ausfeilen und optimieren.

Das ist autonome Nutzung von Wissen. Das nenne ich Kompetenz! Das planlose Nachmachen von irgendwelchen Schauspielstückchen, wie man sie in der einen oder anderen Vertriebsschulung mitbekommt, gehört somit definitiv nicht zu meinen Zielen.

Das Workbook

Damit Du dieses Wissen aus dem Handbuch einfacher umsetzen kannst, gibt es das „Workbook". Hier findest Du zu jedem Abschnitt aus dem Handbuch entsprechende Ideen zum Praxistransfer. Beispiele, Übungen und Trainingsangebote sollen Dir dabei helfen, deine eigenen Manipulationsstrategien auf Basis der einen oder anderen Ebene schneller und leichter in die Tat umzusetzen.

Daneben gebe ich Dir im „Workbook“ auch konkrete Ideen, wie Du so einen gezielten Angriff auf die Willfährigkeit eines Gegenübers planst. Aus dem Bauch heraus zu agieren kommt erst später. Aller guter Anfang will immer planvoll, bewusst und strategisch vorbereitet sein, sonst hast Du keine Chance, deine neuen Skills zu überprüfen und zu optimieren.

Zum Vertiefen des Wissens aus dem Handbuch findest Du im „Workbook“ auch Übungsfragen wie eine Art „Hausaufgabe“ zu jedem Abschnitt. Damit kannst Du selbst überprüfen, wie sicher Du schon im Umgang mit deinem neu antrainierten Know-how bist.

Das Onlinetraining

Falls Du es lieber interaktiv magst, dann steht Dir die Website zu diesem Handbuch unter www.handbuch-manipulation.de zur Verfügung. Hier hast Du auch ohne Registrierung schon Zugriff auf eine Unmenge an weiterführendem Material. Kontinuierlich kommen neue Beispiele aus Werbung, Politik und Wissenschaft hinzu, die ich ausführlich bespreche. Viele dieser Fachartikel sind auch kostenlos als Loseblattsammlung zum Download verfügbar.

Wenn Du Dich registrierst, gibt's natürlich eine ganze Menge mehr. Als registrierter User hast Du Zugriff auf nahezu alle Quellen, die ich für das Handbuch genutzt habe. Ebenso findest Du einen riesigen Fundus an kommentierten Videos, die Dir zu ganz vielen Konzepten eine praktische Idee geben, wie das im Alltag aussehen kann. Auch werde ich ab und an noch das eine oder andere Spezialthema, das Du sonst nirgends finden wirst, nicht nur in den Arbeitsheften aufbereiten, sondern ausschließlich exklusiv für meine Community.

Wenn Du mir per E-Mail ein Bild von Dir schickst, auf dem Du mit dem Handbuch zu sehen bist, inklusive der Freigabe für mich, dieses auch auf der Website als Referenz veröffentlichen zu dürfen, erhältst Du von mir einen Gutschein für die Nutzung des Onlinesystems.

Jetzt aber lass uns loslegen. Ich wünsche Dir viel Spaß beim Studieren und tausend kreative Einfälle für deine eigenen Strategien professioneller Manipulation.

TEIL II - Hirnmechanik

Hirnmechanische Einflussnahme

mal schnell

ein Überblick

Autopilot: Gehirn

Eine Million-Milliarden Synapsen
in einem 1,5l-Verbrenner
bei einer Reaktionszeit von 230ms

Bewusst versus Unbewusst

Ein ungleicher Wettkampf

Zombie-Modus (oder Weniger ist manchmal Mehr)

Mit Musterprozessen zu Höchstleistungen

Das Problem mit der Realität

Und kreative Antworten unseres Gehirns

Gewohnheit macht erfinderisch

Glücksfall Fehlertoleranz

Unser Gehirn

Einleitung

Wenn wir uns damit beschäftigen, wie das Verhalten eines Menschen, einer Gruppe oder gar einer ganzen Gesellschaft zu beeinflussen ist, scheint es sinnvoll, vorher die Instanz anzuschauen, die für das – weitgehend, meist automatische und mustergesteuerte Abspielen von – Verhalten verantwortlich ist: unser Gehirn.

Nichts ist wohl derart komplex und für die Wissenschaft noch so wenig erklärlich wie dieses rund 1,5 Kilo schwere Denk- und Steuerorgan. Es unterscheidet uns Menschen in vielerlei Hinsicht von allen anderen Lebewesen und ermöglicht uns, nicht nur so verrückte Dinge zu tun wie auf den Mond zu fliegen, eine debil grinsende Jungfrau zu malen oder das Erbgut von Futterpflanzen derart zu verändern, dass Tiere plötzlich zeugungsunfähig werden. Nein, es ist nicht nur Quell und Ursprung manch phantastischer Kreation, sondern auch eine sehr spezielle Art von fettigem Gewebe, das uns gerne und bereitwillig auf Verhaltensaufforderungen Dritter wie ein Coca-Cola -Automat reagieren lässt: Euro rein – Dose raus. Glaubst Du nicht? Na dann erinnere Dich mal an deine Kindheit und Jugend. An die unausgesprochenen Regeln zu Hause in deiner Familie. An die Schule. Die vielen lustigen Rituale im Klassenzimmer, kaum dass ein Lehrkörper den Raum betritt. Oder denk mal an ein bisschen Tatütata und Blaulicht hinter Dir im Rückspiegel oder an den saftig-aromatischen Geruch deines Lieblingsessens ... Wenn bei all diesen Beispielen der Erregungszustand deines Gehirns, inklusive entsprechender Körperreaktionen, noch nicht einmal ansatzweise zu messen gewesen wäre, dann musst Du wohl tot sein.

Unser Gehirn ist ein Hochleistungsorgan – das muss man sich stets bewusst machen. Es regelt so viele Dinge gleichzeitig, dass es ganz besondere Regeln, Abläufe und Funktionen braucht, um derart komplex arbeiten zu können. Während Du das hier liest, mache Dir einmal bewusst, dass es zeitgleich deinen Atemrhythmus steuert, deine Herzfrequenz, den Lidschlag deines rechten Auges, okay, deines linken Auges auch; es lässt hier und da mal die eine oder andere Emotion in Dir aufblitzen, projiziert Dir lustige Bilder vor dein inneres Auge; es ignoriert wahrscheinlich gerade, dass es Dich irgendwo am Körper juckt, wahrscheinlich auf dem Kopf, immerhin willst Du Dich ja gerade besser auf meine Worte konzentrieren; es steuert nebenbei das perfekte Zusammenspiel deiner 656 Muskeln (die immerhin rund 40 Prozent deines Körpergewichts ausmachen), sonst würdest Du wie ein nasser Waschlappen auf deiner Sitzgelegenheit zusammenklappen, und so weiter. Wenn es Dich immer noch am Kopf jucken sollte, dann kratz Dich halt endlich. Sonst wirst Du die nächsten Seiten laufend dabei sein, Dich mehr mit deinem Protest zu beschäftigen als mit den kommenden Inhalten.

Über eine Million Milliarden Synapsen (Spitzer, 2012) verschalten in unserem Kopf alle möglichen und unmöglichen Netzwerke miteinander. Das sind über 1015 biomechanische Schalter, die sich in einer noch schwindelerregenderen Zahl miteinander kombinieren lassen. Dass es da ab und zu mal einen Aussetzer geben kann, scheint verständlich. Mehr als tausend Störungen des Gehirns und des Nervensystems führen heutzutage zu mehr Krankenhauseinweisungen als alle anderen Krankheitsbilder zusammen (Neuroscience, 2010). So kosten das amerikanische Gesundheitssystem beispielsweise siebzig Millionen Schlafstörungen rund 100 Milliarden US-Dollar im Jahr.

21 Millionen Depressive schlagen mit 70 Millionen Dollar zu Buche, und zwei Millionen Schizophrene kosten den Staat mehr als dreißig Millionen US-Dollar (Prevention, 2010) jährlich. Dabei überhaupt nicht mit berücksichtigt sind Hunderttausende von Stunden, die Menschen auf der Couch von Psychiatern, Therapeuten und Psychologen verbringen, um ihr vitales Gleichgewicht wieder wunschgemäß hingebogen zu bekommen.

Auch wenn das Gehirn das von der Wissenschaft noch am wenigsten entschlüsselte Organ ist, so konnte diese vor allem im vergangenen Jahrzehnt eine Menge an spannenden Erkenntnissen erringen. Milliarden an Steuergeldern wurden nicht nur im fortschrittlichen Amerika, sondern auch in Europa in die Hirnforschung investiert. Mit Projekten wie „BRAIN" in den USA oder auch dem europäischen „Human Brain Project" unterstreichen die Kontinente die enorme wissenschaftliche, aber vor allem auch wirtschaftliche Bedeutung des neuen Forschungsfelds. Viele neue Erkenntnisse werden sich also in den kommenden Jahren noch erwarten lassen. Einige gibt es schon. Beispielsweise zeigten und belegten die Forscher, wie die (rückbezüglichen) Wechselwirkungen zwischen Umwelt und genetischer Aktivität funktionieren. Andere haben die bis vor kurzem noch gängige Meinung widerlegt, das Gehirn könne ab einem gewissen Punkt nicht mehr weiterlernen, sich nicht mehr verändern und weiterentwickeln. Revolutionierend aber war vor allem der Einzug bildgebender Verfahren. So lieferten die Magnetresonanztomographie (MRT) sowie die Positronen-Emissions-Tomographie (PET) unglaublich beeindruckende Bilder unserer Gehirnstruktur und damit auch Einsichten in die verschlungene Funktions- und Arbeitsweise unseres biologischen „Supercomputers".

Der heutige Stand medizinischer sowie psychologischer Forschung bietet uns einen enormen Fundus an, um Funktionsweisen und Programme unseres Gehirns immer besser zu verstehen. Einige dieser Erkenntnisse sind für unseren Zweck dienlich, andere nicht unbedingt; es sei denn, Du willst als Wunderheiler die Alzheimersche Krankheit ausrotten (das wäre auch ein ansehnliches Geschäft mit einem derzeit möglichen Gewinn von rund 148 Millionen US-Dollar).

Aber lass uns kurz noch einen kleinen Ausflug zum Anfang der Geschichte machen , bevor wir uns dann dem Konkreten widmen. Du wirst sehen: Wenn Dir ein paar grundlegende Funktionsmerkmale unseres Gehirns vertraut sind, wird es Dir leichter fallen, nachzuvollziehen, wieso der eine oder andere Angriff auf die Willfährigkeit deines Gegenübers erfolgreich verlaufen wird bzw. auch umgekehrt: Zu verstehen, warum es nicht funktioniert – falls Du auf dem Bauch gelandet sein solltest.

Unser Gehirn: eine Erfolgsgeschichte

Vor rund zwei Millionen Jahren begann die ganze Geschichte. Bis dahin war das Gehirn nicht mehr oder weniger herausragender als das Sexualorgan oder der Verdauungstrakt eines Schimpansen. Doch dann passierte es: Der Homo rudolfensis tauchte auf den weiten, grünen Wiesen von Auenland auf. Das Besondere an ihm war seine deutlich höhere Gehirnleistung gegenüber seinen behaarten Pelzbrüdern mit den großen Füßen. Mit einem Schädelvolumen von rund 800 Kubikzentimetern hatte es die Evolution irgendwie geschafft, das Gehirn dieses Urmenschen auf die fast doppelte Kapazität aufzupumpen. Und dieser Trend sollte anhalten. Mit dem Homo erectus, der ein paar hunderttausend Jahre später schon auf der Bildfläche erschien, hatte die Rechenleistung nochmals deutlich an Fahrt aufgenommen. Im darauffolgenden Zeitraum von einer Million Jahren hielt der Trend immer noch an. Das nun fast schon moderne Gehirn dehnte sich auf eine Größe von rund einem Liter aus. Wie im Turbogang schloss die Natur mit den folgenden hunderttausend Jahren diesen Prozess vorläufig ab. Die Aktion „Pimp up my brain" fand bei einem durchschnittlichen Schädelvolumen von aktuell 1.360 Kubikzentimetern ihr Ende.

Nur nebenbei bemerkt: Wie in der Natur üblich, ist das Schädelvolumen natürlich ebenso großen Schwankungen unterworfen wie der Wetterbericht fürs Wochenende. Dem Autor von „Gullivers Reisen", Jonathan Swift, sagte man nach, er habe eine „Zwei-Liter-Maschine" unter den Haaren gehabt. Goethe verfügte über 1.550 Kubikzentimeter. Und der Nobelpreisträger Anatole France (Literatur, 1921) hätte hingegen nur aus einem „Ein-Liter-Verbrenner" seine Bestleistung kitzeln können. Intelligenter war keiner von ihnen.

Schädelvolumen und Intelligenz scheinen demnach nicht kausal zusammenzuhängen. Ganz im Gegenteil. Aber darüber ist man sich natürlich auch nicht einig. Die einen stellen fest, dass Menschen mit sehr kleinen Gehirnen (sogenannte „Mikrozephalierer") oft ganz überraschende Gehirnleistungen zeigen. Hingegen sehen Neurophysiologen das natürlich ganz anders. Almut Schütz, aus dem Tübinger Max-Planck-Institut für biologische Kybernetik, stellt dem entgegen, dass es einfach nicht möglich wäre, ein Gehirn auf ein Drittel seiner Größe zusammenzudampfen, ohne dabei einen massiven Verlust an Leistungsfähigkeit in Kauf zu nehmen. (Wissenschaft, 2005)

Sei es wie es will. Irgendwann im Laufe der Geschichte ist es einfach passiert. Unser Gehirn ist gewachsen. Musste es auch. Mit der Entwicklung des Primaten zum Rudelmitglied standen plötzlich auch eine Menge an gemeinsamen Interessen im Vordergrund. Es musste gemeinsam gejagt, verteidigt, gesammelt und gezimmert werden. Flexibilität

II

war gefragt. Mit dem Beginn der Eiszeit, den dauernden Klimawechseln und dem sich damit ändernden Speiseplan, musste der Urmensch tiefer in die Trickkiste greifen, um überleben zu können. Komplexe Bewegungskoordinationen mussten trainiert und mit den Jagdgefährten synchronisiert werden.

Doch nicht nur ökologische und soziale Faktoren waren Grund für diesen evolutionären Sprung. Nicht nur der Schwung neuer Aufgaben, Fähigkeiten und Fertigkeiten verlangte nach mehr Rechenleistung. Auch mit Entwicklung der Sprache musste die Natur sich etwas einfallen lassen, die notwendige Kühlung des Denk- und Steuerungsorgans noch irgendwie zu gewährleisten. Immerhin verbraucht unser Gehirn an einem durchschnittlich ausgelasteten Arbeitstag rund 20 Prozent der Gesamtkörperenergie, 15 Prozent des Sauerstoffs und 40 Prozent des Blutzuckers. Reifen wir noch gut geschützt im Mutterleib dahin, ist die Energiebilanz noch dramatischer. In diesen berüchtigten neun Monaten saugt das Gehirn über 60 Prozent der verfügbaren Mutter-Energie für sein Wachstum ab. Diese Energie muss natürlich auch woher kommen. Und wo hat Mutter Natur sie sich abgezweigt? Richtig, aus dem Darm des Menschen. Es ist anzunehmen, dass der Darm der alten „Lucy[1]" vor ein paar Millionen Jahren noch rund ein Kilogramm schwerer war, als er heute ist. Diese Einsparung kam dem Wachstum unserer „Bioregierung" zugute.

Auf Grund der Tatsache, dass die Natur nichts von dem wegwirft, was sie einmal entwickelt hat, lässt sich die anatomische Ursache für dieses Wachstum schnell nachvollziehen.

---

1 Lucy wurde 1974 in Äthiopien entdeckt und als ein weiblicher Vormensch mit einem stattlichen Alter von rund 3.2 Millionen Jahren identifiziert. Benannt wurde sie nach dem Beatles Song „Lucy in the Sky with Diamonds".

Vor allem den Stirn- und Schläfenlappen der Großhirnrinde haben wir es zu verdanken, dass sich unser Gehirn seit dem alten Australopithecus fast vervierfacht hat.

Dieses „neue Gehirn“, das sich sozusagen über unserem alten Reptiliengehirn zu entwickeln begann, sich also irgendwie oben drüber gepflanzt hat „und sich nun mit dem alten Hirn zusammenraufen muss“ (Bargh, 2011), ist vor allem für das Denken, Planen, für unser Gedächtnis und auch unsere Sprachfähigkeit verantwortlich. Eben genau die Bereiche, die unter anderem auch für die Entwicklung von Fertigkeiten wie Speere-Werfen und Gemeinsam-Jagen benötigt wurden. Gehirngröße und Intelligenz stehen dabei – wie wir bereits gesehen haben – nicht unbedingt in einem kausalen Zusammenhang; schaden einander aber auch nicht.

Die Entwicklung komplexer, intelligenter Leistungen ist eher dem sozialen und zwischenmenschlichen Miteinander, dem Lösen gemeinschaftlicher Probleme und der Organisation des Gemeinwohls zu verdanken. „Sozial und gemeinschaftlich denken und handeln“ war also seinerzeit kein Luxusgut, so wie wir es heute erleben, sondern vielmehr eine wesentliche, überlebenswichtige Intelligenzleistung. Selbstverständlich hatte man auch die Wahl, als Außenseiter zum Nachtmahl eines Säbelzahntigers zu werden.

II

Funktionsweisen

Bewusstes und Unbewusstes

Erste Intelligenzleistungen des Menschen, die eng an das Überleben der Gemeinschaft und damit an das eigene Überleben gekoppelt waren, haben sich tief in die Windungen unseres Denkapparats geschnitzt. Bewusste Entscheidungsprozesse waren damals wie heute, nach einem kurzen Intervall des Trainings, des „Trial and Errors", nicht mehr nötig (bedenkt man, dass früher bereits ein einziger „Error" meist finalen Charakter hatte). Und das ist ein ganz wesentlicher Aspekt. Über die Jahrtausende und Jahrhunderttausende hat der Mensch eine Verarbeitungsstrategie entwickelt, die unserem Gehirn heute erlaubt, in einem Wechselspiel zwischen bewusster Wahrnehmung, Erfahrung und Verarbeitung ruckzuck unbewusste, automatische Verhaltens- und Reaktionsprozesse als fest verdrahtete Reaktionsmuster zu entwickeln oder kurz: zu bahnen. Einmal gelernt, bedürfen diese Bahnungen keinerlei bewussten Eingreifens mehr. Sie laufen einfach. Zuverlässig und rund um die Uhr. Blitzschnell und einfach enorm ökologisch.

Hervorragend kann man diesen Prozess beispielsweise bei der kleinen Tochter miterleben. Irgendwann einmal, vielleicht aus den Untiefen einer Trinkerlaune heraus, fiel der Entschluss: Das Kind muss Geige spielen lernen. Mit der Fidel in der Hand beginnt das Martyrium. Wochen und Monate des Kreischens und Kratzens ziehen ins Land, bis sich langsam eine wohlklingende Melodie abzuzeichnen beginnt. Hölzern zersägte Töne beginnen endlich der Vergangenheit anzugehören. Sinkt die wohltrainierte Fingerfertigkeit, bestehend aus blitzschnellem Erfassen des Notenbildes und einer perfekten Gehirn-Hand-Koordination, hinab in die Tiefen des Unbewussten, wird bald schon der verzaubernde Flow betörender Töne seine Magie entfalten.

Und genau so nennt man das lustigerweise dann auch: Flow (oder unbewusste Kompetenz). Selbstverständlich gibt es dazu bereits auch schon einen wissenschaftlichen Zweig: Die Flow-Forschung.

Erst wenn unsere unbewussten Steuerinstanzen die Regie übernommen haben, wird es flüssig. Dann wird es harmonisch. Dann stören keine lahmen und energieraubenden bewussten Gedanken mehr das perfekte Timing aller Körperteile.

Musterprozesse

Als erstes, wichtiges Merkmal der Funktionsweisen unseres Gehirns können wir also festhalten: Unbewusste Prozesse, sogenannte Verarbeitungs- und Steuermechanismen, die abseits unserer bewussten Entscheidungskompetenz laufen und die wir pauschal „unbewusst" nennen, sind stets effektiver, schneller und ökonomischer als das, was wir mit „bewusst" meinen.

Gerhard Roth, Neurowissenschaftler an der Universität Bremen, stellt dazu fest: „*Wir könnten niemals nur bewusst in voller Aufmerksamkeit in einer wirklich unvorhersehbaren Welt überleben.*" (Roth, 2011) Unbewusste und vollautomatisierte Verschaltungen unserer Synapsen bahnen unsere Reaktionen, unser Verhalten und unser Fühlen zu extrem effektiven und effizienten Netzwerken, und das lange bevor wir bewusst auch nur beginnen, darüber nachzudenken: „*Entscheidungen, vor allem die Wichtigen, werden nicht von bewussten Gedanken bestimmt*", stellt Allan Snyder vom „Center of the Mind" Sydney fest, „*unser unbewusstes Gehirn ist der Chef im Ring. Bewusstsein ist nur noch so etwas wie ein Nachklatsch, wenn alles schon entschieden ist. Eine PR-Aktion des Gehirns sozusagen, damit wir denken können, wir hätten auch noch was zu sagen.*"

II

Ein paar andere Beispiele

Sicherlich kennst Du das: Du hast es Dir in deinem Sessel, auf der Couch oder im Bett gemütlich gemacht, Dir ein gutes Buch hervorgezogen und Dich ganz in die Lektüre vertieft. Du bemerkst gar nicht, wie eines deiner Kinder den Raum betritt oder deine Frau Dich zum Essen ruft. Erst, wenn sich dein Partner unmittelbar vor Dir lauthals bemerkbar macht, schreckst Du zusammen. Deine neu fokussierte Aufmerksamkeit reißt Dich aus der Lektüre, und plötzlich nimmst Du den (meist eher weniger) willkommenen Störenfried wahr.

Auch das Autofahren hat ab und an so einen magischen Einfluss. Ein paar hundert Kilometer bis zum ersehnten Ziel liegen noch vor einem. Zum Glück mal kein Stau auf der Autobahn. Leise, sanft und gemütlich rollt man dahin. Das Radio dudelt Dir entgegen, das ruhige Brummen des Motors zieht Dich langsam deinem Ziel entgegen. Erst 20 Kilometer nach der Ausfahrt schreckst Du plötzlich auf und bemerkst, dass Du längst am Ziel vorbeigeschossen bist.

Diese beiden Beispiele sollen nochmal zeigen, wie es sich in unserem Alltag anfühlt, vollständig auf Automatik geschaltet durchs Leben zu „eiern". Diese Automatik wird von gebildeten Hypnosetherapeuten auch „Trance" genannt. Demnach ist so eine Trance ein automatischer Arbeitsstatus des Gehirns, in dem es – auf einen extrem energiesparenden Modus geschaltet – einfach läuft und läuft und läuft. Alle Prozesse funktionieren ohne deine willkürliche Einflussnahme. Das Lesen von Buchstaben und Verarbeiten von Strichen, Punkten und Bögen zu einer inneren Flut von Bildern und aufregenden Abenteuern geschieht genauso automatisch wie das Auslösen aller dazugehörenden Körperreaktionen. Genauso beim Autofahren. Du schaltest automatisch, setzt den Blinker, lenkst – und das alles, ohne auch nur ein einziges Mal bewusst darüber nachzudenken (und das ist sogar staatlich so gewünscht).

Dieser – energetisch gesehen – enorm effiziente Betriebsstatus unseres Gehirns ist für uns überlebenswichtig. Sonst wäre es unmöglich, die unglaubliche Zahl an körperlichen Prozessen in jedem Augenblick auch nur annähernd bewusst zu steuern. Ebenso wäre es eine unglaubliche Energieverschwendung, müssten wir jedes Mal aufs Neue damit beginnen, bewusst alle Prozesse des Autofahrens zu synchronisieren. Irgendwann einmal haben wir uns antrainiert, aus Strichen, Bögen und Punkten Worte zu dechiffrieren oder diese vier Räder mit Motor sicher über die Straßen zu bewegen. Ein synaptisches Muster ist entstanden. Ein bewusstes Zutun unsererseits ist nicht mehr vonnöten.

Über die Jahre trainieren wir bei jeder Gelegenheit diese Verschaltungen. „Erfahrung" nennen wir das auch. Diese Trainingseinheiten optimieren unsere synaptischen Netzwerke, sodass wir schon bald optimal und völlig automatisch gesteuert Bücher verschlingen oder Autorennen fahren können.

Dieser Betriebsmodus hat aber noch einen weiteren Effekt: Da wir in bestimmten Situationen keine bewusste Energie mehr zusteuern müssen, ist diese frei für andere Beschäftigungen. So hängen wir beim Autofahren unseren Gedanken nach oder inszenieren in unserer Vorstellungskraft unglaubliche Filme, wenn wir in die packende Geschichte eines Buches einsteigen.

Allen Trancezuständen ist eines gemein: Wir fokussieren unsere Aufmerksamkeit auf ein bestimmtes Erleben, das uns unser Gehirn, in unserer inneren Welt anbietet. Dies geht im Zweifel so weit, dass wir alles um uns herum vergessen: Den Ruf zum Essen überhören, Schmerz nicht mehr spüren, Müdigkeit nicht mehr wahrnehmen und ab und an so barsch aufgeweckt werden müssen, um nicht beinahe die Oma auf dem Zebrastreifen zu überfahren.

Dieser ganz natürliche Zustand, den so eine Trance darstellt, lässt sich auch willentlich und bewusst erzeugen. So nutzen Sportler beispielsweise Techniken der Selbsthypnose, um sich optimal auf Wettkämpfe vorzubereiten. Manager nutzen solche Techniken, um sich schnell und nachhaltig in ihren kurzen Erholungspausen zu entspannen, oder kluge Eltern, die sich der Hypnose bedienen, um ihre Kinder schneller zum Schlafen zu bekommen.

Ganze Berufsgruppen drehen sich um die Frage, wie dieser extrem effiziente Betriebsstatus unseres Gehirns a) zu erreichen und b) dann möglichst effektiv zu nutzen ist. So gilt die Arbeit mit Trancezuständen seit über 10.000 Jahren weltweit als wesentlicher Bestandteil einer fast jeden menschlichen Kultur. Intensiv genutzt wurden diese Prozesse vor allem zu Heilungszwecken und religiösen Anlässen. Selten wurden und werden in diesen Ritualen Entspannungszustände gewünscht oder Zustände wie Katalepsie oder massive Dissoziiertheit – wie das ab dem 18. Jahrhundert bei uns in Europa hipp wurde.

Tranceprozesse wurden als einfaches Mittel zum Zweck genutzt. Hierbei suchte man das passende Mittel für einen gewünschten Zweck. So hat man beispielsweise soziale Interaktionen, optimale körperliche Spannung oder gemeinschaftlichen Gesang und Tanz genutzt, um sich perfekt auf ein kommendes Ereignis vorzubereiten. Wenig sinnvoll würde es anmuten, würden sich Massai-Krieger in tiefenentspannter Katalepsie auf die bevorstehende Jagd vorbereiten. Genauso wenig einsichtig wäre es, würden wir uns mit meditativen Gesängen auf eine bevorstehende Prüfung vorzubereiten versuchen. Solcher Unsinn geschieht nur dann, wenn unser Bewusstsein meint, sich einmischen zu müssen, da es den Verarbeitungsroutinen unseres Gehirns nicht vertraut und mit Kontrolle danach sucht, fehlendes Verständnis wett zu machen. In aller Regel ist unser Gehirn extrem gut darin trainiert, die passenden, automatischen Verarbeitungsprozesse abzulaufen und am Ende unser Verhalten so zu steuern, dass wir auf jeden Fall mal überleben. Am Ende bleibt ein Jagd- oder Kriegstanz eben doch die beste Vorbereitung auf die Jagd, gleichwie gründliches Lernen und womöglich das Trainieren der Prüfungssituation – zum Beispiel unter Freunden vorab – die besten Voraussetzungen bietet, passende automatisierte Trancemuster zu entwickeln.

Dennoch, auch wenn es in heutigen Fußgängerzonen nur noch selten vorkommt, von einer Herde Mammuts überrannt zu werden, bedeutet das noch lange nicht, dass unser Gehirn sein fürsorgliches Gebaren aufgegeben hätte. Mit wissenschaftlichen Versuchen, wie beispielsweise dem sogenannten „Iowa Gambling Test", lässt sich zeigen, dass, lange bevor wir ein Bewusstsein für etwas haben, das auch nur annähernd ungünstig für uns sein könnte, Reaktionen darauf bereits längst auf körperlicher Seite messbar sind. Diese Messungen zeigen ein aufgeregtes Gehirn, das bereits nach 230 Millisekunden eine derart komplexe Entscheidung für uns getroffen hat. Bevor wir überhaupt anfangen, bewusst darüber nachzudenken, was für uns richtig und was falsch ist, hat unser unbewusstes Gehirn längst schon für uns entschieden.

Interne Verdrahtungen

Dass unser Gehirn es am liebsten mit sich selber treibt und nicht wirklich viel von dem hält, was sich da vor unserer Nase „real" abspielt, das hat in den frühen 1980er Jahren auch der chilenische Neurobiologe und Philosoph Humberto Maturana bemerkt. Er fand heraus, dass unser

Gehirn in einer Art und Weise verkabelt ist, dass auf eine afferente Faser fünf Billionen interkortikale Fasern kommen. Auf verständlich bedeutet dies: In diesem nahezu unvorstellbaren Verhältnis von eins zu fünf Billionen ist nur ein winziger Teil unserer „Wahrnehmung" überhaupt darauf ausgerichtet, Impulse von der außen liegenden Welt entgegenzunehmen, geschweige denn zu verarbeiten.

Das hat weitreichende Folgen, vor allem für unser Thema. Denn es bedeutet, dass der Löwenanteil, zum Beispiel unserer Wahrnehmung, aber auch von darauffolgenden Entscheidungsprozessen für konkretes Verhalten, eher als kreative Konstruktion unseres Gehirns verstanden werden sollte, und nicht als Realität. Oder anders gesagt: Das, was wir als Realität, als unsere ganz persönliche Realität bezeichnen, ist vor allem eins: ein kreativer Schöpfungsakt unseres Gehirns. Angestoßen durch einen einzigen äußeren Reiz inszeniert es in Windeseile und in völliger Eigenregie ein fulminantes Kino auf der inneren Leinwand unserer Wahrnehmung und setzt uns als Darsteller irgendwo mitten rein.

Was will man da noch sagen? Zusammengefasst vielleicht so viel: Wenn unser Hirn also auf einen von außen kommenden Reiz bis zu fünf Billionen innere Reize abfeuert, wozu dann noch der ganze Stress mit Bewusstsein & Co? Das, was wir am Ende als Erlebnis beschreiben, ist schlicht gesagt nur noch eine beeindruckende Inszenierung, unglaublich von komplex miteinander verschalteten Synapsen unseres unbewussten Regisseurs. Was einmal als kleiner Sonnenstrahl durch unsere Pupille fällt, bläst unser Gehirn anschließend zu einem multidimensionalen Feuerwerk auf und verkauft es uns abschließend als Realität.

Wieso ist das so? Es scheint eine ganz einfache Erklärung dafür zu geben: Bewusst nachzudenken, zu entscheiden und zu handeln, ist unserem Gehirn schlicht zu anstrengend. Es verbraucht viel zu viel Energie. Es reißt die Ökobilanz in den Keller und bringt auch nicht das gewünschte Ergebnis. „Bewusst" holpert zudem zu sehr und ist viel zu langsam. Wir können nicht bewusst Geige spielen, zumindest dann nicht, wenn es schön klingen soll. Und würden wir alle bewusst Auto fahren – na dann gute Nacht! Jeder Tag wäre, als tuckerte man wie in der ersten Fahrstunde ängstlich und zögernd vor sich hin. Da würden selbst die stärksten Nerven irgendwann blank liegen.

„Bewusstes" bleibt daher auf wenige Regionen im Hirn begrenzt. Diese nennt man Großhirnrinde. Genauer gesagt: Das Ding mit dem „Bewusstsein" spielt sich im sogenannten präfrontalen Cortex ab. Jetzt ist es aber gerade nicht so, dass dieser Teil des Cortex besonders leistungsstark wäre. Mit ungefähr fünf gleichzeitig eintreffenden Reizen ist dieser leider schon überfordert und stößt an seine Belastungsgrenze. Ein mittlerweile enorm bekanntes Experiment, das diesen Effekt anschaulich zeigt, ist das sogenannte „Person Swap Experiment"[2]. Ein willkürlich herausgepickter Passant wird von einem Fremden nach dem Weg gefragt (dazu braucht er bewusste, kognitive Ressourcen). Durch eine kurze unterbrechende Inszenierung werden die beiden entzweit und der Fragende durch einen anderen ausgetauscht. Das hundertfach Gezeigte und extrem Verblüffende dabei ist, dass der ahnungslose Passant nicht im Geringsten fähig ist, diesen Austausch wahrzunehmen.

---

2 Person Swap Experiment, z.B. von Derren Brown (s. youtube); und wenn Du es nicht glaubst, schau Dir mal ein paar laienhafte Produktionen mit dem gleichen Effekt an. Davon gibt's auf youtube Dutzende.

II

Ebenso faszinierend sind Experimente, die unter dem Begriff „Selective attention"[3] bekannt wurden. Die Aufgabe hierbei ist meist eine ganz einfache, wie z.B.: Zähle die Ballwechsel zwischen zwei Basketball spielenden Mannschaften. Dass zwischendrin ein Gorilla durchs Bild latscht, bleibt fast allen Zuschauern verborgen.

Man muss dazu aber nicht erst ins „WWW", die weite Welt der Wunder, ausweichen, sondern ich will versuchen, Dir das gleich jetzt und hier anhand eines ganz einfachen Beispiels zu zeigen.

Versuch doch mal Folgendes: Klopfe mit deinem linken Fuß einen Viervierteltakt, von dem Du nur beliebige drei Viertel auf den Boden stampfst (für die weniger musikalischen, das geht so: kling – kling – kling – nix – kling – kling – kling – nix – ...). Wenn Du gleichzeitig noch weiterlesen kannst, ohne den Rhythmus deiner Stampferei dabei zu unterbrechen, musst Du Schlagzeuger sein oder ein großes Gehirn haben. Aber auch für diese Spezies unter euch hab ich noch was. Wenn Du es also schaffst, diesen Takt zu klopfen und weiterzulesen, dann merke Dir doch nebenher noch folgende Nummer: 9638527410. Und? Klappt's? So viel also zum Thema „Leistungsfähigkeit bewusster Prozesse". Aber nicht verzweifeln. Es gibt einen Weg, mit dem man diese Aufgabe lösen kann.

Wir haben gesehen, dass die größte Stärke unseres Gehirns ist, Dinge unbewusst ablaufen zu lassen. Eben nicht bewusst. Wie also schaufeln wir diese Übung in unser Unbewusstes? Wie bekommen wir die andere Seite der

---

3 Bei einem Versuch mit RadiologInnen stellte das Forscherteam um Trafton Drew den Fachleuten sowie Laien die Aufgabe, kleine Knoten in Röntgenbildern zu finden. Ebenso auf diesen Bildern versteckt befand sich ein ca. fünf Zentimeter großer Gorilla. Das Ergebnis: Keiner der Laien hatte den Gorilla gesehen. Aber von 24 RadiologInnen fanden ihn 20 ebenso nicht. Ergebnis: Menschen nehmen wahr, worauf sie konzentriert sind. Alles andere, vor allem Unerwartetes, blenden sie in der Regel aus.

Macht (in uns) dazu motiviert, diese Aufgabe zu lösen? Ganz einfach. Bisher haben wir gesehen, dass unser Gehirn ja (1) am schnellsten lernt, wenn es an bereits Vorhandenes anknüpfen kann, und (2) viel leichter lernt, wenn wir die Informationseinheiten in Blöcke aufteilen. Diese dürfen nicht zu groß sein und aus maximal zwei bis fünf „Chunks“ bestehen. Also löse die Übung folgendermaßen: Zerlege zuerst die Nummernfolge passend zum Takt, also in Chunks von demnach drei: 963 852 741 0. Wenn es Dir hilft, stell Dir den Ziffernblock an einem Geldautomaten dazu vor. Der sieht nämlich genauso aus, wenn man die Nummern von oben nach unten einfach runtertippt (jaja, ich weiß, so kreativ war das nun nicht). Jetzt probiere es nochmal: 963 - nix - 852 - nix - 741 - nix - 0 ... geht einfach, oder? Jetzt sogar bestimmt ohne abzulesen. Und vielleicht kannst Du auch schon feststellen, dass nebenbei wieder so viele Ressourcen frei geworden sind, dass deine Gedanken schon längst abgeschweift sind.

Das nennt man Musterbildung[4]; einen Musterbildungsprozess, der bei diesem Beispiel nur zwei (bis drei) Kriterien genutzt hat: assoziierbare Netzwerke und die sogenannte „Chunksize“ (Größe der Informationseinheit). Und Schwups lief es unbewusst. Es könnte nicht schaden, wenn Du Dir diese grundlegende Funktionsstruktur als erste kleine Manipulationsstrategie merken würdest. Wir werden sie später andauernd brauchen, wenn es darum geht, komplexeres Verhalten manipulieren zu wollen.

Aber machen wir erst mal weiter und schauen uns als Nächstes das Ding mit der Vernunft an.

---

4 Ein Forscherteam um Foroni, F. & M. Rothbart (2013) fand heraus, dass diese Musterbildungen sogar derart hartnäckig in uns walten, dass, selbst wenn man die einmal gültigen Voraussetzungen für das Entstehen eines Musters tilgt, das Muster dennoch aktiv und abrufbar bleibt. Ergebnis: einmal Schublade, immer Schublade. Ein Entrinnen möglich? Wohl schon, aber auf keinen Fall einfach!

Auch mit unserer bewussten Vernunft sieht es nämlich nicht viel besser aus. Auch diese ist in unserem Gehirn konkret verortet. Man findet sie im sogenannten orbifrontalen Cortex. Dieser Teil des Cortex befindet sich knapp über deinen Augen. Aber auch diese ach so bewusste Instanz ist nicht ganz so bewusst und autonom, wie es scheint. Der orbifrontale Cortex entscheidet nichts allein. Unterhalb der Großhirnrinde liegt nämlich der Hippocampus. Der hat all unsere Erfahrungen abgespeichert. Und das ist eine ganz entscheidende Sache. Was oder genauer gesagt wie wir uns an etwas erinnern, bestimmt nämlich auch, was bzw. wie wir etwas tun.

Dieses „Wie“ wird vor allem von der Amygdala und dem Hypothalamus gesteuert. Diese beiden haben bei allen Entscheidungen immer das erste und auch das letzte Wort. Über die Ausschüttung von Hormonen färben sie die Qualität unseres Erlebens ein. Plötzlich fühlen wir uns gut oder schlecht. Plötzlich verlieben wir uns (dazu gleich noch mehr) oder wir werden wütend. Das ist nicht Schicksal und auch nicht der andere da vor unserer Nase, der das auf magische Weise irgendwie in uns bewirkt, sondern schlicht unser Gehirn; allein aufgrund eines winzigen Reizes, z.B. eines bestimmten Tonfalls, der uns auf Anhieb zusammenzucken oder debil grinsen lässt.

So langsam müsstest Du Dir jetzt selbst erklären können, was da abläuft und wie das zustande kommt, oder? Bekommst Du langsam ein Gefühl dafür, wie viele interne Netzwerke beim Eintreffen nur eines einzigen Reizes (visuell, auditiv, kinästhetisch, olfaktorisch, gustatorisch) in uns anspringen? Beeindruckend, nicht wahr? Wenn man nun ganz pauschal und etwas undifferenziert weiterdenkt, kommt man zwangsläufig auf die Idee, dass man, wenn man effektiv beeinflussen will, letztendlich nur den passenden Reiz liefern muss, damit das unbewusste Gehirn einfach nur das abspielt, was man gerne hätte. Und grob gesagt: Ja, genau so ist es auch. Du wirst sehen.

Fassen wir auch das nochmal schnell zusammen: Bevor also irgendwas in uns auch nur ansatzweise bewusst oder vernunftbegabt wird, hat unser unbewusstes Gehirn schon längst unsere Wahrnehmung analysiert und meldet das Ergebnis seiner Bewertung wieder als Gefühl zurück. Die Großhirnrinde empfängt zwar diese Kurzmitteilungen – kann sie aber lustigerweise nicht zurückverfolgen. Lediglich vielleicht dagegen andenken. Das Witzige ist, dass wir tatsächlich so vernetzt sind, dass unser Bewusstsein jeglichen Einfluss des Unbewussten leugnet. Da es den Impuls einfach nicht zurückverfolgen kann, gerät es in eine Art Zwickmühle. Wie logisch oder unlogisch das innere Erleben auch immer sein mag, es braucht eine Erklärung dafür. Immerhin sind wir ja die vernunftbegabte Spezies. Daher erfindet unser „Verstand“ einfach irgendetwas. Das Gleichgewicht muss ja schließlich wieder hergestellt werden. Es muss einfach wieder Harmonie in unsere ganzen Bewertungsinstanzen einkehren. Unharmonisches und Diskrepanzen verbrauchen einfach zu viel Energie. Diese Tendenz unseres inneren Systems, alles wieder ins Gleichgewicht zu bringen, nennt man auch Homöostase. Dieser Ausdruck stammt aus der Systemtheorie und bedeutet nichts anderes als „Gleichgewicht“. Mit dieser Tendenz unseres Gehirns, Dissonanzen egal wie, aber möglichst schnell wieder auszugleichen, werden wir es gleich noch zu tun bekommen. Es könnte also helfen, sich das zu merken.

Ein beeindruckendes Beispiel dafür, wie man diese neurobiologische Harmoniesucht zu Geld machen kann, finden wir bei Robert Allen Monroe. Er gründete die „Monroe Institutes“. Im Wesentlichen macht dieses Unternehmen nichts anderes, als sich mit CDs eine goldene Nase zu verdienen. Nun, zugegeben, es sind ganz besondere CDs. Auf Grundlage des Bestrebens unseres Gehirns nach Homöostase lassen sich nämlich auch die beiden unterschiedlichen Hemisphären unseres Gehirns beeinflussen. Die Idee ist ganz einfach. Spielt man in das linke Ohr beispielsweise einen Ton mit einem Kilohertz und in das rechte Ohr einen nur gering abweichenden Ton von sagen wir mal 0,9 Kilohertz, dann würde unser Gehirn diesen Unterschied wieder auszugleichen versuchen. Auditiv gesehen, bastelt unser Gehirn es uns so zusammen, dass wir bewusst nur noch einen einzigen Ton von beispielsweise 0,92 Kilohertz wahrnehmen würden. Nutzt man nun die oben erwähnten, bildgebenden Verfahren, dann kann man das auch sehen. Schwingungszustand und Erregungsgrad beider Gehirnhemisphären beginnen sich anzugleichen. Dreht man jetzt Stück um Stück die Frequenz runter, schwingt unser Gehirn sozusagen Stück für Stück mit runter. So weit, bis wir in einen Entspannungszustand gleiten. In diesem Zustand sind unsere bewussten Regionen sozusagen im Tiefschlaf, so dass Manipulationsangebote direkt und ungefiltert von unseren unbewussten Instanzen verarbeitet würden. Das ist im Übrigen auch die Grundlage für die klassische Hypnose und Hypnotherapie.

So leicht kann es also gehen, zurück in eine angenehme, entspannte Homöostase zu gleiten. Scheinbar haben wir Menschen es aber verlernt, diesen Zustand auf ganz natürlichem Wege für uns zu aktivieren. Kein Wunder also, dass derlei technische Hilfsmittel ein profitables Geschäft sind.

Da wir aber nun nicht den ganzen Tag halb belämmert durch die Gegend wackeln können, läuft dieser „gleichmachende" Prozess im Alltag etwas anders ab. Man könnte sagen: Er läuft prophylaktisch ab. Bevor es überhaupt zu derartigen Dissonanzen kommen kann, beschießt unser unbewusster Taktgeber unser Bauchgehirn mit Hormonen. Wir nennen das dann Intuition. Intuition kommt also nicht aus dem Nichts, sondern basiert, ganz nüchtern gesagt, auf endlosen Wiederholungen von Erfahrungen, die zur Bewertung einer Situation herangezogen werden. Hebt unser Erfahrungsgehirn den Daumen, ist alles entspannt. Wir fühlen uns gut und werden entsprechendes Verhalten auch abspielen. Blinkt es rot und schreit laut „Stopp!", werden wir den Rückzug antreten. Wir werden aggressiv auf die Kacke hauen oder uns tot stellen und mauern. Wenn Du in einer Beziehung lebst, erinnert Dich das jetzt sicher an was. Aber keine Angst, das wird jetzt nicht therapeutisch. Dafür werde ich ein anderes Buch schreiben.

Gerhard Roth, auch Neurowissenschaftler, dieses Mal einer von der Universität Bremen, pointiert diesen Prozess wunderbar. Er sagt: „Es beleidigt uns, dass wir Menschen eine Marionette in den Händen unseres Unbewussten sind, und nur dann andere Gedanken bekommen, wenn das Unbewusste der Meinung ist, es sei jetzt mal wieder an der Zeit, sich einzumischen!" (Roth 2011)

Antonio Rangel, Neuro-Ökonom (was es alles für ulkige Berufe gibt) vom California Institute of Technology in Pasadena ergänzt: „Viele Prozesse in unserem Gehirn laufen so unglaublich schnell (230 Millisekunden), dass man noch nicht mal eine Illusion von bewusster Kontrolle hat (...)." (Rangel 2011)

Und so ist es. Zusammenfassend gesagt: Unser Gehirn lernt, indem es an bereits bekannte Netzwerke anknüpft. Sobald diese Netzwerke einmal etabliert sind, laufen sie autonom und unbewusst und bilden innerhalb von 230 Millisekunden eine Entscheidungstendenz, die sie uns als hormonell induzierte Gefühle zurückmelden. Irgendwann, so ungefähr gemütliche acht bis zehn Sekunden später, fangen wir Menschen dann so langsam an, diese Tendenzen bewusst wahrzunehmen. So konnte es zumindest John-Dylan Haynes von der Humboldt Universität in Berlin zeigen. [5]

Das Erstaunliche dabei ist und bleibt, dass diese Verschaltungen so extrem schnell funktionieren. Man stelle sich das einmal vor: In diesen kurzen 230 Millisekunden schafft es unser Gehirn, nicht nur komplexe Situationen zu erfassen und sie mit gemachten Erfahrungen abzugleichen, sondern auch noch eine Entscheidung vorzubereiten. Es analysiert, ob es gefährlich für uns wäre oder nicht, ob es gut oder schlecht wäre, anzupacken, abzuwarten, oder besser, alles zu ignorieren, und so weiter. Als wäre das noch nicht genug, findet es dann auch noch Zeit, diese Entscheidungen über Hormone unserem Bauch mitzuteilen. Wenn sich dann eine Ewigkeit später unsere bewusste Instanz einmischt, ist eigentlich alles schon gelaufen. Selbstverständlich werden wir dann auch nicht mehr aus der Reihe springen, sondern uns dem anschließen, was unser Unbewusstes längst für uns entschieden hat.

Für effektive Einflussnahme und professionelle Manipulation sind diese Entdeckungen der modernen Hirnforschung essentiell. Wir haben gesehen, dass unser Gehirn grundsätzlich für jegliche Art der Manipulation offen ist. Andauernd und überall stellt es Zusammenhänge her und bildet Muster. Ganz gleich, ob sie Sinn machen oder nicht. Ökonomische, energiesparende, schnelle und effektive Abläufe müssen ja gewährleistet sein, wenn man in einer komplexen Gesellschaft überleben will. Diese Verliebtheit in Musterbildungsprozesse öffnet allerdings auch Tür und Tor für Angriffe auf die Willfährigkeit. Und genau dahin sollte man schauen, will man ein Profi seines Faches werden.

---

5 Vgl. Iowa Gambling Test – s.h. Stichwortregister.

Priming

Für unsere weitere Betrachtung bedarf es eines nächsten Fachbegriffs, dem sogenannten „Priming". Selbstverständlich gibt es hierzu auch schon längst einen wissenschaftlichen Forschungsbereich: die Priming-Forschung. Dieser Forschungszweig gehört als Teilgebiet zur Allgemeinen Psychologie und beschäftigt sich mit genau diesen oben genannten Musterbildungsprozessen bzw. damit, wie diese zu beeinflussen sind.

Die Wissenschaftler haben in vielen, teilweise extrem lustigen Versuchen aufzeigen können, wie stark die Verarbeitung eines angebotenen Reizes durch einen vorangegangenen Reiz beeinflusst wird. Anders gesagt bedeutet das: Je nachdem, was ein vorangehender Reiz an impliziten Gedächtnisinhalten aktivieren konnte, wird ein darauf folgender – von diesem eingefärbt – eine bestimmte Tendenz und Qualität zeigen oder sogar ein bestimmtes Verhalten erzeugen. Solche vorbahnenden Reize können dabei alles Mögliche sein, wie das Blaulicht im Rückspiegel, aber auch ein Geruch, eine Geste, ein Tonfall, ein Geschmack oder was auch immer. (Damian, 2003) Entscheidend ist nicht der Reiz, sondern das, was dieser bahnende Reiz an Erinnerungen aktivieren kann (und das ist extrem wichtig! Ein bisschen später werde ich mich ganz ausführlich mit diesem Thema der gespeicherten Erinnerungsinhalte beschäftigen bzw. damit, wie man diese für die eigenen Zwecke nutzen kann).

In der Priming-Forschung spricht man dabei von „bottom up"-Reizen, das sind die bahnenden Reize, und von „top down"-Reizen, das sind die Reize, welche die Qualität und Wirkrichtung des darauf folgenden Reizes bestimmen. Machen wir es mal konkret an einem Beispiel aus der häuslichen Pädagogik fest. Diese hat den Effekt des Primings natürlich schon lange vor der Wissenschaft

II

für sich erkannt und nutzt ihn ja auch schon seit Jahrhunderten zur effektiven Manipulation von Heranwachsenden. Alleine das „In-Aussicht-Stellen" von Rohrstock und Strafe bzw. heutzutage von verlängerten Fernsehzeiten oder einer süßen Belohnung lässt beispielsweise bei einem unwilligen Schüler die Hausaufgaben um ein Vielfaches lustvoller und damit schneller geschehen. Aber es geht natürlich auch noch etwas differenzierter. Ein Beispiel aus der Hirnforschung:

Der oben schon einmal erwähnte Professor an der Universität von Yale, John Bargh, hat herausgefunden, dass wir Menschen uns beim Genuss eines Heißgetränks wesentlich sympathischer finden, als wenn wir uns auf harten Stühlen bei einem kalten Bier das erste Mal kennenlernen. Aber auch, dass beispielsweise einsame Menschen deutlich heißer duschen und baden als die Menschen, die fest in ein stabiles Sozialsystem eingebunden sind (Einsame ersetzen sozusagen ihr Bedürfnis nach sozialer Wärme mit rein physisch erlebbarer Wärme aus dem Duschkopf).

Noch viel lustiger wird es, wenn bahnende Reize so was von subtil daherkommen, dass man es kaum für möglich halten will. Lässt man zum Beispiel eine Zielgruppe sich mit Worten wie „Falten", „grau", „Rente" usw. beschäftigen, stellte man in wissenschaftlichen Versuchen fest, dass diese sich unmittelbar danach deutlich langsamer bewegen. Oder zum Beispiel auch, dass wir uns vorzugsweise in Menschen verlieben, die einen ähnlich langen Vornamen (oder Nachnamen) haben wie wir selbst. Oder allgemeiner gesagt: Wir Menschen sind schlicht gesagt dazu fähig, schneller und motivierter zu reagieren, wenn zuvor ein positiver Primärreiz unsere synaptischen Muster angestoßen hat. (Kößler, 2006) Derren Brown hat auf dieser Grundlage in einer TV-Produktion gezeigt, wie man auf die Großzügigkeit von Menschen Einfluss nehmen kann. Er schuf dazu lediglich ein entsprechendes Umfeld, in der die Versuchspersonen über Wortspiele und visuelle Primärreize an entsprechende Assoziationsmuster erinnert wurden.[6] (Brown, 2010) Das ganze Experiment, in Wort und Bild, inklusive ausführlicher Erklärungen dazu, findest Du auf der WebSite unter den Stichworten: „Priming“, „Subliminals“.

Warum das so ist, wieso unser Gehirn nicht nur dauernd Zusammenhänge herstellt und abspeichert, sondern diese auch als Vorlage für neue Entscheidungen nutzt, lässt sich ähnlich erklären wie bereits zuvor: Komplexe bewusste Verarbeitungsprozesse verbrennen einfach zu viel Sauerstoff. Unser ganzer Muskelapparat ist insgesamt betrachtet nicht so verschwenderisch wie unser Gehirn allein. Das ist – wie immer – einfach nicht ökonomisch und dauert zudem zu lange. Daher fällt es uns Menschen schwer, von einmal vernetzten Musterroutinen abzuweichen. So ökonomisch das auch sein mag, diese Denkroutinen machen es uns gleichzeitig schwer, neue Ideen zu entwickeln, unerwartete Ereignisse wahrzunehmen oder einem anderen bzw. etwas anderem eine echte zweite Chance zu geben. Um dies zu beweisen, wurden in einer Laborumgebung an der Universität von Sydney verschiedene Gehirnregionen von Versuchspersonen einfach abgeschaltet. Das Ergebnis verblüffend: Die Probanden waren ohne ihre bewussten Entscheidungsfinder deutlich besser, schneller und auch kreativer in der Lage, Lösungswege für einfache Aufgaben zu finden.

Zusammenfassend kann man festhalten, dass wir Menschen ohne die unbewussten Routinen, Filtersysteme und Musterprozesse unseres unbewussten Gehirns deutlich schlechter dastünden. Vor allem dann, wenn es dar-

---

6 Wie wissenschaftlich das ist, oder nicht, das soll jetzt hier nicht diskutiert werden.

II

um geht, einen komplexen Alltag zu bewältigen. Wie ein Navigationssystem auf Autopilot schiebt uns unsere verborgene Intelligenz durch den Alltag. Und in aller Regel fahren wir ja auch ganz gut damit.

Mehr zum Thema Priming und bahnende Reize findest Du in den Arbeitsheften oder im Workbook Manipulation I.

Neuronale Lernregeln

Wie lässt sich nun ein so musterverliebtes System wie unser Gehirn beeinflussen? Wie lernt es? Wir arbeitet es?

Donald Hebb, der Vater der kognitiven Psychologie, lüftete in den 1940er Jahren dieses Geheimnis. Ein System, das so musterverliebt ist wie unser Gehirn, folgt natürlich auch bestimmten Regeln. Weiß man, nach welchen Regeln das Gehirn Muster bildet, dann weiß man auch, wie man es beeinflussen kann. Ein paar Hinweise in diese Richtung habe ich Dir bereits gegeben.

Nun zurück zu Donald Hebb. Von ihm stammt die sogenannte Hebb'sche Lernregel. Diese Regel ist einfach und ziemlich plausibel. Sie besagt: „Cells which fires together, wires together", oder auf Deutsch: „Zellen, die gleichzeitig miteinander feuern, vernetzen sich auch"; oder umgekehrt. Auf jeden Fall bedeutet das, dass je häufiger ein neuronales Netzwerk gleichzeitig mit einem weiteren aktiviert wird, man davon ausgehen kann, dass diese beiden Netzwerke auch zukünftig miteinander zusammenarbeiten werden. Sollte also ein von außen kommender Reiz eines dieser Netzwerke auslösen, so wird auch das mit ihm assoziierte anspringen. Man erinnere sich an die Aussage von Gerald Hüther weiter oben: „Beim Lernen muss das Hirn immer an Bestehendem andocken können." Die Hebb'sche Lernregel, die zu den ältesten und zugleich einfachsten neuronalen Lernregeln gehört, erklärt uns diese Tatsache somit nochmal ganz anschaulich.

Wieder eines dieser Dinge, die Du Dir unbedingt merken solltest. Als kleiner Ausblick vorweg: Wir haben gesehen, dass erfolgreiche Manipulation sicherlich nicht an den ‚bewussten' Entscheidungsinstanzen unseres Gegenübers andocken sollte. Viel zu ineffizient, langsam und kräfteraubend wäre dieser Prozess, und würde darüber hinaus sicher nicht zum gewünschten Ziel führen. Soll Manipulation erfolgreich sein, ist es unabdingbar, sich das Unbewusste seines Opfers zum Komplizen zu machen. Das geht leichter als gedacht. Vor allem dann, wenn man ein bisschen was über bereits bestehende, neuronale Netzwerke seines Gegenübers weiß oder zumindest das eine oder andere vermuten kann.

Viele unserer Netzwerke wurden bereits in ganz frühen Jahren gebildet. Irgendwann, in unserer Kinderstube, haben wir begonnen, „Erfahrungen" zu sammeln. Jeden Tag mehr. Aber nicht nur neue Erfahrungen landeten im unendlichen Speicher unserer grauen Gehirnwindung, sondern vor allem auch alte, die wir wieder und wieder trainiert haben. Dass wir selbstverständlich immer dazu neigen, einmal gemachte Erfahrungen immer wieder zu bestätigen[7], ist ja nun hinlänglich erläutert. An diesen sich mehr und mehr festgefahrenen Grundstrukturen unserer neuronalen Landkarten docken sich nun alle neuen an.[8]

Erwartung & Bestätigung

Unser Gehirn ist darauf ausgelegt, Entscheidungen für uns zu treffen, und das schnell. Wie wir gesehen haben, sind Geschwindigkeit und Effizienz zwei wesentliche Charaktereigenschaften unseres Denkorgans. Es versucht in allen möglichen Situationen mit begrenzten Informationen und wenig Zeit zu einer optimalen Lösung zu kommen. Das nennt man im Fachjargon: Heuristik. So bilden wir in uns unbekannten Situationen sogenannte assoziative Netzwerke, die wild kombinieren, was wir an gemachter Erfahrung einmal abgespeichert haben, um uns das Unbekannte schnell bekannter zu machen.

---

7 Vgl. dazu auch das Konsistenzprinzip, S. 275.

8 Vgl. Prof. Hüther am Anfang des Kapitels.

Ein Beispiel: Nehmen wir einmal an, Du würdest für eine Werbeagentur arbeiten und Umfragebögen auswerten. Einer der Befragten hat vergessen, seinen Beruf anzukreuzen. Du weißt aber: Er ist Amerikaner mit einer Körpergröße von 197 Zentimetern. Jetzt willst Du die fehlende Information selber ergänzen. Zur Auswahl stehen: Basketballspieler oder Banker. Und, an welcher Stelle würdest Du nun das Kreuzchen machen?

Wenn Du Dich für den Profisport entschieden hast, dann hast Du Dich für das entschieden, für was sich auch 78 Prozent aller Erstsemester an der Universität in Cambridge entscheiden (Dutton, 2010), wenn man ihnen diese Aufgabe stellt. Du bist also in guter Gesellschaft. Aber ganz logisch ist deine Entscheidung nicht. Wenn Du Dir das mal kurz durchrechnest, dürfte es nur ungefähr 210 Profi-Basketballer in den Staaten geben. Hingegen aber über 15.000 Banker, auf die diese Kurzbeschreibung zutreffen könnte.

Im Alltagsgeschehen nennen wir das Erwartung. In der Psychologie ein heuristisches Vorgehen. Um genau zu sein: eine repräsentative Heuristik. Das bezeichnet einen Verarbeitungsprozess, der immer dann in uns abläuft, wenn unser Gehirn nach der Pi-mal-Daumen-Regel einen Bezug zwischen einer möglichen Vorannahme und unvollständigem Datenmaterial herstellt.

Und wir brauchen ein solches heuristisches Vorgehen unseres Gehirns. Ohne diese Art der Reizverarbeitung und Entscheidungsfindung kämen wir im Alltag nur schwer zurecht. Wir können nicht einfach immer alles, was uns da begegnet, einer differenzierten Prüfung unterziehen. Bis wir alle Fakten zusammen hätten, wären wir schon lange überfahren worden. Wir müssen uns einfach auf diese Art bewährter und akkumulierte Wissens-Muster verlassen, um auf Schlüsselreize – in immer gleicher Weise, dafür aber schnell und spontan – reagieren zu können.

Das hat aber nicht immer nur Vorteile. Manchmal schießen wir dann eben leider auch daneben und sind die Angeschmierten. Aber für jemanden, der mit diesen Erwartungsmustern geschickt umzugehen weiß, ist das eine wunderbare Gelegenheit zur Einflussnahme. Wie geht das?

Ganz einfach. Derartige Manipulationsstrategien finden wir im Alltag nämlich relativ oft. Beispiel: In einem Versuch wurden Probanden zwei unterschiedliche Weine zur Verkostung angeboten. Bei dem einen sagte man ihnen, dass es ein Wein aus dem unteren Preissegment sei, der andere hingegen aus dem extrem hochpreisigen. Entsprechend fielen auch die Qualitätsbewertungen aus. Der Gag bei der Sache aber war, dass es sich beide Male um den gleichen Wein gehandelt hatte. (Brochet, 2001) Diesen Effekt macht sich der Handel gerne zunutze. So werden zum Beispiel Ladenhüter gerne als reduzierte Ware angeboten. Sollten sie dann nicht über den Tresen gehen, werden sie als extrem teure und seltene Luxusgüter ausgezeichnet. Spätestens dieser Trick funktioniert dann, um den Kram aus dem Lager zu bekommen.

Erwartungen haben aber nicht nur Einfluss auf die Beurteilung einer Situation, eines Produkts oder einer Leistung. Erwartungen können sich auch selbstrückbezüglich bemerkbar machen. Im Volksmund nennen wir das dann „self-fulfilling prophecy“. In der Psychologie gibt man auf solchen Hokuspokus nicht sonderlich viel. Dort hat man stattdessen herausgefunden, dass, wenn man beispielsweise einer unterlegenen, ethnischen Minderheit in einer Schulklasse – vor dem Schreiben eines Tests – den Hinweis gibt, dass es sich gleichzeitig auch um einen Intelligenztest handelt, diese auf einmal deutlich schlechter abschneiden als ihre Mitschüler. Die Psychologen nennen das dann „Bedrohung oder Erfolg durch Stereotype". Das bedeutet, dass, wenn wir uns zu einer Gruppe zählen, wir als Individuum von der Qualität der Bewertung, die dieser Gruppe von außen zugeschrieben wird, erheblich beeinflusst werden.

So konnte Jeff Stone von der Universität von Arizona zeigen (Stone, 1999), dass, je nachdem, unter welcher Prämisse man schwarze und weiße Athleten Golf spielen ließ, einmal die einen, ein anderes Mal die anderen besser waren. Die Prämissen, die man veränderte, waren lediglich: einmal, dass Golf als Test für die sportliche Fähigkeit gespielt werden sollte, beim anderen Mal, dass Golf als Spiel zur Bewertung strategischer Fähigkeiten genutzt werden sollte. Die ethnische Herkunft sowie der sozioökonomische Hintergrund der beiden Gruppen spielte demnach als Schlüsselreiz eine zentrale Bedeutung. Besondere Merkmale, wie eben zum Beispiel Sportlichkeit, werden tendenziell eher den Schwarzen zugeschrieben; kognitive Strategien hingegen eher den Weißen. Diese Zuschreibungen sind auch für die Individuen selbst repräsentativ und wahr.

Repräsentativität bezieht sich hierbei vor allem auch auf die Art und Weise, wie unser Gehirn wahrscheinliche Schlussfolgerungen über die ihm unterschiedlich angebotenen Variablen zieht. In den vorliegenden Fällen zum Beispiel Körpergröße und Beruf. Oder ethnische Herkunft und akademische Kompetenz.

Wie schon erwähnt, spielt es für unser Gehirn bei seiner Entscheidungsfindung keine Rolle, wie sachlich korrekt nun sein Urteil ausfällt oder nicht. Ist erst einmal eine Entscheidung gefallen, greift sofort ein nächster Mechanismus. Dann werden wir plötzlich damit beginnen, alle möglichen und unmöglichen Beweise dafür zu suchen, um

II

unsere Annahme und Entscheidung zu rechtfertigen; und dabei suchen wir keinesfalls nach Aspekten, die diese relativieren oder widerlegen könnten. Das nennt man auf Fachchinesisch auch „Bestätigungszwang".

Kevin Dutton erzählt von einem leider unveröffentlichten Versuch m it Studenten, in welchem sie einer Gruppe das Wort „Sex" mit Sonnencreme ins Gesicht malten. Anschließend hielt man sie dazu an, sich zu sonnen, aber nur so lange, bis man das Wort ganz leicht auf dem gebräunten Gesicht erahnen konnte. In den folgenden Tagen sollten sie aufschreiben, ob und welche neuen sozialen Erfahrungen sie in nächster Zeit machen werden würden.

Wie zu erwarten, berichteten 74 Prozent der Probanden von neuen sozialen Erfahrungen während der Testphase. Selbstverständlich schrieben sie diese der kaum zu erkennenden Botschaft in ihrem Gesicht zu. Sie behaupteten, mehr Aufmerksamkeit vom anderen Geschlecht zu bekommen und besser behandelt zu werden und so weiter.

Was sie aber nicht wussten, war, dass nur bei etwa einem Drittel aller Versuchspersonen die drei Buchstaben tatsächlich ins Gesicht geschrieben worden waren. Allen anderen hatte man nur eine willkürliche Buchstabenreihe oder die ursprüngliche, jedoch mit Wasser, aufgemalt.

Dieser Versuch zeigt auf bemerkenswerte Weise, wie, selbst bei solch einer „Placebo-Heuristik", die Versuchsteilnehmer nach Bestätigung für ihre Erwartungen suchten. Und diese fanden sie ja auch. Offensichtlich. Und ganz einfach.

Einen Beleg für das Auftreten von solchen Stereotypen, auch „Frames" genannt (oder auch „Priming" oder, wie Du gleich kennelernen wirst, auch „Ankereffekte"), konnten Englich und Mussweiler (2001) sogar auch in

Entscheidungssituationen von „Professionellen", wie bspw. Richtern, offenlegen. Sie zeigten, dass die Forderung des Staatsanwaltes nach einem gewissen Strafmaß wie ein Anker wirkt, an dem sich die Richter dann in ihrer Urteilsfindung orientierten. (Englich 2005) Englich konnte in einem Experiment sogar zeigen, dass parteiische Zwischenrufe, wie „Geben Sie ihm doch einfach fünf Jahre!" oder „Sprechen Sie ihn doch einfach frei!", einen deutlichen Einfluss auf die Strafmaßfestlegung hatten. (Dünnebier, 2009)

Es ist mittlerweile empirisch belegt, dass beispielsweise auch ein falsches Feedback, das Du einer Person gibst, ihr Gehirn dazu bringen kann, genau dies Falsche auch zu bestätigen.[9] Diesem Gedanken folgte 2006 wohl auch die deutsche Polizei, als sie weit vor Beginn der Fußballweltmeisterschaft öffentlich ausrufen ließ, dass die englischen Hooligans „die besten Fans der Welt" wären. Mit Erfolg. Die ansonsten für den Ausdruck ihrer Leidenschaft nicht gerade als arriviert bekannten Fans brachten die Weltmeisterschaft ohne erhebliche Störung zu einem weitgehend friedlichen Ende.

Wie Du siehst, haben solche Heuristiken samt Bestätigungszwang sehr unterschiedliche Seiten. Jetzt wird es aber ein wenig zu sozialpsychologisch. Dazu lieber später mehr, wenn es um die systemischen Möglichkeiten von Einflussnahme gehen wird.

9 Vgl. dazu auch: Komplimente.

II

Zusammenfassung

Wir haben gesehen, dass unser Gehirn nicht nur eine enorme Denkmaschine ist, sondern vielmehr auch, dass es extrem darin verliebt ist, Prozesse automatisiert zu steuern. Dazu hat es eine ganz gewaltige Stärke entwickelt: die Möglichkeit, neuronale Verarbeitungsmuster zu bilden. Diese Stärke ist aber auch zugleich seine Schwäche. Da unwillkürliche Prozesse schneller, effektiver und ökonomischer sind als bewusste, überprüft unser Gehirn in der Regel auch nicht mehr bewusst, wenn es einmal eine Richtung eingeschlagen hat. Dinge werden übersehen, überhört, umgedeutet, zurecht geschoben oder es wird sich „kreativ" an sie (in großen Phasen zusammengefasst) erinnert. Das Ergebnis: Was wirklich, also so ganz wirklich wirklich vor der eigenen Nase geschieht, kann man mit Sicherheit nicht mehr sagen.

Aus der Fülle an einmal gesammelten Daten legt das menschliche Gehirn schon lange, bevor auch nur irgendeine bewusste Instanz aufzuwachen beginnt, die Richtung für spätere Entscheidungen und Verhalten fest. Diese Entscheidungen sind extrem leicht beeinflussbar. Wir haben gesehen, dass Entscheidungsmuster, beispielsweise durch das sogenannte Priming, ziemlich einfach beeinflusst werden können.

Hat unser Gehirn sich erst einmal für eine bestimmte Richtung entschieden, sei es nun beeinflusst durch Effekte wie das Priming, durch Heuristiken, Stereotypen oder anderem, wird es aufgrund seines Bestätigungszwangs auch dafür sorgen, seine Entscheidung laufend selbst wieder als gut und richtig zu belegen.

Unser Gehirn beschäftigt sich am liebsten mit sich selbst. Wir haben gesehen, dass unzählige automatische Prozesse – die man ja auch als „Alltags-Trancen" beschreiben kann – zeitgleich ablaufen. Anders wäre ja sonst auch ein voll funktionsfähiger Biomechanismus wie unser menschlicher Körper gänzlich überfordert und ein Überleben in einer so komplexen Gesellschaft wie unserer heutigen nicht möglich.

Wir haben aber auch schon gesehen, dass sich solche Trancen – gerade weil sie vollautomatisch ablaufen – extrem leicht manipulieren lassen. Warum das so ist? Bis jetzt können wir nur vermuten, dass das möglicherweise daran liegen muss, dass unser Gehirn bestimmten, klaren Regeln folgt, um diese Musterprozesse zu entwickeln. Und auf Regeln kann man ja bekanntlich viel einfacher Einfluss nehmen als auf die Vielzahl an Prozessen, die dann anschließend nur noch nach diesen Regeln ablaufen.

Bevor wir uns aber anschauen, wie man ganz konkret auf diese Musterprozesse und Musterregeln Einfluss nehmen kann, will ich vorher noch einen kleinen Abstecher machen, indem wir uns kurz einmal anschauen, was unser Gehirn überhaupt dazu motiviert, in der Art zu arbeiten, wie es arbeitet.

Was sich zu lesen lohnt, ...

II

Bargh, John Prof. 2011. Die Macht des Unbewussten. ARD Mediathek, Universität Yale : ARD, 2011.

Brochet, Frederic. 2001. Chemical Object Representation in the Field of Consciousness. s.l. : General Oenology Laboratory, France, 2001.

Damian, Markus F. 2003. Semantic priming in the name retrieval of objects and famous faces. British Journal of Psychology: The British Psychological Society, 2003.

Dünnebier, Katrin. 2009. Urteilsverzerrungen in der schulischen Leistungsbeurteilung, Eine experimentelle Studie zu Ankereffekten. Bern : Zeitung für Pädagogische Psychologie, 23, Hogrefe, 2009.

Dutton, Kevin. 2010. Flipnosis. The Art of Spli-Second Persuasion. London : Wiliam Heinemann, 2010.

Feinberg, R. A. 1986. Credit Cards as spending facilitating stimuli. s.l. : Journal of Consumer Research, 1986.

Foroni, F., & Rothbart, M. (2013). Abandoning a label doesn't make it disappear: The perseverance of labeling effects. Journal of Experimental Social Psychology, 49, 126–131.

Kößler, Susanne. 2006. Affektives Priming mit emotionalen Bildern in einer lexikalischen Entscheidungsaufgabe, eine EEG Studie. Uni Konstanz: Diplomarbeit, 2006.

Langer, Ellen J. 1978. The mindlessness of ostensibly thoughtful action: The role of „placebic" information in interpersonal interaction. s.l. : Journal of Personality and Social Psychology, Vol 36(6), Jun 1978, 635-642, 1978.

Mussweiler, Th, Englich, Birte, Strack, F. 2001, Anchoring, Universität Würzburg,

- 2006, Playing Dice With Criminal Sentences: The Influence of Irrelevant Anchors on Experts' Judicial Decision Making, PSPB, Vol. 32 No. 2, February 2006

Neuroscience, Society of. 2010. Das Gehirn - eine kurze Zusammenfassung. Washington, D.C.: Society of Neuroscience, 2010.

Roth, Gerhard. 2011. Neurowissenschaftler. Die Macht des Unbewussten. ARD Mediathek, Universität Bremen: ARD, 2011.

Spitzer, Manfred. 2012. Das menschliche Gehirn: Möglichkeiten und Grenzen. s.l. : youtube, 2012.

Spitzer, Manfred Prof. Dr. Dr. 2012. Wie lernt das Gehirn? Neuste Erkenntnisse der Psychologie und Hirnforschung. Fachtagung Umwelt bildet: Bundesverband TuWas e.V., 2012.

Stone, Jeff, Lynch, Christian. 1999. Stereotype Threat Effect on Black and White Athletic Performance. s.l.: Journal of Personality and Social Psychology, 1999.

Wissenschaft, Bild der. 2005. Menschen im Groß- und Kleinformat. online: Bild der Wissenschaft online, Ausg. 4, 2005.

Weiterführendes ...

Dazu passende Artikel, die das Thema „Hirnmechanik“ weiter vertiefen und ergänzen, findest Du entweder in den einzelnen Arbeitsheften zum Handbuch Manipulation, im Workbook Manipulation I, oder auf der WebSite zum Buch.

Eine kleine Auswahl:

Arbeitsheft I.A.1 #1/Workbook Manipulation I: Grundlagen. Psychologische Effekte. Priming

Arbeitsheft I.A.2 #1/Workbook Manipulation I: Grundlagen. Psychologische Effekte. Der HALO-Effekt.

Arbeitsheft I.A.3 #1/Workbook Manipulation I: Grundlagen. Psychologische Effekte. Third-Person-Effekt.

Arbeitsheft I.B.1 #1/Workbook Manipulation I: Grundlagen. Hirnmechanik. Wahrnehmen.

Empfehlung

Besonders in meinem Artikel: „Irrweg Intuition“ habe ich mich sehr ausführlich mit den Fehlleistungen unserer Denkmütze auseinander gesetzt. Neueste wissenschaftliche Erkenntnisse und erstaunliche Einblicke in die Arbeitsweise unseres Gehirns führen vor allem zu einem Schluss: Herr im eigenen Haus, ist in den seltensten Fällen man selber! Aber das muss so nicht bleiben ...

Wenn Du Dich also in die Grundlagen unserer Hirnmechanik vertiefen willst, einen weiteren Einstieg, in die Tiefen unserer Funktionsgeheimnisse findest Du hier:

Arbeitsheft I.C.1 #1/Workbook Manipulation I: Grundlagen. Evolution. Irrweg Intuition.

III

TEIL III - Grundlagen

Grundlage für Einflussnahme

kurz
ein Überblick

Autopilot: Bedürfnis
Wie Bedürfnisse uns unbemerkt steuern

Teamwork: Realitätskonstruktion
Die rückbezügliche Wechselwirkung von Strategien zur Bedürfnisbefriedigung

Systemische Regeltrance
Wie dank systemischer Spielregeln Einflussnahme noch einfacher wird

Sonderfall: Problemkonstruktion
Ein Geschenk für jede Manipulationsstrategie

Bedürfnisse

Einleitung

Um den Sprung wieder ganz zurück zum Anfang zu machen und damit den Bogen wieder zu schließen, möchte ich daran erinnern, dass wir auch bis in die heutige Zeit hinein immer noch lebende Bioorganismen sind, die sich in Rudeln organisieren. Vieles, was wir an Grundbedürfnissen hegen, unterscheidet uns daher nicht von unseren Urahnen. Entsprechend wenig unterscheiden sich auch die Muster und Netzwerke, von denen wir ausgehen können, sie schon bei leichtem Kratzen an der Oberfläche vorzufinden. Wir Menschen sind Geschöpfe mit (systembezogenen) Bedürfnissen. Das sind und bleiben wir. Somit werden wir auch Musterprozesse in unserem Gehirn am Rattern haben, die uns dabei unterstützen, diese so effizient wie möglich gestillt zu bekommen.

Nahezu alle Bedürfnisse, die wir so entwickeln können, lassen sich auf zwei (drei) große Gruppen zusammendampfen. Erstens die primär physischen Grundbedürfnisse und zweitens die primär psychosozialen Grundbedürfnisse. Wenn man will, könnte man noch eine Extragruppe aus der letzten heraustrennen und das Grundbedürfnis nach Sex und Liebe separat betrachten. Das überlassen wir aber besser den Profis, wie zum Beispiel Klaus Mollenhauer (Mollenhauer, 1964) oder Abraham Maslow (Maslow, 1973). Für unseren Zweck reicht diese erste, grobe Einteilung vollkommen.

In die erste Gruppe gehört somit alles, was uns am Leben erhält. Das sind natürlich Dinge wie Sauerstoff,

III

Wasser, Nahrung, Kleidung, Licht und Wärme; das sind aber auch Sachen wie Bewegung und Ruhe, Pflege und Hygiene, wie auch Vermeidung von Schmerz und Schaffung von Möglichkeiten, sich fortzupflanzen. Eben ganz selbstverständliche, grundlegende Bedürfnisse (Maslow, 1973)

Sind die grundlegenden, primären, physischen Grundbedürfnisse gestillt, wissen wir also, dass unser Überleben in irgendeiner Art und Weise gesichert ist. Dann können wir uns der zweiten Gruppe unserer Bedürfnisse widmen. Hier finden sich die psychosozialen Grundbedürfnisse, wie zum Beispiel das Bedürfnis nach Sicherheit, Geborgenheit, nach Zugehörigkeit, nach Anerkennung und Geltung, aber auch nach Bindung und Freiheit oder Integrität und Identität. Das meint auch Dinge wie den Wunsch nach Ordnung, nach Struktur und Grenzen und so weiter.

Aufgrund dieser Bedürfnisse entwickelt unser Gehirn nun von früh an Strategien und Muster, um unsere Bedürfnisse auch zu befriedigen. Werden wir irgendwann einmal erwachsen, dann stehen die Chancen gut – je nach Prägung – in einer vorzugsweise sozial anerkannten Gegend mit geringer Kriminalität zu wohnen, ein sicheres, deutsches Auto zu fahren und uns auf unser Beamtengehalt am Anfang des Monats zu freuen. Umgekehrt natürlich auch. Läuft das Ding mit der Sozialisation etwas anders als nach Norm, dann werden wir es vielleicht eher vorziehen, in einem Wohnwagen zu residieren, eine Menge Haustiere durchzufüttern und abends mit Freunden ums Lagerfeuer zu sitzen.

Gleich wie auch immer es sich im Leben eines Einzigen ausdrücken wird, liegen jedem Menschen diese Bedürfnisse zugrunde; und wir werden den Teufel tun, uns gegen die von unserem Gehirn einmal festgesetzten Erfüllungsstrategien aufzulehnen.

Ein systemisches Wechselspiel

In einer Welt, in der nur die Wenigsten unter uns sich tagtäglich um ihre primären physischen Grundbedürfnisse kümmern müssen, spielen die psychosozialen Bedürfnisse eine deutlich tragendere Rolle. Diese Bedürfnis-Systeme sind aber nicht linear-kausal, sondern wechselwirkend. Also ein Beispiel: Da, wo dem Neandertaler das gerade erlegte Rindvieh ausschließlich dem Zweck diente, seinen Hunger zu befriedigen (also linear-kausal, einfacher Ursache-Wirkungs-Zusammenhang), geben sich die psychosozialen Bedürfnis-Systeme nicht so schnell zufrieden. Sagen wir mal, es ist verzwickter. Eben wechselwirkend, und dann zu allem Überfluss auch noch rückbezüglich.

Was damit gemeint ist, versteht man am schnellsten, wenn man an (s)eine Beziehung denkt. Zuckt die Geliebte zum Beispiel plötzlich mit der Augenbraue, dann bedeutet das für den von Herzensgrund auf treuen Partner: „Oh, Achtung! Kopf einziehen! Gleich kommt's! Irgendwas!" Daraufhin geht dieser lieber in Deckung. Das drückt sich in seiner Körperkoordination vielleicht so aus, dass er den Kopf einzieht, den Blick vorsichtshalber schon einmal senkt und die Klappe hält. Die Bedeutung, die nun sein Herzblatt diesem Verhalten wiederum gibt, wird beispielsweise als noch unausgesprochenes Schuldeingeständnis gewertet. Jetzt muss nur noch herausgefunden werden, was er denn ausgefressen hat. Vorzugsweise wechselt die Stimmung dann schon einmal vorsorglich auf „temporär biestig" – man kann ja nicht wissen. Doch bevor sich das ganze Gewitter dann so richtig zu entladen beginnt, folgt ein weiteres Wechselspiel und so weiter. Ungefähr das bedeutet: rückbezüglich wechselwirkend.

Sagen wir mal so: Wir Menschen leben in inneren gleich wie in äußeren Systemen. Realitätskonstruktionen sind demnach immer das Ergebnis wechselseitiger Beeinflussung und Aushandlungsprozesse. Das gilt für innere wie auch für äußere Systeme gleichermaßen. Weder das „Selbst" noch das „System" sind statisch oder konstant. Je nach Fokussierung oder Grad der Beteiligung, je nach Funktion oder Rolle, werden unterschiedlichste „Selbstdefinitionen" oder „Systemdefinitionen" erschaffen. Demnach sind wir alle so etwas wie multiple Persönlichkeiten, immer gerade so, wie es eben am zieldienlichsten erscheint.

In meinem Beispiel von gerade eben wird der treue Ehemann anhand seiner Körpersprache und wechselseitiger Bedeutungsgebung in den Augen seiner Frau zum „potentiellen Casanova". Die Geliebte, die mit dem Zucken der Augenbraue vielleicht nur eine Fliege verscheuchen wollte, wird vorsorglich als nicht kalkulierbares Risiko definiert. Das erfordert eine Defensivstrategie. So geht es dann in den meist unbewussten Festlegungen von Bedeutungen hin und her. Damit verändert sich dann auch Schritt um Schritt das System selbst. Aus dem System: „Traute Zweisamkeit am Sonntagmorgen" – wird plötzlich das System: „Bekannter Ehestreit!". Daraus leiten sich dann aber wiederum ganz neue Spielregeln und Erwartungen ab. Wie Du siehst, es ist ein bisschen verzwickt. Aber, was für uns an dieser Stelle ganz wichtig zu bemerken ist: Systeme sind nicht fest definiert! Sie sind flexibel. Sie sind form- und wandelbar. Und an jedem Wandel hängt ein riesiger Rattenschwanz, der mal in die eine, mal in die andere Richtung seine Wirkung entfaltet.

Der findige Mitdenker bemerkt vielleicht so langsam, auf was dieses Spiel hinausläuft. Man könnte vielleicht sagen: Wer in einem zwischenmenschlichen System die höchste Flexibilität hat, eine bestimmte Richtung frei von Zuschreibungsprozessen zu wählen, wird auch das Ergebnis kontrollieren. Daher ist es für uns entscheidend und wichtig, zwischenmenschliche Systeme erkennen und verstehen zu können, um sie in eine bestimmte Richtung zu beeinflussen. In einem System, das vielleicht heißt: „Ich bin satt und brauche nichts!", wird es unmöglich sein, den nächsten Burger an den Mann zu bringen. Würde man es hingegen schaffen, dieses System umzutaufen in: „Wenn ich mir nicht noch einen reinstopfe, dann gehöre ich nicht mehr dazu!", würden die Chancen wieder erheblich steigen.

Wichtige Erklärungsmodelle, die diese systemischen Prozesse verständlich gemacht haben, wurden von den Herren Maturana und Varela beschrieben. (Maturana, 1985) Zu der Theorie der Selbstorganisation lebender Systeme, der sogenannten „Autopoiesis", gibt es natürlich auch einen gleichnamigen Forschungsbereich, den sogenannten „radikalen Konstruktivismus". Und im „sozialen Konstruktionismus" beschrieben Maturana und Varela unter anderem Erklärungsmodelle, die wir für unser Studium von kleinen und größeren menschlichen Systemen sowie deren Erschaffung und Erhaltung brauchen werden.

Für jetzt reicht es, sich erst mal zu merken, dass sich jedes System immer für ein bestimmtes „Wofür" bildet und organisiert. Aus diesem „Wofür" leiten sich dann alle organisatorischen Regeln ab und gewinnen dadurch ihren Sinn. In zwischenmenschlichen Systemen weitet sich somit der Fokus des Einzelnen vom Blick auf den eigenen, individuellen Primärzustand („ich habe Hunger! Ich will fressen!") auf die Beziehungen und Wechselwirkungen aller Teile eines Systems aus. Jedes Verhalten eines jeden Teils im System wird somit gleichzeitig zur „Ursache" und zur „Wirkung" – eben: wechselwirkend! (vgl. „Zirkularität" in G. Schmidt, 2008)

Diese Wechselwirkungen laufen in aller Regel vollständig automatisiert und unwillkürlich ab. Daher kann man diese Prozesse auch „systemische Regeltrance" nennen. Oder anders gesagt: In interagierenden, sich wechselseitig beeinflussenden und rückbezüglichen Systemen hypnotisieren wir uns permanent gegenseitig. Dies mag zwar auf eine nicht wahrnehmbare Art und Weise geschehen, ist dafür aber höchstwirksam. (vgl. Rittermann 1983, Schmidt/Trenkle 1986)

Scheinbar „individuelles Verhalten" lässt sich daher nur schwer allein, d.h. aus der Dynamik eines einzelnen Individuums, heraus erklären, sondern muss immer im Kontext der relevanten Beziehungssysteme gesehen werden. Und zu einem solchen Mitglied eines solchen relevanten Beziehungssystems werden wir im Moment der Kontaktaufnahme.

Damit hätte man also schon mal den Fuß in der Tür. Jetzt gilt es nur noch, daraus auch etwas Zieldienliches zu machen.

Nun weist jedes System regelhaft sich wiederholende Abläufe von miteinander verkoppelten Beiträgen auf. Das nennt man dann auch Muster (Verhalten wird Bedeutung gegeben, das es erklären soll, welches wiederum bewertet wird, aus dem dann Schlussfolgerungen abgeleitet werden und Angebote entstehen, auf die wiederum Reaktionen folgen, und so weiter und so weiter). Diese Muster sind so etwas wie die geheimen Spielregeln, nach denen jedes Beziehungssystem funktioniert.

Systeme haben nun die Tendenz, diese Muster stabil bzw. im Gleichgewicht zu halten. „Homöostase" nennt man das. Diesen Begriff habe ich ja schon ein wenig weiter oben eingeführt. Das trifft nun auch auf unser Beziehungssystem zu. Homöostase oder Gleichgewicht vermittelt meist ein Gefühl von Sicherheit. Und wie wir weiter oben ja schon gesehen haben, zählt „Sicherheit" zu den wichtigsten Grundbedürfnissen, die wir haben. Uralte synaptische Muster sorgen bis heute in uns Menschen dafür, dass dem Überleben der Gruppe, unserem relevanten psychosozialen Beziehungssystem, ein enorm hoher Stellenwert eingeräumt wird. „Überlebt die Gruppe nicht, steht es auch nicht gut um das Überleben des Einzelnen" – irgendwie in dieser Art muss unser Vorväterchen gedacht haben. Und eine Gruppe überlebt nun mal am besten, wenn sie im Gleichgewicht ist und sich nicht durch innere Konflikte selbst zerfleischt. Damit sind wir nicht harmoniesüchtig, sondern auf unser eigenes Überleben fokussiert. Damals wie heute ein nicht ganz so dummes Muster. Leider mit Ausnahmen – wenn man auf den Weltfrieden schaut. Aber ein Glück, wenn es um zielgerichtete Angriffe auf die Willfährigkeit unseres Gegenübers geht.

III

Nun, würden wir dieses Gleichgewicht unseres Lebenssystems in Granit meißeln, dann würden wir bald im Stillstand verrotten (erinnere dich auch an die anderen psychosozialen Grundbedürfnisse). Somit steht der Homöostase das Bedürfnis nach Musteränderung gegenüber. Das nennt man dann „Morphogenese". Das ist auch logisch und dient im weiteren Sinne ebenso der Bedürfnisbefriedigung. Würde ein System sich nicht weiterentwickeln können, wäre das Überleben ja ebenso extrem gefährdet. Umfeld und Umwelt ändern sich. Man wird älter. Nachwuchs taucht auf. Man wechselt den Arbeitsplatz und so weiter.

Homöostase und Morphogenese sind somit die Grundpfeiler relevanter psychosozialer Beziehungssysteme. Auf deren Grundlage bildet unser Gehirn nun Spielregeln und Muster. Diese Muster werden auf drei unterschiedlichen Ebenen gebildet.

(1) Die erste Ebene ist die des interaktionellen Austauschs. Hier finden wir alles, was im System so gilt: Was man darf, was nicht, wie mit was umgegangen wird, was aufgenommen, was abgegrenzt wird, welche Realität für

wahr gehalten wird oder ob alle sozusagen multikulti sein dürfen und so weiter.

(2) Auf der zweiten Ebene finden wir Musterbildungen in der Außenwahrnehmung der Systemmitglieder. Also alles darüber wie, was und wer bewertet und interpretiert wird, in welcher Relation jenes und jener zu sich selbst steht, welche Schlussfolgerungen, Handlungsmöglichkeiten und Angebote bestehen.

(3) Auf der dritten und letzten Ebene – die für effektive Einflussnahme am wichtigsten scheint – finden wir innere, selbst rückbezügliche Musterbildungen. Das sind Muster, die bestimmen, wie wir zum Beispiel unsere eigenen Impulse wahrnehmen und bewerten, wie wir mit ihnen umgehen, welche Beziehung wir zu unseren inneren Systemanteilen pflegen, welche Wirkung das wiederum auf uns hat und welche Erinnerungen wir daher bevorzugt fokussieren beziehungsweise ganz dissoziieren (s. Priming), und so weiter.

Alle diese Musterbildungsprozesse sind von nur einer Sache motiviert: der Befriedigung unserer psychosozialen Bedürfnisse! Da psychosoziale Muster ja wechselwirkend und rückbezüglich funktionieren, sind sie der ideale Ansatzpunkt für unsere späteren Manipulationsstrategien. Schauen wir uns daher ein paar von diesen Spielregeln genauer an.

Soziale Bezugsysteme

Auch wenn der Gemeinschaftssinn in grauer Vorzeit eng an das Überleben der Gruppe gekoppelt war, ist das Bedürfnis nach Zugehörigkeit für den Menschen von heute auch nicht weniger wichtig. Lebensmut und Lebensfreude, das Gefühl, einen Wert und eine Aufgabe zu haben, wichtig und bedeutend zu sein, lassen sich von einem einzigen Grundbedürfnis ableiten: dem Bedürfnis nach Geborgenheit und Zugehörigkeit. „Schon ein Halbjähriger hat das dringende Bedürfnis nach dauernder persönlicher Verbundenheit mit einem unvertretbaren und unersetzbaren erwachsenen Menschen." (Metzger, 1973)

Später gesellt sich zu dieser einen Bezugsperson dann noch eine weitere hinzu. In der Schule werden es dann ganze Gruppen und Cliquen sein, die zu der Entwicklung von Selbstständigkeit beitragen und letztendlich dabei helfen, einen eigenen Standpunkt zu finden. In einem Wort: zu individuieren. Ist es nicht möglich, sich mit einem sozialen System zu verbinden, treten Störungsmuster auf, wie zum Beispiel: Antriebsverlust oder Arbeitslosigkeit, Reizbarkeit, Labilität, extreme Beeinflussbarkeit, Kritikunfähigkeit, Verdummung und so weiter. Die Angst, aus einer Gruppe herauszufliegen oder womöglich zu gar keiner zu gehören, ist ein wesentliches Warninstrument unseres Gehirns. Dieses Muster lässt uns Menschen viel Sinnvolles und noch weitaus mehr sinnloses Verhalten an den Tag legen. Die Gefahr, plötzlich ohne Freunde, Bezugspersonen oder soziale Gruppen dazustehen, ist einfach zu groß!

Werbefachleute nutzen daher diese Muster gekonnt in alle möglichen Richtungen. Die Angst schürend, nicht „hipp" zu sein, nicht einem gängigen Klischee zu entsprechen oder schlicht nicht informiert zu sein und damit nicht mehr dem Status quo, zum Beispiel einer bestimm-

III

ten Girly-Gruppe, zu entsprechen, öffnen Tür und Tor für ziemlich platte Einflussnahmen. Bleiben wir bei dem Fokus auf die Heranwachsenden, dann werden sicherlich jedem eine Menge Beispiele für gezielte Einflussnahme einfallen, wie zum Beispiel durch die Modeindustrie oder Jugendzeitschriften, mit Kosmetik und Beauty, aber auch innerhalb der Unterhaltungselektronik oder großer Lebensmittelkonzerne, die ihren Profit aus dem Grundbedürfnis der Jugendlichen schlagen, die eher noch wacklig im Leben stehen.

Mentale Explorationssysteme

Nicht weniger wichtig als das Bedürfnis nach Zugehörigkeit ist der menschliche Drang nach Geistigkeit (Roth, 1962), nach dem Bedürfnis, seine Umwelt zu bewältigen, alleine nur des Genusses wegen, sie bewältigt zu haben (Begemann, 1959). Dieses Bedürfnis, es hinzubekommen, es zu schaffen, es einfach zu können, ist ebenso fundamental wie Hunger und Durst zu stillen. Sich selbst ausprobieren zu können, Schwierigkeiten managen oder unbekannte Aufgaben lösen zu können, ist genauso anziehend wie der Honig für die Fliegen. „Den Erkenntnisfähigkeiten ist beim Menschen von vornherein ein Erkenntnisbedürfnis zugeordnet, das man zwar nicht völlig übersehen [kann], dessen biologische Bedeutung aber niemand geahnt hat." (Metzger, 1959) Die Nichtbefriedigung dieses Grundbedürfnisses bringt den Menschen in wirklich existenzielle Nöte.

Auch hier ein Blick in die Werbung: Vor allem Baumärkte oder Hersteller von Reinigungsmittel haben den patenten Heimwerker, die kluge Hausfrau oder selbst das neugierige, naschsüchtige Kind als Ziel für allerlei mögliche Angriffe auf deren Willfährigkeit im Visier. Menschen müssen einfach gestalten dürfen, bauen, basteln und lernen, müssen einfach ihre Erfahrungen machen und Probleme lösen können, ansonsten laufen sie Gefahr, deprimiert zu werden und zu verdummen.

Feedbacksysteme

Neben den mentalen und sozialen Bezugssystemen steuert unser psychosozial verdrehtes Gehirn auch Spielregeln aus einem ganz anderen Kontext bei. Ich nenne es mal: Feedbacksysteme.

Was sind nun Feedbacksysteme? Ganz einfach. Bei uns Menschen zeigt sich das Phänomen, unbedingt eine Rolle spielen zu müssen, in einer Gruppe unbedingt etwas zu gelten, etwas zu bedeuten. Wir Menschen haben Sehnsucht nach einer Aufgabe und damit auch nach Macht. Zumindest ein bisschen. Wir suchen förmlich danach, von anderen respektiert zu werden, wir suchen nach Status, Ruhm, Ehre, Aufmerksamkeit, nach einem guten Ruf, Würde und Dominanz. Wenn wir uns mit den Jahren ein bisschen entwickelt haben, dann erhebt sich diese niedere Form, die sogenannten: „esteem needs“ (vgl. Maslow et al.), zu einer etwas höheren Variante. Dann gesellen sich Bedürfnisse nach Selbstachtung, Selbstvertrauen, nach Kompetenz, Professionalität, Unabhängigkeit und Freiheit hinzu. Interessant dabei (und für später wichtig zu wissen) ist die Tatsache, dass, sobald ein Mensch unter Stress gesetzt wird, er wieder ruckzuck auf den unteren Level regredieren kann. Zumindest ist die Wahrscheinlichkeit sehr hoch. Was ist schon das Bedürfnis nach Kompetenz wert, wenn einem dafür keiner über den Kopf streichelt?

Damit wir diese Bedürfnisse irgendwie befriedet kriegen, ist es aber unabdingbar, dass wir von außen Feedback erhalten. Dass wir Applaus für unser Krönchen auf dem Haupt, für unsere unsagbar einmalige Leistung in der

III

Gruppe bekommen. Ohne dieses Feedback geht es einfach nicht. Das setzt voraus, dass wir erst einmal Teil einer Gruppe sind. Teil eines sozialen Systems. Eben umringt von Menschen oder zumindest einem Menschen, der uns Feedback gibt. Und das tun Menschen. Unablässig.

Traurigerweise leben wir nun aber einmal in einem sehr großen System, einer Gesellschaft, die weitgehend und von Grundschultagen an weniger auf die Unterstützung des Einzelnen zielt als vielmehr auf die Förderung von Bestleistung. Individuelle Anerkennung und der gerechtfertigte Zuspruch von Geltung und Wertschätzung sind nicht für alle an der Tagesordnung. Die Befriedigung dieses Bedürfnisses wird für einige zu einer echten Herausforderung. Die Elite muss sich selbstverständlich nicht sorgen. Doch das gute Mittelfeld bis zu denen, die am unteren Noten- und Bewertungsgrad um ihr Überleben kämpfen, geraten schnell in die Mühle ganz anderer, wechselwirkender Spielregeln.

So ist es beispielsweise erwiesen, dass ein verhaltensauffälliges Kind (und das scheint ja heute nahezu schon fast jedes zu sein, das nicht brav schweigend in der Ecke sitzt und Einstein Korrektur studiert) gerne schlechter beurteilt wird als ein braves. (Ferdinand, 1963) Oder dass man von Schülern aus niedrigeren gesellschaftlichen und sozialen Schichten deutlich weniger erwartet (Weiß, 1965) als von Kindern aus dem gehobenen Mittelfeld. Daraus entwickelt sich dann gerne ein Teufelskreis der Entmutigung und Minderwertigkeit, aus dessen Bann es nur noch schwer ein Entrinnen zu geben scheint.

Aber das nur mal am Rande. Fakt ist, kaum ein Mensch vermag sich gegen positive Konnotationen seines nach Anerkennung gierenden Egos zu wehren. Bedürfnisse, die so stark in uns angelegt sind, dass Maslow diese sogar schon als „instinktoide Bedürfnisse" (Boeree, 2006)

(Instinkten gleichkommende Bedürfnisse) kennzeichnet. Wie auch immer. Wichtig ist, es sind Grundbedürfnisse, die der Manipulation Tür und Tor so weit öffnen, dass man eigentlich jetzt, hier, an dieser Stelle das Handbuch zur Seite legen und direkt loslegen könnte. Aber so einfach ist es dann doch nicht. Zumindest nicht ganz. Denn zum Glück sind wir Menschen nicht alle gleich. In Bezug auf die Feedbacksysteme kann man Menschen beispielsweise in zwei Lager aufteilen. In die einen, die tendenziell eher im Gleichgewicht sind, also satt und zufrieden sind und alle Bedürfnisse weitestgehend erfüllt kriegen, und fertig aus und gut! Und in die anderen, die ein Defizit in sich brennen spüren und die für ein wenig Wertschätzung und Anerkennung alles tun würden.

Im Allgemeinen drückt sich dieses Bedürfnis dann als Wunsch nach einem festen Partner aus. In dem Wunsch nach Familie. Oder schlicht darin, Teil einer Gemeinschaft sein zu wollen. Deshalb beginnt man plötzlich mit der Zucht von weißen, plüschigen Mümmelmonstern, wirft mit übergroßen Murmeln auf hilflose Kegel oder tritt wieder in die Kirche ein. Man will einfach dabei sein. Dazugehören. Sei es im Kleintierzüchterverein, dem Bowling-Club oder der freikirchlichen Vereinigung.

Doch das ist noch nicht alles. Es geht noch weiter.

Dabei sein, sich zugehörig fühlen, auf keinen Fall am Rande stehen, wie beispielsweise in der Gruppe aktiver Hausfrauen und -männer – all das sind Ängste und Bedürfnisse, die unsere Freunde aus der Werbebranche in perfektionierter Art und Weise nutzen.

Produktwerbung, die Dank bewusst vergruselten Laienschauspiels den Effekt erzeugt, gerade und spontan den Nachbarn von der Straße befragt zu haben, ist mittlerweile gang und gäbe. Denke einmal an einen der großen deutschen Brillenhersteller, an diverse Waschmittel oder neuzeitlichen Singelbörsen. Die haben nicht etwa gespart, als sie ihre Schauspieler ausgesucht haben. Nein, diese ruckeligen Monologe und dahingewackelten Sequenzen stocksteifer Artikulationsmutanten zielen alle genau in diese Kerbe. Sie sollen das Zugehörigkeitsgefühl in uns triggern (ansprechen, lostreten). Nicht der „Hochglanz-Davidoff-Flipper" oder der unerreichbar schöne Hungerhaken, nein, die Frau oder der Mann von nebenan dienen als Identifikationsfiguren für die Projektion unseres Bedürfnisses nach Zugehörigkeit. „Dazugehören. Na klar!" Hör mal auf die Wortmelodie dieser drei Wörter. An was erinnert dich der Singsang: „Dazugehören. Na klar!"? Richtig: „Mache es wie der Sepp von der Straße, dann bist du dabei! Dann machst du alles richtig! Dann bist du Hipp!" Das ist die Botschaft, die perfekt mit den Spielregeln unseres Gehirns kokettiert. Einmal mühevoll synaptisch zusammengestrickt und zum Spielfeld verkommen, auf dem uns unzählige Werbebotschaften nur noch so von A nach B hetzen. „Brille: Fielmann!" Dann noch schnell den frisch bestellten Partner von eDarling im Café treffen und zwischendrin die Wäsche dem Weißen Riesen in die Hand drücken.

Übergeordnete Orientierungssysteme

Nun gibt es aber auch noch ein höherrangiges, ein übergeordnetes System, aus dem unser Gehirn Spielregeln für unser Verständnis über die Welt, über uns selbst und für ganz konkrete Verhaltensmuster entwickelt. Ich nenne dieses einfach mal: Orientierungssysteme.

Im Gegensatz zu den ersten Systemen, die sich ja hauptsächlich um Bedürfnisse des Überlebens drehen, gesellt sich nun ein Erlebnisraum hinzu, in dem wir uns danach sehnen, uns zu entwickeln, das Potential, das wir in uns vermuten, voll und ganz auszuschöpfen. Eben alles zu sein, was man eben sein kann bzw. sein könnte. Hier geht es darum, ganz man selbst zu werden.

Wenn du also auf so einen „Selbstverwirklicher" triffst, dann muss du davon ausgehen, dass dieser alle Grundbedürfnisse in irgendeiner Art und Weise für sich schon als erfüllt erlebt (auch wenn das als Außenstehender manchmal kaum zu glauben ist, wenn wir auf Menschen treffen, die eben nicht in einer Vierzimmerwohnung leben, einen schicken Mittelklassewagen vor der Tür stehen haben und in den neusten Sneakers rumspazieren). Nach der Bedürfnistheorie von Maslow ist das aber so. Selbstverwirklichung ist ein Bedürfnis, das erst aufzubrechen beginnt, wenn man bereits ein Dach über dem Kopf und den Bauch voll hat und einen Partner oder eine Gruppe Gleichgesinnter, die einen bestätigen.

Diese seltenere Gruppe von bedürfnisorientierten Menschen erkennst du daran, dass sie sich in der Regel stark auf die Wirklichkeit fokussieren. Sie lieben Reales und Authentisches (was auch immer das sein mag), packen alles sehr zielstrebig und lösungsorientiert an und sind mehr in den Weg verliebt, also mehr in die Mittel als in den Zweck. Es sind Menschen, die die eigenen vier Wände lieben, die sich mehr an einzelne Vertraute binden als auf große Gruppen und die vor allem ihre Autonomie und Unabhängigkeit genießen. Diese Gruppe lässt in der Regel ihr Gegenüber so stehen, wie es ist. Manipuliert nicht an ihm rum und dementsprechend auch nicht an sich selbst. Sie haben einen Sinn für Demut und Respekt, eine ausgesprochen stark ethische Orientierung, sind kreativ, aufgeschlossen und haben einen reichen Erfahrungsschatz von „Peak"-Erlebnissen (Grenzerfahrungen).

Wo genau kann man diese Gruppe nun anpacken? Wo ist die Tür, die für unseren Angriff auf deren Will-

III

fährigkeit offen steht? Die Antwort darauf finden wir in den Metabedürfnissen. Wie der Name schon sagt, sind das Bedürfnisse, die über allen anderen stehen, sozusagen die Bedürfnisse nach bestimmten Bedürfnissen. Daher: Meta. Zu diesen gehören zum Beispiel: Lebendigkeit, Einzigartigkeit, Perfektion und Notwendigkeit, Ordnung, Reichhaltigkeit oder Bedeutsamkeit. Können diese Bedürfnisse aus irgendeinem Grund nicht erfüllt werden, taucht die Angst im Nacken auf und warnt vor Verzweiflung, Entfremdung oder Depression.

Schauen wir mal wieder zu unseren Freunden aus der Werbebranche und wie sie sich hingebungsvoll diesen stark führenden Meta-Bedürfnissen widmen. Nach ein paar Minuten Werbung glotzen am Abend wird Dir schnell ins Auge stechen, wie oft Attribute von Lebendigkeit, Freiheit, Autonomie oder Perfektion angesprochen werden. Da sind Autos, die niemals tanken müssen. Da ist das gesellige Bierchen mit Kumpels mitten in einem Bach. Gerade bei Luxusgütern wird penibel herausgearbeitet, in welch einmaliger Perfektion das Produkt erschaffen wurde, so dass man glauben muss, Gott selbst habe es am achten Tag erschaffen.

Rückbezügliche Identitätssysteme

Für all diese oben genannten Bedürfnissysteme gilt selbstverständlich das eingangs genannte Merkmal, das für alle Systeme gilt: Sie wirken auf sich selbst zurück. Sie sind rückbezüglich. Es entsteht also ein Rückschluss. Ein Selbstbild wird erschaffen. Ein Bild, mit dem wir Menschen uns identifizieren und sagen: „Das bin ich!" Das nennen wir dann ganz grob gesagt: Identität. Dieses rückbezügliche System ist ebenso für unsere Zwecke interessant. Die Frage, wie ein Mensch sich selbst definiert, sich selbst sieht und erlebt (was ja überhaupt nichts mit einer anderen, einer vielleicht wirklicheren Wirklichkeit zu tun haben muss), ist hier der Türöffner für Einflussnahme.

Lothar Krappmann (Krappmann, 1975), ein Kieler Soziologe und Pädagoge, hält dazu in seiner Dissertation treffend fest, dass Identität die Voraussetzung für Kommunikation und Interaktion ist. Damit der Mensch überhaupt mit anderen in Beziehung treten kann, muss er sich ja in seiner Identität präsentieren. Diese Identität ist aber nicht mit einem starren Selbstbild zu verwechseln, nach dem Motto „das ist dann halt so!". Nein. Diese Identität ist Prozess einer kreativen, wechselwirkenden und rückbezüglichen Konstruktion. Das bedeutet: Der Einzelne konstruiert seine Identität im Hinblick auf die entsprechende Situation und die möglichen Erwartungen seines Gegenübers. Und das in jedem Moment neu.

Du musst Dir das so vorstellen: Würde man Dich in einem Fußballstadion darum bitten, Dich kurz vorzustellen, dann würdest Du sehr wahrscheinlich darüber sprechen, was für ein großer Fan Du bist, wie wichtig Dir Fußball ist, wie geil es ist, deine Mannschaft anzufeuern und so weiter und so fort. Stellt man Dir die gleiche Frage 24 Stunden später, dann würdest Du wohl erst mal deine Krawatte zurechtrücken und - mal angenommen, Du wärst Banker - darüber berichten, welch verantwortungsvollen Posten Du hier in der Bank innehast, wie wichtig verantwortungsvolle Finanzgeschäfte sind und so weiter.

Es handelt sich hierbei also um zwei vollkommen unterschiedliche Identitätskonstruktionen. Zwei, die vor allem von der Situation, der Umgebung und von dem, der fragt, abhängig sind. Eben von dem System, innerhalb dessen die Antwort gegeben wird. Das ist nichts Besonderes, aber für uns entscheidend und daher wichtig, sich klar zu machen. Nur aus diesem Grund werden beispielsweise überall auf der Welt wichtige Geschäfte auf dem Golfplatz, bei einem gemütlichen Abendessen oder in entspannter Atmosphäre getätigt. Nur aus diesem Grund schleppt man zum Beispiel auch die Frau eines Geiselnehmers ans Telefon, um einen Systemwechsel und die daraus abgeleitete Identitätskonstruktion zu begünstigen.

Für unser Vorhaben ist es daher extrem wichtig, nicht nur die Bedürfnisse an sich, sondern auch deren rückbezüglichen Effekt auf die Identitätskonstruktion unseres jeweiligen Gegenübers im Blick zu haben. Ein Mensch, der sich dem Hasenzüchterverein angeschlossen hat, befriedigt nicht nur sein Bedürfnis nach Zugehörigkeit, sondern badet sich gleichwohl in dem rückbezüglichen Effekt, selbst zu den größten und wichtigsten Hasenzüchtern der Geschichte zu gehören. So versteht es sich von selbst, dass auch der rückbezügliche Effekt einen entscheidenden Einfluss auf all unsere Versuche der Einflussnahme hat.

Sonderfall: Problemkonstruktion

Eine besondere Leistung menschlicher Ingenieurskunst ist die Konstruktion von Problemen. Ich will dieses kleine Sondermuster noch schnell einhäkeln, bevor wir weitermachen. Aus Problemkonstruktionen können wir einiges lernen, beispielsweise wie solche Muster grundsätzlich funktionieren und wie sie auf uns zurück wirken.

III

Schauen wir uns mal so ein Problem an.

Von ihrer Struktur her gesehen, sind Probleme eine Art selbstinduzierte Trance. Ein selbst eingebrockter Automatismus, der uns auf verhängnisvolle Art und Weise im Strudel seiner Macht hält. Zwischen dem, was wir als unheilvolle Realität wahrnehmen, und einer Realität voller Chancen und Möglichkeiten klafft ein Meer unendlicher Weite. Kurz gesagt, wenn man aus dieser Problemtrance je wieder erwachen will, braucht es Maßnahmen, die uns in diesem Strudel unbewusster Mächte wieder zur Besinnung rufen. Das geschieht am leichtesten, indem man Unterschiede bildet. Problem und Lösung werden dann wieder markant.

Wenn du dir hierzu kurz die musterbildenden Verfahren unseres Gehirns vorstellst, dann wird dir schnell klar, wozu dieses Schaffen von Unterschieden gut sein soll: Gelingt es, Unterschiede in die eine Problemtrance stabilisierenden und assoziierten Teile des (synaptischen) Musters hineinzusprengen, wächst die Wahrscheinlichkeit enorm, dass dieses sich öffnen wird. Es wird sich mit anderen, nun neu aktivierten Bereichen verdrahten. Es wird sozusagen unmöglich, in gleicher Art und Weise selbstrückbezüglich weiter fortzuwirken.

Dafür muss man nicht gleich das ganze Problemmuster auf den Kopf stellen. Es genügt völlig, auch nur einen einzigen Teil oder ein paar wenige Elemente des Musters zu verändern. Will man diesen Effekt erzielen, reicht es meistens schon aus, beispielsweise nur die Art und Weise, wie ein Problem beschrieben wird, zu manipulieren. Hierfür kann man in die Trickkiste des Meta-Modells greifen (dazu gleich mehr), korrespondierende Erlebnisinhalte aktivieren, das Problem umbenennen („Labeling") oder die Bewertung verändern („Reframing"). Anders gesagt, schubst man das sich selbst stabilisierende Muster aus seinem Gleichgewicht, kann es gar nicht anders, als sich neu zu orientieren. In der gleichen Geschwindigkeit, in welcher sich das System nun wieder neu orientieren muss, wird man auch emotional erleben, wie man aus den Fängen der Trance gleitet.

Das nennt man Musterunterbrechung. Diesen Effekt nutzen jetzt aber nicht nur erfolgreiche Therapeuten, auch Beeinflusser anderer Disziplinen haben die vielfältigen Wirkungsweisen von Musterunterbrechungen schon lange für sich entdeckt.

So ärgere ich mich zum Beispiel regelmäßig, wenn ich nach ein paar Monaten Abstinenz mal wieder meinen Lieblingsort männlich-kreativer Schaffenslust, den Baumarkt, aufsuche. Tatsächlich bekommen die Mitarbeiter es dort mindestens einmal im Jahr hin, alle Schrauben, Nägel, Werkzeuge, Dübel und Scharniere in der Art umzusortieren, dass man einfach nichts mehr findet. Planlos eiere ich durch die Gänge auf der Suche nach den Objekten meiner Lust. So zwingen einen diese höchstwahrscheinlich schadenfreudigen Tyrannen, sich völlig neu zu orientieren. Gleich wie gut man glaubte, sich vorher in jedem einzelnen Gang auszukennen, es hilft alles nichts. Eine ganz neue „Landkarte" muss gezeichnet werden, um sich halbwegs wieder zurechtzufinden. Der vom „Geld-aus-der-Tasche-Zieher" gewünschte Effekt dieser Musterunterbrechung liegt auf der Hand: Auf der Suche nach den ersehnten Bastelutensilien findet man auf magische Weise eine Menge mehr, das nun irgendwie auch noch unbedingt in den Einkaufwagen muss.

Wie wirksam diese Muster funktionieren, wie schnell, stark, effektiv und ökonomisch sie auf unbewusster Ebene Sicherheit, Orientierung und Stabilität verleihen, wird meistens erst dann klar, wenn man sich plötzlich wieder ganz von vorne, bewusst, aufmerksam und mühevoll, alles wieder neu einprägen muss (z.B. nach einem Skiunfall mit gebrochener Haxe oder so).

Hirnphysiologisch gesprochen, wachsen bewusste Reaktionen und neue Musternetzwerke im ‚Präfrontalen Cortex'. Und das eben nur mit Mühen, Kraftanstrengung und unter Einbuße von Geschwindigkeit, zumindest solange der Hippocampus diese Erfahrungen noch nicht als neuen, automatisierten Prozess abgelegt hat.

Diese Neubahnung braucht ihre Zeit. Wie auch ein einmaliger Besuch im neu sortierten Baumarkt nicht ausreichen wird, um zukünftig wieder alles auf Anhieb zu finden. Auch durch Musterunterbrecher neu initiierte Vernetzungen müssen immer wieder wiederholt, geübt und trainiert werden. Aus der Perspektive eines Problems haben gewohnte Muster auf unwillkürlicher Ebene leider einen Wettbewerbsvorteil. Als neurologisch bevorzugte Muster, die mit vielen Alltagskoordinationen intensiv verknüpft sind und als problemhypnotische Anker unbewusst und schnell immer wieder aktiviert werden, bilden sie sozusagen dicke, synaptische Wasserstraßen, auf denen es nur so rauscht; hingegen ein frisches, neues Lösungserleben erst mal nur seicht vor sich hin plätschert.

Auf ein paar weitere Schwierigkeiten mit Problemmustern treffen wir, wenn wir uns ihre Wirkung anschauen. Problemmuster gestalten immer auch Beziehungen.

III

Sie sind sozusagen Loyalitätsleistungen in unserem inneren System. Wenn sich diese Qualität von Beziehungssystemen plötzlich ändert, kann dies nicht nur zur einfachen Umorientierung führen, sondern vor allem eines machen: Angst. Angst vor leidvollen Auswirkungen. Das führt auf jeden Fall zu irritierenden Rückmeldungen unseres inneren Feedbacksystems und lässt uns erst mal auf die Bremse steigen.

Für alle Strategien, die auf Willfährigkeit eines anderen abzielen, ist es daher von großer Bedeutung, nicht zu glauben, man müsse mit einem großen Hauruck und viel Druck alte Überzeugungen zerschlagen. Es ist nämlich immer deutlich effizienter, wenn man auf behutsame Art und Weise nach einer optimalen Balance zwischen den angestrebten, neuen Mustern und den als störend erlebten alten Problemmustern sucht.

Möglichkeiten der Einflussnahme

Die Wechselwirkungsprozesse, um die es hier geht, können als assoziative Verkoppelungen von diversen Erlebniselementen beschrieben werden, ganz nach dem Prinzip der Hebb'schen Plastizität: „Cells which fires together, wires together."

Um die selbstinduzierte Problemrealität zielgerichtet verstehen, schwächen oder gar unterbrechen zu können und gleichzeitig neue, gewünschte Erlebenskonstruktionen zu gestalten, sollte man zuerst die Erlebniselemente erkennen, die diese Muster bilden.

Prüfen wir uns einmal selbst: Ein Problem zu konstruieren, ist gar nicht so leicht. Es ist schon per se Ausdruck eines kreativen Schöpfungsakts, der einiger Mühen bedarf.

Zuerst muss es so etwas wie eine Art innere Aufspaltung geben. Das quasi reine Erleben muss in einen erlebten Ist-Zustand und einen davon abweichenden Soll-Zustand geteilt werden. Hierum organisiert sich dann die eigene Wahrnehmung, welche die meist als leidvoll erlebte Diskrepanz mit Herzblut konstruieren will.

Wenn Du ganz genau zuhörst, dann wirst du sehen, dass diese Elemente (Ist und Soll) immer nach einer bestimmten Struktur beschrieben und erklärt werden. Diese Struktur findet man schnell, wenn man sich fragt:

III

- Wie werden Ist und Soll beschrieben?
- Geht man in dem Erleben eher völlig auf, oder beschreibt man es eher von außen und unbeteiligt?
- Wie werden die einzelnen Elemente benannt?
- Wie wird das ganze Erleben bewertet?
- Wie erklärt man die einzelnen Elemente?
- Welche Schlussfolgerungen werden gezogen?
- In welchen Bezug setzt man sich selbst zu diesem Erleben?
- Wird sich mit anderen verglichen, und wenn ja, wie?
- Welche Emotionen und Submodalitäten werden bei der Beschreibung verwandt?
- Welche Physiologie und Körperkoordination kann man beobachten?
- Welche Lösungsversuche hat man schon unternommen?
- Und waren diese problemstabilisierend oder lösungsförderlich?

„Normale", nicht sonderlich reflektierte Problem-Beschreibungsprozesse und daraus resultierende Schlussfolgerungen und Lösungsversuche, die unter Garantie nicht zum Ziel führen, werden meist als die einzig denkbare

III

Wahrheit erlebt. Wenn man sich aber vergegenwärtigt, dass sie nur selbst gewählte Beiträge zu einer mehr oder weniger verhängnisvollen Realitätskonstruktion sind, wird einem schnell klar, dass alle Elemente auch verändert werden können. Das ganze Konstrukt einer Problemtrance ist für den Erlebenden immer nur dann sinnvoll, wenn diese konstruierten Ist-Werte im permanenten Wechselspiel mit Zielvorstellungen von den Soll-Werten deutlich abweichen.

In einem Satz: Es kann kein Problem gestaltet und erlebt werden, wenn nicht vorher bereits eine Zielversion aufgebaut wurde, von der ein gelebter Ist-Zustand deutlich abweicht. Oder nochmals kürzer: Es gibt kein Problem ohne bereits bekannte oder schon mal gelebte Lösung.

Ein Problem kann also nur aufrechterhalten werden, wenn eine gravierende Diskrepanz zwischen Ist und Soll aufgebaut wird und daran anschließend Lösungsversuche unternommen werden, die garantiert nicht zum Ziel führen. An diesen als unerreichbar gearteten Zielen muss im Folgenden stur festgehalten werden. Geradezu unablässig und unermüdlich muss mit genau solchen Lösungsversuchen, die bisher eh noch nie das gewünschte Ergebnis brachten, weiterhin versucht werden, dem Problem Abhilfe zu schaffen. Eben ganz im Sinne Watzlawicks: „Die Lösung ist das Problem“.

Wenn man diese Bauanleitung einhält, wird es jedem leicht fallen, sich ein richtig dickes Problem zu erschaffen.

Aus der Betrachtung von Träumen, der Forschung zum Thema „Priming“ und der Beobachtung von Wahrnehmungsprozessen wird generell ersichtlich, dass jede Form des menschlichen Erlebens grundsätzlich als „Prozess von fokussierter Aufmerksamkeit"[1] verstanden und beschrieben werden kann. Jedoch ist diese subjektiv fokussierte Realität und Erlebensqualität letztendlich nie festgelegt, sondern praktisch jede Sekunde und in jedem Moment neu gestaltbar.

Zum Glück erlebt jeder Mensch sein Leben nicht ausschließlich und grundsätzlich als problematisch. Gerade weil er fähig ist, ein Problem zu konstruieren, muss er die Abweichung davon, nämlich einen gewünschten Sollzustand, bereits kennen oder zumindest ansatzweise schon einmal erlebt haben. Wir können mit Sicherheit davon ausgehen, dass auch solche Erlebnisprozesse grundsätzlich gespeichert und verfügbar sind und ebenso abgerufen werden können[2] wie alles andere.

Wenn wir genauer darüber nachdenken, dann liegt es fast schon auf der Hand, wie die Kommunikation mit unserem Gegenüber aufgebaut werden muss, falls wir diesen in einer Problemtrance erwischen. Genau: ressourcenorientiert!

Professionelle Kommunikation muss demnach gezielt solche gewünschten, ressourcenstarken, unwillkürlichen Erlebniseinheiten aktivieren. Ein „Ich bin so ... mir geht es so ...", also eine unreflektierte, problemfokussierte Selbstdefinition unseres Gegenübers muss man so nicht stehen lassen. Wir erzeugen, erfinden und erschaffen uns jeden Augenblick und permanent neu. Nichts ist wirklich festgeschrieben. Diese Chance zur Veränderung von nahezu allem, was uns ausmacht, geht, wie wir heute wissen, sogar so weit, dass sich selbst Genaktivitäten durch bestimmte Fokussierungsprozesse beeinflussen lassen.

---

1 Vgl. Liebesbeziehung zwischen Problem und Lösung. In: Schmidt, G.

2 Vgl. Potentialhypothese. In: Schmidt, G. (1980).

III

Gezielte und erfolgreiche Einflussnahme sollte von daher so systematisch wie möglich Fokussierungshilfen anbieten, um diese Potentiale (durch das Erfragen von Ausnahmen bzw. gewünschten Sollzuständen, vgl. auch: „Wunderfrage" S. de Shazer) zu suchen, zu finden und zu aktivieren, um sie dann so nachhaltig wie möglich mit den gewünschten Lebenskontexten zu assoziieren. Demnach könnte man diese Art der Manipulation als kompetenzorientierte oder kompetenzfokussierende Einflussnahme bezeichnen.

Praktisch gesehen zielen alle diese Kommunikationsstrategien in Beratung, Coaching, Therapie, Verkauf, Marketing oder sonstwo ausschließlich darauf ab, gewünschtes Erleben zu induzieren und unerwünschtes zu exduzieren bzw. letzteres zumindest zu vermeiden.

Ich möchte das nochmal an einem Beispiel versuchen zu verdeutlichen: Wir haben einen störrischen Gesprächspartner vor der Nase. Irgendein Ziel gilt es für uns zu erreichen, und dieses werden wir auch schon gekonnt in unsere Kommunikation eingeflochten haben. Ein guter Rapport wurde aufgebaut – und nun könnte eigentlich alles fließen, wenn da nicht das bockige „Ich kann das nicht machen ...!" unseres Gegenübers wäre.

Das ist mal eine wirksame Verweigerung, aber vor allem noch etwas anderes: keine Wahrheit! Auch dann nicht, wenn unser Gegenüber es noch so heftig zu verteidigen versucht, ist es nichts anderes als eine Realitätskonstruktion. Zugegeben, eine Wirksame. Wie wir aber gesehen haben, können solche selbstrückbezüglichen Konstruktionen, die als Wirklichkeit erlebt werden, an vielen Punkten aufgeknackt werden. Und wir haben gesehen, dass es allein schon genügt, einen einzigen, winzigen Unterschied in die Realitätsbeschreibung unseres Gesprächspartners einzufügen, um ihn aus dieser Umlaufbahn zu stoßen.

Versuchen wir es. Was würde passieren, wenn du das Wörtchen „zurzeit“ in die Konstruktion einbauen würdest?

Was würde passieren? Würde das nicht sofort eine Tür aufstoßen und ein ganz anderes Erleben ermöglichen? Sicher, nicht mit Hauruck, nicht auf der Stelle – doch der erste Schritt auf dem Weg der langsamen, aber unaufhaltsamen Zersetzung einer alles verhindernden Realitätskonstruktion wäre damit schon mal getan.

Nicht nur der Ansatz der Hypnotherapie, wie wir später sehen werden, sondern auch der der Hirnphysiologie zeigen eindeutig auf, dass es für jemanden, der in einem bestimmten Erlebnismuster mehr oder weniger absorbiert ist, zwar schwierig, aber durchaus möglich ist, eine wirksame Umfokussierung auf gewünschte Erlebnisinhalte zu gestalten.

Die Hirnforschung erklärt das so: Zum Zeitpunkt der aktiven Problemtrance feuern die dominierenden Synapsen-Verbindungen immer wieder und schnell in die gleiche, gerade schon verschaltete Richtung (selbstverstärkender Prozess). Diese bevorzugte Bahnung ist Ausdruck eines einmal trainierten Musters (Lernprozess) und wurde unter Umständen sogar einmal als Überlebensstrategie ausgebildet.

Auch wenn sich ein Mensch bewusst dazu entschlossen hat, diese Bahnungen zu verändern, passiert dies in aller Regel nur äußerst ambivalent, meist mit Angst und Stress. Wenn ein Kommunikationsangebot einflussnehmend funktionieren soll, dann muss es einen Unterschied bilden, eben „einen Unterschied, der einen Unterschied macht.“ (Bateson, G. 1981)

Unterschied bildende Elemente können dabei sein: die Art der Beschreibung, die Art der Benennung, die Bewertung, die Erklärungsmuster und Schlussfolgerungen, die Art der Kategorisierung, die örtliche oder räumliche Beschreibung, der Zeitpunkt, Häufigkeit, Intensität und Dauer sowie auch das Zeiterleben.

III

Ziel der Einflussnahme muss es demnach immer sein, ein doppeltes Pacing im Blick zu haben: Zum einen die aktuellen Sichtweisen zu achten, wertzuschätzen und zu akzeptieren, zum anderen aber auch neue Sichtweisen anzubieten. Diese neuen Angebote müssen in einer bestimmten Art und Weise ankommen, nämlich so, dass unser Gesprächspartner diese nicht nur kognitiv, sondern vor allem auch emotional, kongruent und autonom erleben kann. Das bedeutet schlicht: Er muss sie für sich als passend erleben. Dann erst wird es für ihn zu einem tatsächlichen und hilfreichen Unterschied. Einem Hänfling eine Unterschiedsbildung anzubieten nach dem Motto: „Aber Arnold Schwarzenegger hätte den Stein ohne Probleme aus dem Weg geräumt", wird sehr wahrscheinlich weder als kongruentes Lösungsmuster erlebt werden noch als emotional erbauend.

Sich an Zielen zu orientieren, die letztlich vom Gegenüber nicht aus eigener Kraft erreicht werden können, wird einen nicht viel weiterbringen. Im dümmsten Fall stabilisieren solche Angebote das Problemmuster nur. Damit angestrebtes Erleben erfolgreich konstruiert werden kann, muss man sich demnach an Zielen orientieren, die aus der Gestaltungsfähigkeit des Gesprächspartners heraus auch erreichbar sind.

Zusammenfassung

Wir haben gesehen, dass wir Menschen grundsätzlich erst mal Bedürfnisse haben. Diese Bedürfnisse prägen und bestimmen unser Fühlen, unser Denken und damit unser Verhalten.

Um später einfacher und leichter mit diesen Erkenntnissen umgehen zu können, haben wir die Bedürfnisse in ein paar unterschiedliche Kategorien zusammengefasst. In grundsätzliche Bedürfnisse, die uns aus organischer, sozialer und mentaler Sicht generell überleben lassen, und Bedürfnisse, die – wenn es uns dann zu gut geht – unserem Ego und unserer Identität Auftrieb geben.

Diese Bedürfnisse haben wir uns aus der Perspektive unseres Gehirns angesehen. Ich habe dargestellt, dass unser Gehirn von einer Menge an neuronalen Netzwerken ganz automatisch gesteuert wird, da es einfach nicht anders kann, als Muster und Spielregeln zusammenzuknüpfen.

Diese Automationen bzw. Tranceprozesse wirken „selbst-hypnotisierend auf das Individuum zurück. Sie sind also rückbezüglich und werden als Grundlage für die eigenen Identitätskonstruktionen genutzt. Dieses unbewusste Wechselspiel zwischen Tranceprozess und Identitätkonstruktion wird nun zur Ausgangsbasis für alle Arten der Manipulation und Einflussnahme. Es ist beinahe so, als ob eine geheimnisvolle, innere Klaviatur nur darauf warten würde, dass wir uns als Pianist daran setzen und Lieder der Manipulation anstimmen. Verarbeitungsprozesse und Selbstbild würden sogleich freudig mit einstimmen – dessen können wir uns gewiss sein.

Was sich zu lesen lohnt, ...

Boeree, George (PHD). 2006. Personality Theories. Shippensburgh University, USA : Shippensburgh University, 2006.

Ferdinand, W. / Verleger, K. 1963. Zur Beurteilung der Leistungen erziehungsschwieriger Schüler. s.l.: Die Deutsche Schule, 1963.

Krappmann, Lothar. 1975. Soziologische Dimension der Identität. Stuttgart : Klett Verlag, 1975.

Maslow, Abraham. 1973. Psychologie des Seins. München: s.n., 1973.

Maturana, Humberto R. 1985. Erkennen: Die Organisation und Verkörperung von Wirklichkeit: Ausgewählte Arbeiten zur biologischen Epistemologie. s.l. : Vieweg+Teubner Verlag, 1985.

Mollenhauer, Klaus. 1964. Einführung in die Sozialpsychologie. Weinheim s.n., 1964.

Metzger, Wolfgang. 1959. Die Entwicklung der Erkenntnisprozesse, in: Entwicklungspsychologie. Göttingen : s.n., 1959.

Roth, Heinrich. 1962. Pädagogische Psychologie des Lehrens und Lernens. Hannover : s.n., 1962.

Schmidt, Gunther Dr. 2013. Liebesaffären zwischen Problem und Lösung. Hypnosystemisches Arbeiten in schwierigen Kontexten. s.l. : Carl-Auer; 5. Auflage, 2013.

Schmidt, Gunther. 2006. Einführung in die hypnosystemische Therapie und Beratung. s.l. : Carl-Auer Verlag, 2006.

–. 1973. Psychologie in der Erziehung. Bochum : s.n., 1973.

Weiß, Rudolf. 1965. Zensur und Zeugnis. Linz : s.n., 1965.

IV

TEIL IV - Nonverbales

Nonverbale Einflussnahme

IV

ein neuer
Überblick

Unbewusste Konzepte
Und ihre körperlichen Auswirkungen

Rapport
Manipulatives Beziehungsmanagement

Pacen & Leaden
Auf allen möglichen Ebenen

Innere Repräsentationen
Und ihr nonverbaler Ausdruck

Nonverbale Manipulation

Einleitung

Wie Du im vorangegangen Kapitel gesehen hast, ist der Prozess wechselseitiger Einflussnahme und Manipulation ein typischer für uns Menschen. Wir können gar nicht anders. Wir müssen andauernd versuchen, irgendwie Einfluss aufeinander zu bekommen. Immerhin geht es ja um unser Überleben. Also, zumindest im weiteren Sinne. Wie sollten wir unsere Bedürfnisse, beispielsweise nach Nähe, Zugehörigkeit, Respekt oder Anerkennung, auch sonst erfüllt bekommen als durch unser Gegenüber. Und der oder die tut das ja sicher nicht einfach aus lauter Güte und Wohlwollen (wobei, es soll so Menschen geben). Es liegt in der Natur des Menschen, dass wir uns selbst einfach näher sind als demjenigen vor unserer Nase. In nichts anderes sind wir Menschen derart verliebt wie in uns selbst. Und so liegt es auf der Hand, dass wir erst einmal ein bisschen Werbung machen müssen, um von unserem Gegenüber das zu bekommen, was wir fürs Überleben unbedingt zu brauchen glauben.

So kommt es, dass wir schon als Neugeborene in einer Form auf die Welt kullern, die voll und ganz darauf ausgelegt ist, dass man uns einfach lieb haben muss. Große Augen, ein breites Grinsen, viele runde Formen und so weiter. Das nennt man dann Kindchen-Schema. Aber das weißt Du sicherlich schon. Alles an der Physiologie eines Babys ist von Natur aus darauf ausgelegt, dass man geliebt und umsorgt wird. Und auch für die primären physiologischen Grundbedürfnisse hat Mutter Natur gesorgt. Mit einem Organ, das einer Lastwagenhupe in nichts nach-

IV

steht, unterstreicht ein Neugeborenes ja bekanntermaßen und unüberhörbar sein Bedürfnis nach Nahrungsaufnahme. Auch das ist eine Form der Manipulation, wenn auch eine sehr direktive.

Später, im Laufe des Lebens, wird das Repertoire an unbewussten Tools zur Einflussnahme etwas subtiler. Während man als Kleinkind noch schmollend, heulend oder motzend im Großen dafür sorgt, das zu bekommen, was man will, geht es im Laufe der Pubertät eher darum, diese Strategien zu verfeinern. Spätestens in den ersten Liebesbeziehungen kann man dann aus dem Vollen schöpfen. Da wird mit Liebesentzug, Mauern, Schmollmund oder Augenklimpern manipuliert, was das Zeug hält. Auch hier geht es um nichts anderes als um die mehr oder weniger prompte Erfüllung der eigenen Wünsche und Bedürfnisse.

Auf das Verhalten, auf die Reaktionen unseres Gegenübers Einfluss nehmen, das saugen wir nicht erst mit der Muttermilch ein. Manipulieren können wir von Natur aus. Und wir nutzen diese Fähigkeit auch. Doch professionelle Einflussnahme ist nicht nur ein kompliziertes Gebilde aus sprachlichen Pirouetten, Kniffen und ausgeklügelten Tricks. Manipulation beginnt schon viel früher. Nicht die erste rhetorische Phrase, die man seinem Gegenüber entgegenschmettert, eröffnet den Angriff auf die Willfährigkeit. Auch nicht die mühevoll einstudierte Körpersprache oder das inkongruente Gestikulieren. Professionelle Manipulation beginnt schon mit dem ersten Gedanken, beginnt mit der eignen inneren Haltung, dem eigenen „State“ sagt man auch.

Es dürfte nahezu jedem bekannt sein, dass es absurd ist zu glauben, mit einem Gesichtsausdruck wie sieben Tage Regenwetter, einer Laune, vor der man sich nur fürchten kann, und einem Körpergeruch, bei dem selbst die letzten Flöhe panisch vom Biobunker abspringen, jemanden, der eigentlich nur Reißaus nehmen will, auch nur ansatzweise von etwas überzeugen zu können. Nonverbale Einflussnahme und Manipulation geschehen eher in der Art, wie Babys es tun. Von ihnen kann man lernen. Zumindest in diesem Bezug.

Grundlagen

Unwillkürliche Dialoge

Beginnen wir mit etwas ganz Skurrilem: Die Passion der Professorin für Anthropologie Helen Fisher (Fisher, 2011) aus den Vereinigten Staaten sind verliebte Gehirne. Sie untersucht den Zusammenhang zwischen Hormonlevel und Gehirn bei 28.000 Menschen. Sie ist fest davon überzeugt, dass es vier Gehirn-Grundtypen gibt, die auf magische Weise Einfluss aufeinander nehmen.

IV

Helen Fischer unterscheidet: (1) die dopamingesteuerten Entdeckertypen und 2) die serotoningesteuerten Nestbauer, die sich jeweils in Partner desselben Typus verlieben. Und (3) die testosterongesteuerten Entscheider, die sich tendenziell eher in (4) die östrogengesteuerten Verhandler verlieben, und umgekehrt.

In unserem Gehirn scheint es demnach eine ganze Menge an mysteriösen Netzwerken zu geben, die uns auf völlig unbewusste Art und Weise die Partnerwahl abnehmen, und das schon im vorhinein. Doch wie springen diese synaptischen Verkuppler in uns an? Woher bekommen diese Automaten ihren Input?

Das ist ganz einfach. Beispielsweise verrät der Kleidungsstil unserem Gehirn eine Menge über die soziale Schicht, der unser Gegenüber angehört, und damit über den möglichen Bildungsstand und das zu vermutende Einkommen. Unser Körpergang, die Art und Weise, mit welcher Körperspannung wir uns bewegen, und sogar die Gesichtszüge verraten eine Menge über den Testosteron- und Östrogenlevel. All diese Informationen verarbeitet unser Gehirn und legt Entscheidungstendenzen fest. Tendenzen, die im Maximalfall in einem Hormonrausch enden, den wir dann schlicht „Liebe“ (oder „Sex“) nennen.

Da ja unser bewusstes Gehirn diese Grundlagenentscheidungen nicht zurückverfolgen kann, werden wir auf die Frage „Wieso ausgerechnet dieser Mensch?“ eine beeindruckende, kreative Vielfalt an Erklärungsmodellen finden. Erklärungen, die allesamt kaum etwas bis überhaupt gar nichts mit den unwillkürlich beschlossenen Tatsachen zu tun haben, die unsere verborgenen Entscheidungsträger vorher für uns als relevant eingestuft haben. Unser willentlicher Verstand hat dabei recht wenig Einfluss auf das, was wir sind und was wir letztendlich auch tun.

Wir Menschen lernen aus Erfahrungen. Unablässig. Tagein, tagaus. Unser immenser Datenspeicher legt dabei alles Mögliche und Unmögliche in seinen enorm komplexen Netzwerken ab: Was wir erleben, wie wir erleben, welche Folgen das für uns hat und so weiter. Letztendlich wissen wir aber nichts darüber, was sich unser Gehirn nun wirklich alles gemerkt hat. Wie verzerrt es Erlebnisse ablegt, welche Inhalte einfach getilgt werden bzw. wie entstellt und verallgemeinert unsere Erfahrungen Niederschlag finden. Das alles können wir bestenfalls in einer Therapie erahnen lernen, wissen hingegen können wir das nicht.

Neulich, während eines entspannten Abendessens mit meinen halbwüchsigen Kindern, fiel aufgrund aktuellen Anlasses zufällig das Thema „Ferien“. Jeder packte auf den Tisch, was an Erinnerungen aus alten Urlauben noch irgendwie präsent war. Beim einen hatte die Mutter einen gebrochenen Arm gehabt, beim anderen war es der Fuß gewesen. Mein Großer war felsenfest davon überzeugt, dass sein jüngerer Bruder Sand gegessen hatte, hingegen glaubte dieser noch hundertprozentig zu wissen, dass es eine Wurzel gewesen sei. Nur beim Urlaubsziel waren sie sich einig. Von all den zusammengetragenen Details ausgehend, hätte man niemals auf einen gemeinsamen Urlaub schließen können.

So funktionieren wir. Unser Gehirn wertet unablässig aus. Aufgrund unzähliger kleiner und größerer Erfahrungen, die wir einmal gemacht haben, entscheidet es für uns, welche Strategie, Erinnerung oder welches Verhalten für uns vorteilhafter sein könnte, und legt den Impuls dazu fest. Man könnte also sagen, wir Menschen sind irgendwie so etwas wie die Summe unserer Erfahrungen. Nur in welcher Qualität wir uns an diese erinnern, bleibt uns meist verschlossen.

Trigger

Diese Erfahrungsmuster aber sind es, die uns die Tür zur Einflussnahme öffnen.

Ein Beispiel: Auch wenn es nur schwer möglich ist, wieder ein paar Jahrzehnte zu regredieren, so können wir doch an den Erfahrungsschatz andocken, den wir einmal als Baby gemacht haben. So schminken sich neuerdings ja nicht nur Frauen in einer Art, welche die Augen wieder größer, runder und offener erscheinen lässt. Botox hilft bei den Lippen. Das passende Duftwässerchen setzt den entsprechenden olfaktorischen Reiz. Der lässige oder elegante Anzug (oder Kostüm) dazu, die Schlüssel für die dicke Karre vor der Tür eingesteckt und noch ein letztes Mal schnell in den Spiegel geblickt – dann steht alles für die ganz natürliche, nonverbale Alltagsmanipulation. Wenn einem dann der erwartete Erfolg schon im Badezimmer entgegenstrahlt, wird sich auch der innere, emotionale „State" rasch einstellen. Man ist einfach unwiderstehlich. Unbezwingbar. Einfach unabkömmlich! Die Krönung der

Schöpfung schlechthin. Jetzt müssen es nur noch die anderen bemerken. Und das werden sie.

Rapport

Damit nun die Umwelt, der Gesprächspartner gegenüber oder das Opfer unserer Manipulationsattacke schon vor dem ersten gesprochenen Wort willenlos alle viere von sich streckt, dafür gibt es nun ein paar äußerst nützliche Konzepte.

Rapport: sprachlos willenlos

IV

„Rapport" ist ein Konzept. Rapport ist so etwas wie die Mutter aller Einflussnahme. Ein extrem wirksames Grundlagenkonzept, an dem man nicht vorbeikommt. Das Tolle dabei ist: Rapport ist kein aufwendig zu erlernendes Konzept, keine mühevoll anzutrainierende Strategie, sondern ein ganz natürlicher Alltagsprozess, den wir alle intuitiv beherrschen.

Immer dann, wenn Menschen sich begegnen und sich gut verstehen, im „Flow" miteinander sind, sich im Zweifel sogar ineinander verlieben, dann muss sie zuvor ein perfekter Rapport verbunden haben. Rapport ist daher im eigentlichen Sinn keine Technik, sondern eher so etwas wie die Beschreibung einer zwischenmenschlichen Bestleistung. Rapport beschreibt „Best Practice" zwischenmenschlicher Begegnung.

Rapport ist also etwas, das entsteht. Heimlich, still und ...? Richtig: unbewusst! Wenn etwas unbewusst so fluffig funktioniert, ist es nur selten eine gute Idee, das Gleiche nochmals im „Zustand von Bewusstheit" zu versuchen. Das wirkt dann gerne hölzern und unbeholfen.

Platt gesagt, „Rapport machen" ist dämlich. Trotzdem kommen wir nicht drum herum, uns diese Bestleistung mal bewusst anzuschauen. Immerhin wollen wir ja eben diese Bestleistung beim Manipulieren nutzen. Vor allem immer dann, wenn es eben einmal so ganz und gar nicht fließen will. Dazu müssen wir auf der Leiter der vier Lernschritte nochmal schnell auf Stufe 1 beginnen. Keine Sorge, das bisschen Fingerspitzengefühl und Einfühlungsvermögen, um Rapport bewusst (als Technik) erfolgreich zu nutzen, lässt sich schnell antrainieren. Bei allem darf man aber eines nicht vergessen: Rapport ist vor allem eins: ein systemisches Ding. Etwas, das immer in Wechselwirkung mit unserem Gegenüber geschieht. Etwas, das rückbezüglich ist. Rapportstrategien sind also eher mit einem perfekten Paartanz zu vergleichen als mit einem Schwertkampf, bei dem dein Gegner nur in Unterhose dasteht. Das ist auch schon eine der ersten und wichtigsten Regeln bei allen Manipulationsstrategien: Wie erfolgreich Du letztlich sein wirst, auch beim Rapportaufbau, entscheidest nicht Du, sondern immer dein Gegenüber. Die Frage ist eben gerade nicht, wie perfekt Du ein auswendig gelerntes „Format" abspulen kannst, sondern wie flexibel Du beim Tanzen führen kannst.

In bestimmten Situationen, zum Beispiel beim erstmaligen Aufschlagen in ein System, beim erstmaligen Kennenlernen eines anderen oder in besonderen, spannungsgeladenen und konfliktreichen Situationen, ist es hilfreich, sich die Grundregeln erfolgreichen Rapportaufbaus noch einmal schnell bewusst zu machen. Dazu gehört als allererstes eine klare und bewusste Wahrnehmung! Erkennst Du weder die verbalen noch die nonverbale Angebote deines Gegenübers oder pacet1 Du selbstverliebt mehr deine eigene Interpretation als das eigentliche Geschehen, solltest Du Dir dringend nochmal dieses Kapitel durchlesen, bevor Du es in Erwägung ziehst, Rapport als Waffe der Einflussnahme zu nutzen. Dein Gegenüber und deine Frustrationstoleranz werden es Dir danken.

Bist Du aber wach und hast eine klare „Selbst- und Fremdwahrnehmung", eine Prise Einfühlungsvermögen und Spaß an dem ganzen Tanz, dann kannst Du getrost loslegen und Dich davon überraschen lassen, welch erstaunliche Ergebnisse Du erzielen wirst.

Aber fangen wir von vorne an:

Da man Rapport ja in zwischenmenschlichen Systemen, die gut funktionieren, nicht braucht bzw. Rapport dann schon längst unbewusst hergestellt ist und läuft, bekommt dein neues Trainingsfeld eine ganz besonders lustige Note. Zumindest für mich. Willst Du nämlich deine wachsenden Fähigkeiten beim erfolgreichen Einflussnehmen optimieren, musst Du Dich schon der einen und anderen Herausforderung stellen und Dir am besten Beziehungspartner suchen, mit denen es bisher nicht so läuft. Vielleicht ist es ja deine Schwiegermutter, mit der Du noch nie auf einen grünen Zweig gekommen bist. Oder es ist ein nervender Telesaler (der Dich mit seinem Telefonterror auch nach wohlverdientem Feierabend noch mit irgendwelchen Versicherungen beglücken will). Oder es ist ein Arbeitskollege, dessen hochnäsige Art Dich bisher immer zur Weißglut getrieben hat. Gleich welches Trainingsfeld

---

1 Pacing wird in der NLP als Prozess des sich aneinander Angleichens verstanden. Ziel und Zweck des Pacings ist es, ein harmonisches, von Sympathie geprägtes Miteinander zu installieren. Menschen tun das in der Regel ganz natürlich und aus sich heraus. Sie gleichen sich in Körperhaltung, Sprache, Gestik oder sogar im Atemrhythmus aneinander an. Umso ähnlicher, umso sympathischer scheint die Regel zu sein, die zwischen uns Menschen mehr als gut funktioniert.

Du Dir auch aussuchen wirst, es wird auf jeden Fall (zumindest für einen kurzen Moment) ein besseres Fleckchen Erde auf dieser Welt werden.

Noch ein letzter Tipp, bevor Du loslegst: Wähle nicht deine Partnerin oder deinen Partner zum Üben! Das geht in die Hose. In solchen Beziehungssystemen gelten noch so viele „Zusatzregeln“, dass einem schwindelig wird. Solltest Du in der Kommunikation mit deiner/deinem Liebsten Unterstützung brauchen, lies lieber das Kapitel über Submodalitäten.

Jede Einflussnahme braucht eine tragfähige und gute Beziehungsbasis. Zumindest dann, wenn deine späteren Kommunikationsangebote auf fruchtbaren Boden fallen sollen.

Da Du diese Strategie ja in Beziehungen, die funktionieren, nicht brauchst, wirst Du das Ding mit dem Rapport auch nicht in Situationen benötigen, die Du Dir freiwillig ausgesucht hast. Es wird eher so sein, dass Du mit diesem oder jenem Menschen eine gute Grundlage schaffen willst, weil Du es musst. Du willst etwas verkaufen, musst verhandeln, deeskalieren, vermitteln oder sonst was – und dafür brauchst Du eine Basis. Dieses „Müssen“ kann jedoch zum Fallstrick werden. Man verkrampft schnell, wenn man unter Druck steht und mit aller Gewalt etwas erzwingen will, was sich eben nicht erzwingen lässt. Rapport lässt sich nur dann erfolgreich gestalten, wenn Du vor allem eins bist: entspannt!

Legen wir los!

Was ist Rapport?

Rapport ist ein Sammelbegriff. Unter diesem fasst man zwei differenziertere Konzepte zusammen, nämlich zum einen das des sogenannten „Pacings“ und zum anderen das des „Leadings“. Diese beiden Begriffe stammen noch aus der Zeit, in der Richard Bandler und John Grinder bei Milton H. Erickson auf der Matte standen (Bandler, 1975). Beide waren fasziniert von diesem ersten Hypnotherapeuten der Neuzeit, der mit seiner Arbeit unglaubliche Erfolge feierte. Um das Geheimnis seiner spektakulären Interventionen zu lüften, begannen Bandler und Grinder die Verfahrensweisen von Erickson in einem Modell festzuhalten. Einem Modell, das für alle leicht erlernbar und nutzbar sein sollte. Dieses Modell nannten sie Rapport. Und dazu gehören diese beiden Begriffe: „Pacing“ und „Leading“ („Folgen“ und „Führen“).

Pacen und Leaden deuten schon darauf hin, dass Rapport kein linear-kausaler, kein gradliniger Prozess ist, sondern vor allem ein wechselseitiger, ein systemischer und rückbezüglicher Prozess. Eben so etwas wie ein Tanz.

Diesen „Pacing-Leading-Tanz“ vollführen wir Menschen bei jedem Zusammentreffen mit einem anderen. Mal klappt es gut, mal klappt es gar nicht und wir treten uns nur gegenseitig auf den Füßen herum. Wollen wir aber erfolgreich Einfluss nehmen, dann können wir uns nicht aussuchen, mit wem wir eine Beziehung wollen und mit wem nicht. Es muss einfach mit jedem klappen. Zumindest sollte es das theoretisch.

Schauen wir uns an, wie das gehen kann.

Pacing

Der Begriff des „Pacings“ kommt aus der Erickson'schen Hypnotherapie. Er steht für das Ziel und die Aufgabe, sich als Einflussnehmer so kongruent und detailliert wie möglich auf das momentane und kontextbezogene Weltmodell seines Gegenübers einzustimmen. Ziel ist es, dass dieser „Ja“ sagt zu Dir, und zwar erst mal zu Dir als Gesprächspartner. Dann wird er später auch sein „Ja“ zu den Angeboten geben, die man im Laufe des Prozesses unterbreiten wird (vgl. „establishing of a yes-set“ nach Erickson).

IV

Dieses erste „Ja“, das Du durch dein Pacing erreichen wirst, ist der Zentralschlüssel für alles Weitere. Wird dein Gesprächspartner Dich als unausstehlichen Kotzbrocken empfinden, wirst Du nicht viel rocken. Pacet Du dein Gegenüber hingegen perfekt, springst Du über deine Grenzen und öffnest Dich für die Konstruktion von Realität deines Gegenübers, dann hast Du schon so gut wie gewonnen. Dann wirst Du zu Schwiegermamas Liebling, wirst zum Elternsprecher in der Schule deines Sohnes oder bekommst plötzlich auf der Rolltreppe von fremden Frauen Blumen geschenkt.

Wie funktioniert Pacing?

Bandler und Grinder, die aus den überragenden Kommunikationsleistungen Ericksons dieses Modell entwickelten, beschreiben sein Vorgehen wie folgt:

„Pacing bedeutet, sich in der Körperhaltung, dem Sprachverhalten, der Gestik und/oder dem Atemrhythmus dem Gesprächspartner anzupassen. Dadurch entsteht auf einer unbewussten Ebene ein intensiver und zuverlässiger Kontakt. Dieser Kontakt ist unabhängig von inhaltlichen

Übereinstimmungen und daher besonders gut geeignet, um auch in schwierigen und kontroversen Situationen eine stabile und positive Beziehung zu gewährleisten." (Bandler, 1998)

Ihre genauen Beobachtungen beschrieben sie folgendermaßen:

„*Erickson achtet insbesondere auf die Tonalität, Syntax und Sprechgeschwindigkeit des Klienten und passt seine Körperhaltung, seine Atmung und seine Gestik der des Klienten an. [...] Erickson dehnt diese Prinzipien auf jede nur denkbare Weise aus. Er [...] passt auch seine Sprechgeschwindigkeit der Atmung oder dem Puls des Klienten an, indem er beobachtet, wie sich die Adern des Klienten ausdehnen und zusammenziehen. Er wird Worte und Ausdrücke verwenden, die er von dem Klienten gehört hat, und auch den gleichen Tonfall verwenden wie der Klient. Er macht alle seine Output-Kanäle zu einem Feedback-Mechanismus, die der subjektiven Erfahrung des Klienten sowohl auf bewusster wie unbewusster Ebene entspricht. Die Klienten sind sich nur selten der komplexen Art und Weise bewusst, in der Erickson sie pacet.*" (Bandler, 1975)

Aus diesen Beobachtungen leiten Bandler und Grinder einige wenige Regeln zum Aufbau eines solch stabilen und guten Rapports ab. Die erste Regel ist das Pacing. Wie funktioniert das nun genau?

Spiegeln – eine Technik des Pacings

Die Technik des Pacings könnte man auch als Spiegeln beschreiben. Wenn dieses Spiegeln dann allerdings eher eine Papagei-Technik wird, dann hast Du definitiv was falsch gemacht. Wenn Du aber die Idee dahinter verstehst, dann wird es zur Waffe.

IV

Nun, was ist diese Idee? Die Idee des Spiegelns ist ganz einfach. Du kannst eigentlich auf allen Ebenen dein Gegenüber spiegeln. Auf verbalen und nonverbalen Ebenen. Das bedeutet platt gesagt, Du machst einfach nach, was dein Gegenüber tut. Aber elegant. In deiner Art und Weise. Nicht platt und aufdringlich. Am besten Du beobachtest einfach mal die Körpersprache eines Liebespärchens, dann wirst Du sofort verstehen, auf was es ankommt. Oder als Haltung beschrieben: Du versuchst, in die Haut deines Gegenübers zu schlüpfen und nach Möglichkeit alles genau so zu machen, wie er/sie es tut. 2

Auf nicht-sprachlicher Ebene spiegelst Du zum Beispiel die Körpersignale deines Gesprächspartners. Das bedeutet, Du setzt Dich ähnlich hin wie dein Gegenüber es tut, bewegst deine Arme ähnlich, hältst deinen Kopf ähnlich schief, und wenn er/sie unruhig hin und her zappelt, dann ... tust Du das nicht! Spiegele seine Nervosität auf anderer Ebene. Beispielsweise könntest Du unruhig mit den Augen zwinkern oder mit deinen Fingern auf dem Tisch trommeln. Das nennt man dann „cross-over mirroring". Alles andere fällt zu schnell auf. Dein Gegenüber würde dein Verhalten als Strategie durchschauen und das wollen wir nicht!

Du kannst auch sprachliche Eigenheiten spiegeln, wie zum Beispiel einen Dialekt. Das kann extrem hilfreich sein und je nach Kontext und Situation wahre Wunder bewirken. Natürlich nur, wenn Du diesen Dialekt auch beherrschst.

---

2 Erinnere Dich daran, dass der Mensch in nichts so sehr verliebt ist wie in sich selbst. Nichts lieben wir so sehr, für nichts sind wir derart anfällig als für Ähnlichkeiten zu uns selbst. Ist das nicht putzig? Kein Wunder also, dass die Technik des „Spiegelns" so frappierend wirkt. Das, was uns ähnlich ist, kann ja nur gut sein. Auf dieses Muster werden wir später noch ein paarmal stoßen.

Neulich zum Beispiel, als mich wieder mal so eine Telefonterroristin zur Bestellung eines Putzdienstes zu unerschwinglichen Preisen überreden wollte, war mit einem Mal der monetäre Höhenflug beendet, als der Prokurist das Gespräch übernahm. Unüberhörbar blubberte mir das altvertraute Schwäbisch entgegen. Und nichts erweckt – übrigens nicht nur bei einem Exilschwaben – so viele heimatliche Gefühle wie die eigene Muttersprache. Da ich als Muttersprachler ja selbst diesen Dialekt perfekt beherrsche, war im Nu ein verbales Pacing hergestellt. Das Ergebnis: Ein perfekter Rapport. Aber nicht nur das, auch die Preise purzelten plötzlich. Ein Schwabe kann eben doch alles!

Wie genau dieser willentlich provozierte Preisverfall zustande kam, werde ich in den folgenden Kapiteln weiter ausführen.

Du kannst also alles spiegeln, was Du sinnlich wahrnimmst. Weitere Aspekte können sein: die Körperhaltung, bestimmte Bewegungen, die Mimik, die Atmung, die Art und Weise, wie gesprochen wird – Lautstärke, Tempo, Intonation, Dialekt (aber wie gesagt, nur wenn er beherrscht wird) und so weiter. All das gehört in den großen Fundus von Möglichkeiten, die Dir beim Spiegeln offen stehen.

Du siehst: Bevor Du loslegen kannst, musst Du als Aufwärmtraining erst einmal ein paar Wahrnehmungsübungen machen. Beobachte deinen Gesprächspartner, stelle ein paar Testfragen und sei ihm gegenüber offen und neugierig. Im Fachjargon nennt man das „Kalibrieren".

In den nächsten Wochen kannst Du das ja mal als Dauerübung in deinen Tagesplan einhäkeln. Beobachte doch einmal aufmerksam: Wie verhält sich wer? Welche Macken zeigt wer wann? Wie spricht der eine oder andere?

Welche typischen Bewegungen macht deine Zielperson? Wie könntest Du diese im Aufbau eines guten Rapports zeitgleich oder zeitversetzt spiegeln? Achte einmal auf alles, was so rund um die Stimme deines Gegenübers so wahrzunehmen ist. Umso mehr Details Du wahrnimmst, desto feiner abgestimmt und weniger auffällig kann dein Pacing später werden. Erkennst Du nur die grobmotorischen Äußerungen deines Gegenübers, wird das mit dem Spiegeln eine eher heikle Angelegenheit.

Pacen auf verbaler Ebene

IV

Wenn Du die Ebene des nonverbalen Spiegelns satt hast, gehe einen Schritt weiter. Dann höre einmal genau hin! Nicht mehr nur auf das „Wie", also wie dein Gegenüber spricht, sondern jetzt auch auf das „Was"! Auch dieses „Was" hat eine Struktur, und ich meine jetzt nicht die Inhalte.

Auf dieser Ebene öffnen sich weitere Möglichkeiten, einen perfekten Rapport aufzubauen. Und zwar über das Spiegeln struktureller, sprachlicher Merkmale. So wird dein Rapportaufbau noch differenzierter, feiner und eleganter. Spiegele zum Beispiel alle Sätze, die mit „Ich kann .../Ich bin ..." anfangen, oder Aussagen über eigene Ansichten, Werte und Regeln. Das sind alles sehr effektvolle Ansatzpunkte für erfolgreiches Pacing. Nutze die gleichen emotionalen Worte wie dein Gesprächspartner. Verwende einen Wortschatz aus dem gleichen Leadsystem . Eliminiere alle Reizworte (s. „Back Track Frame") und formuliere vor allem keine „Aber-", sondern nur noch „Und-Sätze". Du wirst erstaunt sein, wie schnell Du deiner Zielperson auf magische Weise immer sympathischer und sympathischer wirst.

Pacen auf weiteren logischen Ebenen

Selbstverständlich ist es ein dicker „Match" schon allein, wenn Du beispielsweise das gleiche Auto wie dein Gesprächspartner fährst, die gleiche Uhr trägst, einen ähnlichen Job hast oder die gleichen Vorlieben beim Essen oder Lesen von Büchern hast – oder zumindest vorgibst, sie zu haben. (Wenn Du hingegen auch die gleiche Vorliebe für eine ganz bestimmte Frau hegst, dann wird es ziemlich sicher problematisch.) Alles, was Du an Gemeinsamkeiten ins Feld deiner neu wachsenden Rapportbemühungen einbringen kannst, wird Dir beim Aufbau einer tragfähigen Beziehung für die Zukunft helfen. Probiere es einfach aus.

Pacen mit systemischem Weitblick

Grundsätzlich gilt für jeden Rapportaufbau und für jedes gute Pacing: Wenn Du die momentane Realität deines Gegenübers nicht wenigstens ansatzweise würdigst und die damit verbundenen Bedürfnisse und Zielvorstellungen, kannst Du eigentlich gleich einpacken. Dann werden deine ganzen Bemühungen irgendwann zu inkongruent und fallen wie faules Obst vom Ast.

Gestaltest Du aber ein Pacing anerkennend und wertschätzend, indem Du glaubhaft vermittelst, dass euer Beziehungssystem zur Erreichung der Ziele deines Gesprächspartners erhebliche Schritte leisten wird, wirst Du ohne Probleme gewinnen.

Aus systemischer Sicht muss ich jetzt noch unbedingt Folgendes miteinwerfen:

Keiner von uns lebt ja isoliert, irgendwo auf einer einsamen Insel. Wir alle sind eingebunden in und verbunden mit irgendwelchen Systemen. In Partner- und Beziehungssysteme zum Beispiel. In unser Familiensystem. In ein Organisationssystem auf der Arbeit oder oder oder.

Jeder Gesprächspartner, dem wir begegnen, ist also ebenso auch ein Teil eines anderen Systems. Die Frage ist nun, wie stark dieses System Einfluss auf seine Lebensgestaltung und Alltagsrealität hat. Das ist ein ganz entscheidender Punkt. Auch wenn dein Dialogpartner Dir sofort und auf der Stelle den neuen Jaguar XYZ-Type mit einem läppischen Verbrauch von nur 37 Liter auf hundert Kilometer abkaufen würde, so kann die Wahrscheinlichkeit bestehen, dass ihn seine ökologisch orientierte Lebenspartnerin innerhalb seines „Heimat- und dominanten Beziehungssystems“ daraufhin mit sieben Wochen Sexentzug bestrafen wird. Die Wahrscheinlichkeit, dass Du dein Angebot in diesem System noch in gewohnter Art und Weise platziert bekommst, sinkt in demselben Maße, in welchem Du solche Aspekte auch außer Acht lässt.

Das bedeutet mit anderen Worten: Auch wenn Du ein optimales Pacing inszenierst, muss das leider noch keineswegs bedeuten, dass das bei anderen Beteiligten im Lebenssystem deines Gesprächspartners genauso wirkt. Oft erweist sich sogar das Gegenteil. Zum Beispiel musst Du innerhalb von Organisations- oder sogar schon Familiensystemen davon ausgehen, dass Du eine Menge unterschiedliche Weltmodelle, Zielvorstellungen und unterschiedlichste Bedürfnisse antreffen wirst, die nicht zwangsläufig miteinander harmonieren.

Mache daher lieber gleich auch so etwas wie ein „System-Pacing“. Das heißt, dass Du zum Beispiel auch darauf achtest, ob und auf welche Weise Hierarchien in dem System deines Gesprächspartners vorhanden sind. Das muss man natürlich vorweg erst mal erfragen. Sonst wird da nichts draus. Zeigt sich dann aber, dass unterschiedliche Hierarchiestufen in die Richtung deiner Einflussnahme mithineinspielen werden, solltest Du auf jeden Fall die oberste Hierarchiestufe vorrangig in dein Pacing miteinbeziehen.

Dies ist nicht als Unterwerfung oder einseitige Parteinahme für im System Höhergestellte zu verstehen. Wenn die hierarchisch Höherstehenden – wie zum Beispiel die Ehefrau oder die Schwiegermutter oder eben der Chef – ihre Position gefährdet sehen, werden diese zwangsläufig irgendwann gegen die im System tiefer Gestellten vorgehen (zum Beispiel ihre Macht im System ausspielen), um ihre Position wieder zu festigen. Dann hängt nicht nur ganz schnell der Haussegen schief, sondern dann musst Du auch mit einer Bauchlandung und einem Beziehungsabbruch rechnen.

Leading – eine Nasenlänge voraus

Im Erickson'schen Konzept und im NLP[3] wird der Aspekt des Pacings üblicherweise mit der Idee des „Leadings" verbunden. Damit ist gemeint, Ideen anzubieten, die eine Fokussierung der Wahrnehmung deines Gegenübers auf die gewünschten Erlebensbereiche, und dem damit für ihn verbundenen Verhalten, erleichtern sollen.

Ein Konzept, das die Erkenntnisse moderner Neurophysiologie und Biologie berücksichtigt (und dieses hier soll so eines sein), geht aber – wie wir ja gesehen haben – davon aus, dass sich lebende Systeme autonom selbst organisieren und nicht irgendwo hinschieben lassen. „Leading" kann daher eigentlich nur bedeuten, dass man von außen als eine Art „Klimabedingung" in diesem Mini-Beziehungssystem fungiert[4]. (Maturana, 1985) Je nach

---

3 NLP ist die Abkürzung für „Neurolinguistisches Programmieren" und wurde von den beiden Amerikanern Richard Bandler und John Grinder in den 1970ern entdeckt, erfunden und konzipiert und gilt bis heute als eine der wirksamsten Ansammlungen von Formaten zur Beeinflussung von Menschen. Egal in welcher Lebenslage; ob in Therapie, Politik, Pädagogik oder Coaching. NLP ist aus keinem Bereich, in dem Sprache professionell genutzt wird, mehr wegzudenken. Dazu aber später noch mehr.

4 vgl. Strukturelle Kopplung.

„Klimaangebot" kannst Du davon ausgehen, dass dein Gesprächspartner dann schon mit internal eigenständigen Musterprozessen darauf antworten wird. Daher schlägt der Hypnosystemiker Gunther Schmidt vor, statt von „Leading" besser von „Einladen" zu sprechen. (Schmidt, 2006)

Ein typisches Vorgehen nach diesem Konzept ist es, eben zu allererst ein Kooperationsmuster aufzubauen, zu dem dein Gegenüber unmittelbar - für sich stimmig und kongruent - „Ja" sagen wird. (vgl. Pacing) Sobald dieses System stabil steht, können zielorientierte Einladungen angeknüpft werden, welche der Fokussierung auf das gewünschte Verhalten und den damit zu erwartenden Erlebenspotentialen dienen werden.

Solche „Brückenschläge in die gewünschte Erlebniszukunft" gelingen immer dann besonders leicht und fluffig, wenn eben genau dieses wertschätzende „Pacing" vorausgegangen ist. Das bedeutet: Wenn es uns gelingt, mit dem Gegenüber so zu kooperieren, dass wir seiner und unserer Autonomie mit Achtung und Würde begegnen, dann garantiere ich Dir, wird es Dir auf jeden Fall leicht fallen, Dich passgenau auf die Weltsicht deines Gesprächspartners einzustimmen.

Hilfreich hierfür kann es sein, die Informationen, die uns von unserem Gegenüber angeboten werden, nach bestimmten Kriterien zu ordnen. Hilfreiche Ordnungskriterien können hierbei zum Beispiel sein:

- Bedenken oder Zweifel zu erfahren
- begehrte Wünsche und Ziele zu erfragen
- Wertesysteme kennenzulernen
- Glaubenshaltungen und Schlussfolgerungen zu ergründen
- Beziehungsregeln zu erfahren

Das erleichtert es, planvolle Schritte zu gehen und an das Weltmodell unseres Gegenübers anzukoppeln.

Ist dies gewährleistet, wirst Du erleben, wie dein Gesprächspartner seine innere (intrinsische) Motivation für eine erfolgreiche Zusammenarbeit auf wundersame Art und Weise entfalten wird. Ein sogenannter „Widerstand" gegen deine „Fokussierungsangebote" wird dann nicht mehr auftauchen, da er kaum noch interessant oder gar sinnvoll für ihn erscheint.

Man kann also sagen, ein perfektes „Leading" ist von einem ebenso perfekten „Pacing" bestimmt. Leading-Angebote, gleich welcher Art, passen sich an die aktuelle Weltsicht des Gegenübers an, tänzeln sozusagen zwischen der Realität deines Gegenübers hin zu der Einladung in eine neue Realität und wieder zurück.

IV

An einem kurzen Beispiel erklärt: Drückt dein Gesprächspartner beispielsweise Zweifel aus, wird deine Intervention den Zweifel pacen (bestätigen und wertschätzen), um zugleich davon ausgehend die gewünschte Umfokussierung anzubieten. „Nein – das kann ich mir nicht vorstellen!", blockiert sich dein Gegenüber. „Stimmt, Du hast Recht! Das ist auch wirklich schwer vorzustellen! (...)", antwortest Du. „Aber lass uns mal für einen kurzen Moment annehmen, es könnte wirklich so sein und Du würdest in einer Woche dort stehen und auf heute zurückblicken. Was glaubst Du, wie hat Dir Dein Zweifel jetzt dabei geholfen, den für Dich passenden nächsten Schritt zu gehen?" So könnte man antworten. Erkennst Du diesen Liebestanz zwischen Problem und Lösung?

Deine Leading-Angebote entspringen immer deinen Zielen, die Du in dem Wechselspiel zwischen Dir und deinem Gesprächspartner zu erreichen suchst. Im Konzept von Pacing & Leading finden diese Ziele ihre passende

Form. Eine Form, die zum einen überhaupt erst einmal eine Sprache findet, die gehört wird, und zum anderen auch eine Tür zu öffnen vermag, die es erst ermöglicht, anzunehmen, was Du anbietest.

Da alles menschliche Verhalten bedürfnisorientiert ist, liegt es auf der Hand, genau an diesem Punkt auch mit der eigenen Strategie zur Einflussnahme zu beginnen. Bedürfnisse lassen sich nicht einfach so vom Tisch kehren oder gegen etwas Anderes austauschen. Man verkauft einer attraktiven Blondine im Supermarkt einfach keinen Sechserpack Herrenschlüpfer, indem man ihr die Schachtel vor die Brust knallt. Ebenso wenig wird man seinen Ehemann aus dem Fernsehsessel bekommen, nur mit der plumpen Aufforderung: „Herbert, komm abwaschen!" Wünsche, Hoffnungen und Visionen, aber genauso auch Ablehnung, Widerstand und Zweifel sind immer Ausdruck persönlicher Bedürfnisorientierung. Selbst die Körpersprache, die Mimik und Gestik, die ganze Haltung deines Gegenübers ist keine Willkür oder Zufall. Sie folgt einzig und alleine diesem inneren, roten Faden. Wir kleiden uns nicht einfach nur so um des Ankleidens willen. Unser Frühstück ist nicht einfach nur Frühstück. Ja selbst unser Partner an unserer Seite ist nicht einfach nur so unser Partner. Wir haben ihn uns ausgesucht, weil irgendetwas in uns einmal laut: „Hallo!" gebrüllt hat, „Das ist der Perfekte zur Befriedigung deiner Bedürfnisse!", und wir haben zugeschnappt.

Pacing sowie auch Leading-Angebote richten sich demnach immer in eleganter, wertschätzender und passender Art und Weise an genau diesen bedürfnisorientierten Erlebniswelten unseres Gegenübers aus. Es wäre schlicht dämlich, das nicht zu tun. Das fängt bei der Körpersprache an, geht über die Sprache und endet vielleicht irgendwo in der Welt der Glaubenssysteme und Werte. Ganz gleich was unser Gegenüber auch anbietet, wenn wir von diesen Erlebniswelten nicht ausgehen, werden wir nirgendwo hinkommen.

So wird deutlich, dass das scheinbar einfache Spiegeln von Körpersprache nicht einfach nur ein Nachmachen ist. Es wird zu einem unbewusst wahrnehmbaren und bestätigenden Schulterschluss mit der eigenen Bedürftigkeit. Wenn nun auch dein Leading-Angebot nicht einfach nur wie eine Verkaufsparole tönt, sondern ebenso als starke Antwort für die Bedürfnisbefriedigung deines Gegenübers erstrahlt, dann bist Du Meister dieses Konzepts.

In einem Video-Beispiel zum Thema Pacing & Leading, findest Du auf der WebSite (handbuch-manipulation.de) eine eindrucksvolle Vorstellung von Derren Brown dazu. Er zeigt in einem Experiment auf, wie alleine das perfekte Pacen der Körpersprache zu einem machtvollen Zugang für Einflussnahme werden kann. Mittlerweile wirst Du das nun gut nachvollziehen können. Was man mit diesem Einfluss bei einem entsprechenden Probanden so alles anstellen kann, dazu schau Dir am besten einfach das Videobeispiel an.

Denke immer daran: Alles menschliche Verhalten – wirklich alles – ist bedürfnisorientiert. Jedes Stück Kleidung, das Du an deinem Körper trägst, der Stuhl, auf dem Du sitzt, selbst die Frisur, die Du heute trägst (oder auch nicht), entsprang einer Entscheidung. Und diese Entscheidungen lassen nicht nur tief in die Welt deiner Bedürfnisse blicken, sondern öffnen auch alle Türen und Tore zur Einflussnahme. Kurz gesagt ist genau das das Geheimnis der Wirkung des Pacing & Leading Modells.

Augenzugangshinweise

Dass unser Gehirn auf Reize achtet, die für uns kaum bewusst wahrzunehmen und zieldienlich zu verarbeiten sind, haben wir ja nun gesehen. Zu diesen kaum wahrnehmbaren Informationsangeboten gehört noch ein ganz anderes spannendes System: die Augen. Nicht nur die Größe der Augen kann extrem einflussreich auf das eigene Verhalten wirken (wie der verführerische Blick meiner Partnerin), auch die Art und Weise, wie sie sich bewegen, ist eine verschlüsselte Botschaft, die unsere unbewusste Intelligenz auszuwerten weiß. Ja, genau! Du hast richtig gelesen. Es geht um die Art und Weise, wohin Du schaust.

Jetzt aber mal von Anfang an.

Dass unser Gehirn überall und andauernd Muster bildet, haben wir ja nun hinreichend abgehandelt. Dass diese Muster aber auch Auswirkungen auf unsere Körperkoordination haben können, auf die Art und Weise, wie wir uns bewegen, wie wir sprechen, wie unser Muskeltonus ist, wie die Körperspannung ist und so weiter, ist zumindest mal zu vermuten. Und das werde ich Dir hier und jetzt bestätigen.

Wer hat's erfunden?

Nein, es waren diesmal nicht die Schweizer. Auch nicht der MediaMarkt. Man erzählt sich, es wäre bei einem der vielen Workshops passiert, die die beiden Erfinder des NLP in den späten 1970er Jahren gaben. Irgendwann hätten sie einmal festgestellt, dass ihre Kursteilnehmer bei bestimmten Formulierungen und Angeboten, Realität zu konstruieren – zum Beispiel Erinnerungen wieder zu reaktivieren oder einen inneren Dialog zu führen, auf die eigenen Gefühle zu achten oder sich schlicht etwas vorzustellen –, die Augen wie nach einem bestimmten Muster gleichmäßig verdrehten. Das hat Richard Bandler und John Grinder neugierig gemacht und auf die Spur gebracht.

Bandler und Grinder fanden heraus, dass die synaptischen Muster, die unser Gehirn anlegt, um sich zu organisieren, auch über die Augen abzulesen sind. Eine spannende Entdeckung; öffnet auch diese eine neue Möglichkeit, unbewusst kommunizierte Informationen unseres Gesprächspartners zu verstehen und zum Beispiel für einen perfekten Rapport zu nutzen.

Aber wie genau funktioniert das nun? Um das zu erklären, muss ich ein bisschen weiter vorne anfangen und Dir erst einmal noch schnell ein anderes System vorweg vorstellen.

Repräsentationssysteme

Wir Menschen haben Sinne. Auf jeden Fall mal fünf Stück. Da wäre zum einen der kinästhetische. Das Fühlen. Das körperliche Wahrnehmen von Reizen, von Wärme und Kälte, von Schmerz und Wollust, von Verspannung und Entspannung und so weiter. Das kinästhetische System füttert unsere Schaltzentrale mit einem bestimmten Erlebnis, mit körperlich wahrgenommenen Erfahrungswerten. Und – ganz nach dem Gesetz der Hebb'schen Plastizität – häkelt unser Gehirn diese Informationen zu einem bestimmten Erfahrungsnetzwerk zusammen.

Dann haben wir die visuellen Erlebnisinhalte. Diese steuern nicht nur Bilder bzw. Bildinhalte bei, die wir vor unseren Augen wahrgenommen haben, sondern vor allem auch weitere Qualitäten, so Dinge wie Helligkeit oder Dunkelheit, Bewegung oder Stillstand, Farbigkeit, Schärfe,

Dimension und so weiter. Auch diese Informationen werden eingestrickt.

Dann folgt das nächste große System: Das Hören oder das auditive System. Hier werden Informationseinheiten über Lautstärke, Wohlklang, Rhythmus, Tonhöhe und so weiter mitaufgenommen.

Das olfaktorische (riechen) und das gustatorische (schmecken) System runden den gesamten Erlebnisinput ab. Auch Informationen aus diesen Einheiten werden in das gesamte Erlebnisnetzwerk eingehäkelt. Auch aus diesem Input strickt unser Gehirn dann ein vollautomatisiertes Reaktions- und Verhaltenskonzept.

Diese fünf sinnlichen Systeme nennt man auch Repräsentationssysteme. Repräsentationssysteme deshalb, weil wir unsere Erfahrungen auf diesen sinnlichen Ebenen auch innerlich repräsentieren. Wenn wir beispielsweise einander erzählen wollen, was wir in den vergangenen Tagen erlebt haben, dann werden wir das nicht können, ohne zuerst diese sinnlichen Systeme innerlich zu bemühen.

„Neulich war ich mit meinen Jungs auf 'ner fetten Feier was Eiskaltes trinken. Livemusik, tausende von Menschen, überall kulinarische Angebote, vom Bratwurststand über Popcorn bishin zur Pizza. Es gab einfach alles. Es wurde viel gelacht, getanzt und gegen die Musik angeschrien!“

Diese kurze Aufzählung mal als Beispiel. Sicherlich hat sich mit jedem Wort langsam, aber sicher eine Szene vor deinem inneren Auge zusammengesetzt. Dieser Szene hast Du dann Geräusche, Stimmen und Musik beigemischt, hast ihr Gerüche von gegrillten Steaks und Bratwürsten gegeben, ein wenig Süße des verpufften Popcorns noch dazu, und Du hast womöglich bunte, bewegte Bilder tanzender Menschen eingespielt. Das ist so ziemlich genau das, was ich meine.

Wir Menschen repräsentieren unsere Erfahrungen im Inneren sinnlich. Es geht gar nicht anders. Nun führt bei dem einen eher die bildhafte Repräsentation, bei einem anderen eher das Auditive. Viele Menschen entscheiden sich auch dazu, eher dem gefühlsbetonten Ausdruck eines Erlebnisinhaltes zu folgen und die anderen eher zu vernachlässigen. Das nennt man dann Leadsystem. Ein Leadsystem ist so etwas wie eine Brille, durch die man vorzugsweise seine Realität codiert und decodiert.

So werden Kinästheten zum Beispiel auch deutlich häufiger kinästhetische Vokabeln verwenden, sich eben vorzugsweise lieber gefühlsbetont ausdrücken. Ein typischer Kinästhet würde so Sachen sagen wie: „*Ich habe den Eindruck, dass ...*“, oder „*Ich begreife mich als ...*“ oder „*Es fühlt sich an als ob ...*“ und so weiter.

Entsprechendes gilt natürlich für Menschen, die eines der anderen möglichen Leadsysteme nutzen.

Für uns wichtig an dieser Stelle ist, dass sich dieses Leadsystem nicht nur in der Sprache ausdrückt, sondern auch über die Augen auslesen lässt.

Wozu das wichtig ist? Na hör mal. Ein besseres und einfacheres Pacing kann man gar nicht leben, als sich auf das bevorzugte Repräsentationssystem seines Gegenübers einzustellen. Einfacher und schneller kann man sich kaum ankoppeln.

Also, wie beschrieben, organisieren wir Menschen Erlebnisinhalte gemäß unserer Repräsentationssysteme. Erinnerungen werden aber nicht grundsätzlich und pauschal auf allen Sinnesmodalitäten abgelegt, sondern bevorzugt über das sogenannte Leadsystem. In der Regel haben wir so eine Sinnesmodalität, die wir gegenüber allen anderen stärker bevorzugen; so wie wir auch ein dominantes Auge haben oder eine dominante Hand.

Im Gespräch mit anderen, besonders dann, wenn wir Fragen stellen oder sie selbst beantworten, rufen wir diese Erinnerungen und Erlebnisinhalte wieder ab. Auch hier führt unser Leadsystem. Das Lustige dabei ist, dass in aller Regel die Augen verraten, welches dieser Systeme wir gerade benutzen. Die Augenbewegungsmuster („Eye Pattern") werden so zu Zugangshinweisen („Accessing Cues"), die wiederum Rückschlüsse auf die innere Repräsentation zulassen.

Augenbewegungsmuster lassen sich nur äußerst schwer und nur mit sehr viel Training bewusst unter Kontrolle bringen. Auch wenn wir mit aller Gewalt geradeaus vor uns hinstarren wollten, würden wir das der Regel nach nicht besonders lange aushalten. Diese Muster sind zum einen intra-individuell, können aber auch von Mensch zu Mensch variieren. Beispielsweise werden die Zugangshinweise bei einem Menschen mit dominanter rechter Hand eventuell etwas anders ausfallen als bei einem Linkshänder. Daher gilt: Sollen die Zugangshinweise auch wirklich eine vernünftige Information liefern, musst Du Dich vorher offen und neugierig kalibrieren. Ein paar unauffällige Testfragen, gut aufpassen, nochmal testen, und Schwupps, dürftest Du Dir sicher sein.

Klaus Grochowiak, einer der wichtigsten und strukturverliebtesten NLPler der Neuzeit, beobachtet zum Beispiel, dass Menschen, denen man eine Frage stellt, welche eigentlich ein bestimmtes inneres Repräsentationssystem erfordern sollte, dieses nicht auch zwangsläufig nutzen (Grochowiak, 2007).

Wenn man beispielsweise sagt: „Erinnere Dich an den Klang der Stimme deiner Mutter!“, muss das den anderen nicht zwangsläufig in das erwartete auditive Repräsentationssystem führen – auch wenn es ganz praktisch wäre. Man kann über die Zugangshinweise nun aber auch beobachten, dass unser Proband beispielsweise das visuell konstruierende System bevorzugt.

Die Gründe, warum Menschen das erwartete und naheliegende Repräsentationssystem nicht direkt ansteuern, können vielfältig sein:

Zum Beispiel ist das Leadsystem ein anderes als das Repräsentationssystem, nach dem gefragt worden ist; das heißt, viele Menschen können sich zum Beispiel eine auditiv erinnerte Information nicht direkt zugänglich machen, sondern bedürfen erst eines inneren Bildes, bevor sie sich dann an die dazugehörige Stimme erinnern können. Bei diesen Menschen wäre dann diese Folge von Augenmustern beobachtbar: Vk – Ae (Visuell konstruiert/Auditiv erinnert). Was das bedeuten soll, dazu gleich mehr.

Ein Befragter kann zum Beispiel auch auf eine Frage nach auditiv zu erinnernden Erlebnisinhalten mit einer Synästhesie von Vk > Ae antworten, so dass nur der visuelle Zugang von außen zu sehen ist; das heißt, um genau zu wissen, was jemand im Inneren macht, sind die Augenmuster nicht immer ausreichend.

Wenn ein Befragter zu einer visuellen Erinnerung eingeladen wird, dann geht dieser vielleicht in den visuell konstruierten Bereich. Dies bedeutet aber nicht, dass dieser Mensch unbedingt lügt. Es kann sich hierbei ebenso gut um eine dissoziierte Erinnerung oder um eine Gestalterinnerung handeln.

Unter einer dissoziierten Erinnerung versteht man eine Erinnerung, bei der man sich selbst von außen sieht. Diese Repräsentation ist, als ob man einen Film von sich selbst sehen würde, der erst in dieser angefragten Situation entsteht. Diese Art der Erinnerung führt dazu, dass die kinästhetischen Informationen, die mit dieser Erinnerung zusammenhängen, nicht mehr wahrgenommen werden. Diese Art der Erinnerung ist besonders dann vorteilhaft, wenn man über Unangenehmes sprechen will.

IV

Gestalterinnerungen sind solche, bei denen sehr viele Erinnerungen an die gleiche Sache zu einer einzigen „Gestalt" zusammengefasst worden sind. Viele Menschen erinnern sich an das Gesicht eines sehr vertrauten Menschen häufig in Form einer Gestalt; d.h. sie erinnern sich nicht an eine konkrete Situation, in der sie die Person gesehen haben, sondern sie synthetisieren aus sehr vielen Situationen ein prototypisches Bild, eine Gestalt. Typisch für Gestaltwahrnehmung ist es auch, dass das Objekt vor einem monochromen Hintergrund gesehen wird. Sozusagen außerhalb jedes konkreten Kontextes.

Dies ist auch typisch für die Vorstellung von Gattungsbegriffen. Jemand soll zum Beispiel an den Begriff „Baum" denken. Diese Person wird dann zum Beispiel an einen konkreten Baum als Stellvertreter für alle Bäume denken, und diesen auf einem ebenso konkreten Hintergrund erscheinen lassen.

Wird der Baum als abstrakter Begriff repräsentiert, wird er auf keinem konkreten Hintergrund zu sehen sein.

Ein anderer Grund kann darin bestehen, dass einige Menschen vorwiegend defokussieren (den Blick auf unendlich einstellen, Sehachsen sind dann parallel), wenn sie visuell erinnern oder konstruieren. Dies ist aber auch ein Zugangshinweis, allerdings einer, bei dem man nur weiß, dass der andere etwas sieht. Wir können nicht wissen, ob es sich um ein konstruiertes oder erinnertes Bild handelt.

Der Grund, warum wir defokussieren, wenn wir einen visuellen Zugang haben, besteht unter anderem darin, dass wir die äußeren Eindrücke dadurch besser ausblenden können, um die inneren Bilder besser wahrzunehmen.

Um die inneren Bilder und Filme besser wahrnehmen zu können, sehen viele Menschen auch auf den Fußboden bzw. auf eine glatte Wand. Vor diesem Hintergrund sind die inneren Bilder dann deutlicher wahrzunehmen. Desweiteren haben innere Bilder auch einen bestimmten, natürlichen Abstand. Daraus folgt, dass nur ganz bestimmte Menschen in der Lage sind, ihren Gesprächspartner bei der Unterhaltung unentwegt anzusehen. Dies sind Menschen, die ihre Bilder etwa 20 bis 30 Zentimeter vor sich sehen. Diese Menschen können ihre inneren Bilder sozusagen zwischen sich und ihren Gesprächspartner schieben und verändern dabei nur unmerklich ihren Fokus.

Es ist auch nicht immer ganz leicht, zwischen den Augenbewegungen zu unterscheiden, die sich nach außen orientieren, und denen, die sich auf einen inneren Suchprozess beziehen.

Häufig sieht man auch, dass Menschen, egal was man sie fragt, immer zuerst in dasselbe Repräsentationssystem gehen. Viele Menschen beginnen immer mit einem Aid (innerer Dialog). Dies ist häufig nichts anderes als die Wiederholung der Frage. Oder jemand beginnt immer mit Vk, da sein Leadsystem visuell konstruierend ist. (Grochowiak, 2007)

Oh, fast vergessen: Die grundsätzliche Regel zu den Augenzugangshinweisen hab ich Dir ja noch gar nicht vorgestellt. Aber, wie gesagt, Achtung: Menschen funktionieren nicht streng nach Regel!

Wenn sich die Augen deines Gesprächspartners nach oben ausrichten, kannst Du davon ausgehen, dass er gerade ein inneres Bild repräsentiert. Ob er dieses nun „erfindet" (konstruiert – Vk) oder ob er es ganz konkret erinnert (Ve), das kannst Du in diesem Moment noch nicht wissen. Eine Kontrollfrage muss diese Frage lösen. Beispielsweise kannst Du ihn bitten, sich dieses oder jenes vorzustellen. Vielleicht (ganz doof) den rosaroten Elefanten, oder wie sein Büro zuhause aussieht. Dann wirst Du gleich sehen, auf welcher Seite er visuell konstruiert (Vk). Die Frage danach, was er vor einer Stunde gemacht hat, wird demnach eher die Seite der erinnerten Inhalte hervorlocken.

Für mich sind Kontrollfragen schon immer ein willkommener Rettungsanker gewesen. Da ich mir nicht merken kann, wo Links oder Rechts ist, blieb nur dieser Weg. So merke ich mir also nur: „Ah, da oben ist bei ihm/ihr also der Platz für erinnerte Bilder!"

Wenn die Augen sich auf der Horizontalachse bewegen, dann geht man davon aus, dass dein Gegenüber etwas hört. Dialoge, Stimmen, Gespräche, Diskussionen. Was auch immer. Auch hier gilt: An welcher Stelle er konstruiert (Ak) oder erinnert (Ae), wirst Du erst sicher wissen, wenn Du Dich ordentlich kalibriert und ein paar Kontrollfragengestellt hast.

Schaut dein Gesprächspartner auf den Boden, also nach unten, dann sind entweder Gefühle (K) im Spiel oder er diskutiert mit sich selbst gerade irgend etwas aus (Ad). Auch hier wird Dir eine Kontrollfrage Sicherheit bringen.

Das war auch schon das ganze Geheimnis mit den Augenzugangshinweisen.

Aber nicht nur die Augen verraten eine ganze Menge über die innere Realität deines Gegenübers; auch über andere Körperreaktionen kann man eine Menge auslesen. Hier ein paar weitere Beispiele:

Weitere nonverbale Informationen

Ob dein Gesprächspartner nun eher mit inneren Bildern agiert, auditiven Gedanken nachhängt oder am Nachspüren ist, lässt sich ebenso über die Kopfposition, die Atmung, das Sprechtempo, Tonalität oder über den Muskeltonus ablesen. Im Folgenden habe ich Dir diese Aspekte nonverbaler Kommunikation mal in einer Übersicht zusammengestellt.

IV

	visuell	auditiv	kinästhetisch
Augen	nach oben ausgerichtet oder mit glasigem Blick geradeaus	nach links unten, links und gerade, gerade rechts	nach unten rechts
Kopfposition	nach oben	gerade, nach links gekippt, mit einem Ohr zum Sprecher	nach unten, nach rechts gekippt
Atmung	hoch in der Brust, flach	gleichmäßig in ganzer Brust	Bauch
Sprechtempo	schnell, rhythmisch	gleichmäßig längere Pausen	langsam
Tonalität	hoch, nasal	melodisch mit viel Atem	tief
Hautfarbe	blass	gleichmäßig	viel Farbe
Muskeltonus	angespannt, hohe Schultern	rhythmisch gleichmäßig	entspannt, abrupt

Viel weiter möchte ich an dieser Stelle nicht in das „Bodyreading" einsteigen. Das behalte ich mir für ein späteres Buch vor. Wenn Dich dazu mehr interessiert, schau doch unter diesem Schlagwort zwischenzeitlich einfach mal bei amazon oder dem Buchhändler deines Vertrauens vorbei. Du wirst bestimmt fündig.

Ein paar andere Aspekte sind mir hingegen noch wichtig:

Repräsentation von Zeit

Wäre es jetzt nicht spannend, auch noch herausfinden zu können, wie unser Gegenüber Zeit innerlich repräsentiert? Wie und wo Vergangenheit, Gegenwart und Zukunft innerlich ihren Platz bei ihm haben? Wie praktisch wäre es zu wissen, wenn Du zum Beispiel als Konzernchef deiner Belegschaft, von einer Bühne runter, das neue Jahreskonzept vorstellst? Oder als Verkäufer deinen Kunden wortwörtlich mit in seine neue Zukunft nehmen kannst? Oder als Coach deinen Klienten in seiner Vergangenheit abholen und ihn mit in seine Zukunft begleiten könntest? Fernsehwerbung nutzt dieses Wissen schon lange. Professionelle Redner auf großen Bühnen sowieso. Selbst ganze Therapiemethoden, wie zum Beispiel das EMDR, feiern ihre Erfolge mit nichts anderem als dem praktisch genutzten Wissen darüber. Also, lass uns dieses Geheimnis gemeinsam lüften ...

Grundsätzlich dürfte es nun fast schon selbstverständlich scheinen, dass wir Menschen unser zeitliches Erleben ebenso in einer speziellen Art und Weise innerlich repräsentieren. Auch über diese Repräsentation lassen sich Zugangshinweise über die Augenbewegungsmuster ableiten. Wer hätte das gedacht! Hierbei gibt es jedoch keine allgemeingültige Regel, nur Arbeitsmittel, dieser bestimmten Repräsentation auf die Schliche zu kommen: Kalibrieren und Modellieren heißen sie.

Um die innere Organisation von Zeit bei einem Gesprächspartner herauszufinden, empfiehlt es sich, vorab einige Testfragen für eine bestimmte zeitliche Repräsentation zu stellen. Zum Beispiel fragst Du: „Wann waren Sie das letzte Mal im Urlaub?“ oder „Wann haben Sie sich zum letzten Mal die Zähne geputzt?“ oder ein paar weniger gestelzt daherkommende.

Beobachtet man nun die Augenmuster, wird dies zum ersten Zugangshinweis dafür, wo die Vergangenheit deines Gesprächspartners womöglich innerlich verortet ist. Wiederholst Du die gleiche Prozedur für Erlebnisinhalte der Gegenwart und Zukunft, lässt sich mit der Zeit eine sogenannte Zeitlinie, eine „Timeline“ herausfinden. Diese hat eine räumliche Verortung für Vergangenes, Aktuelles und Zukünftiges.

Hierbei unterscheidet man die Position des Beschreibenden bzw. des Erlebenden. Drei Typen gibt es da, nämlich: „In Time“-, „Between Time“- und „Through Time“-Typen. Menschen ordnen sich entweder dem einen oder anderen Typus zu oder einer Kombination von zweien.

Schauen wir uns die drei Typen nacheinander an ...

Through Time

Ein „Through Time“-Typ ist zum Beispiel ein Mensch, der seine Erinnerungen normalerweise als dissoziiert wahrnimmt. Diese Menschen sind sich der Zeit und Dauer von Vorgängen bewusst, sind meist pünktlich, in ihrer Planung sorgfältig und haben Abläufe in Zukunft, Gegenwart und Vergangenheit stets präsent.

Ihre Timeline liegt sprichwörtlich außerhalb von ihnen und kann von daher gut überblickt werden.

In Time

„In Time"-Menschen sind mit ihren Erlebniserinnerungen assoziiert. Daher fällt es ihnen auch extrem schwer, pünktlich zu sein. Sie werden das aus eigenem Erleben kennen, wenn man in eine Situation ganz eintaucht und die Zeit wie im Fluge an einem vorüberrauscht. Das ist ein klassisches „In Time"-Erleben: ganz im Hier und Jetzt aufgehen.

Die Timeline dieser Menschen geht ebenso direkt durch sie durch. So liegt ein Teil ihrer Timeline immer außerhalb ihres Blickfeldes und ist damit nur schwer zugänglich. Man sagt Asiaten nach, dass diese ihre Zeit meistens „In Time" organisieren, wobei sie ihre Vergangenheit immer hinter sich wahrnehmen. Aber finde es doch am besten selbst heraus.

Between Time

Das ist der kreative Typ. Hier finden wir eine Mischung aus der ersten und der zweiten Variante: Die Timeline geht zwar durch sie hindurch, aber dennoch haben sie sie stets im Überblick.

Praxistransfer

Wozu das wichtig ist? Na ganz einfach. Oder willst Du etwa als Verkäufer von Produkten oder Dienstleistungen während des Verkaufsgesprächs in der Vergangenheit deines Kunden sitzen? Willst Du eine erfüllte, rosige Zukunft verkaufen, während Du im tiefen Sumpf seiner Erinnerungen steckst? Siehst Du, ich auch nicht.

Das Elizitieren, das Herausfinden dieser Timeline, verhilft Dir zu einem ungeahnten Vorteil. Du kommunizierst sozusagen allein durch deine räumliche Position mit deinem Gegenüber: „Ich bin deine Zukunft!“, „Ich bin das Ziel deiner Bemühungen!“, oder aber auch: „Ich räume für Dich in deiner Vergangenheit auf!“ Das ist doch eine coole Sache, oder nicht? Dazu reicht es, einzig und alleine von der richtigen Seite aus zu kommunizieren. Ist für dein Gesprächspartner beispielsweise räumlich gesehen links seine Zukunft verortet und willst Du eine zukünftige Entscheidung forcieren, werden die unwillkürlichen Verarbeitungsrituale deines Gesprächspartners, einzig und alleine, weil er sich Dir nach links (in seine Zukunft) zuwenden muss, die entsprechenden Erlebnismuster in ihm verknüpfen. Nonverbal unterstützende Manipulation könnte man das auch nennen.

Beobachtest Du mal einen sehr guten Redner, wirst Du erleben können, dass dieser öfter seinen Standort auf der Bühne verändert. Es wirkt ganz natürlich, wie er von links nach rechts wandert und ab und an mal wieder zurück. Wenn man wach ist und aufpasst, kannst Du in dieser Inszenierung aber auch etwas anderes erkennen. Präsentierter Inhalt sowie räumlicher Standpunkt auf der Bühne werden „magisch“ miteinander verwoben. Raumanker nennt man das. Diese sollen später alleine schon dadurch, dass der Redner sich in eine bestimmte Richtung wendet, gewünschte Erlebnisinhalte anstoßen. Nicht anders funktioniert auch unsere innere Verortung von Zeit.

Zusammenfassung

Die meisten Einflussnahmen geschehen im Kontext eines Beziehungssystems. Eines Systems aus mindestens einem Du und einem Ich. Damit dieses Mini-System gut funktioniert, bedarf es einer vernünftigen und soliden Beziehungsgrundlage. Diese stellen Menschen in der Regel auf natürliche Art und Weise her. Beispielsweise wird sie immer dann zu finden sein, wenn man sich sympathisch ist. Im Fachjargon nennt man diese zwischenmenschliche Beziehungsleistung: Rapport.

Strukturell gesehen besteht Rapport immer aus einem wechselwirkenden Spiel aller im System Beteiligten. In unserem Fall ist es jedoch eher ein tendenziell einseitiges Spiel, auf Kosten des Probanden. Einseitig nicht, weil Bemühungen um einen guten Rapport nur auf einer Seite zu finden wären, sondern vielmehr deshalb, weil Rapport in unserem Fall vor allem einseitig, als Strategie und somit zielgerichtet gebraucht wird.

Diese Rapporttechniken gliedert man in zwei unterschiedliche, nacheinander ablaufende Schritte. Zum ersten in das Pacing, zum zweiten in das Leading.

Pacing ist die gezielte, emotionale Vereinnahmung des Gegenübers. Dies gelingt – wie wir gesehen haben – am leichtesten durch das Spiegeln aller möglichen Dialogangebote. Alle nonverbalen wie auch verbalen Dialogmerkmale können direkt oder „cross-over" gespiegelt werden. Wichtig dabei ist, darauf zu achten, das Spiegeln nicht zu einer Nachäfferei werden zu lassen. Das hätte unter Garantie einen Rapportabbruch zur Folge.

Da alle von unserem Gehirn gebildeten Muster nicht nur zur ökonomischen und automatischen Verarbeitung äußerer Reize dienen, sondern auch zur inneren Repräsentation von Erlebnisinhalten verwendet werden, sind vor allem diese Muster ideal für ein elegantes Pacing. Diese besonderen, Struktur schaffenden Merkmale nennt man auch Repräsentationssysteme, die sich zu unseren fünf Sinnen analog verhalten.

Ob man nun kinästhetisch, visuell oder auditiv geprägte Menschen vor der Nase hat, lässt sich leicht über die Augenzugangshinweise oder/und über die spezielle Nutzung der Sprache erkennen. Beispielsweise unterstützt das Spiegeln von für ein System repräsentativen Vokabeln ein sehr elegantes und mächtiges Pacing und verhilft schnell zu einem stabilen Rapport.

Steht die Beziehungsebene stabil, kann man dazu übergehen, den Gesprächspartner gezielt in die Richtung zu lenken, in der man das gewünschte Verhalten erwarten kann. Das nennt man dann Leading.

Solche Richtungsangebote sollten jedoch immer den wichtigsten Orientierungssystemen des Gesprächspartners standhalten. Ein Angebot, das durch ein dominantes Heimatsystem sabotiert oder abgelehnt werden könnte, ist ein Schuss in den Ofen. So eine Niederlage kann man aber leicht umgehen, indem man sein Pacing gleich auf das gesamte System ausweitet.

Leading-Angebote können ebenso zeitliche Aspekte berücksichtigen. Sollen Angebote für ein gewünschtes, zukünftiges Erleben offeriert werden, empfiehlt es sich, die räumliche Kodierung von Zeit bei seinem Gesprächspartner zu kennen und natürlich auch zu nutzen. Diese sogenannte Timeline findet man in drei unterschiedlichen Ausprägungen. Diese wird immer ein hilfreiches Mittel für zielgerichtete Einflussnahme sein.

Was sich zu lesen lohnt, ...

Bandler, Richard: Kommunikation und Veränderung - Struktur der Magie II. s.l.: Junfermann, 9. Auflage, 2009.

–. Reframing - ein ökologischer Ansatz in der Psychotherapie. s.l.: Junfermann; 8. Auflage, 2005.

–. Struktur der Magie I. s.l.: Junfermann Verlag, 1998.

Chaplin, William F., et al.: Handshaking, Gender, Personality, and First Impressions. Journal of Personality and Social Psychology, 2000, Vol. 79, No. 1, 110–117

Fisher, Helen. Die Macht des Unbewussten. s.l.: ARD, 2011.

Grochowiak, Klaus: Das NLP - Practitioner Handbuch. s.l.: Junfermann, 2007.

Havener, Thorsten: Ohne Worte. Rowolt Taschenbuch. 2014

Hertenstein, Matt: Smile intensity in photographs predicts divorce later in life. DePauw-Universität Indiana. 2009

Maturana, Humberto R.: Erkennen: Die Organisation und Verkörperung von Wirklichkeit: Ausgewählte Arbeiten zur biologischen Epistemologie. s.l.: Vieweg+Teubner Verlag, 1985.

Molcho, Samy: Alles über Körpersprache. Mosaik Verlag. 13. Auflage. 2001

Navarro, Joe: Menschen lesen: Ein FBI-Agent erklärt, wie man Körpersprache entschlüsselt. mvg Verlag. 2010

–. Die Psychopathen unter uns. mvg Verlag. 2014

Schmidt, Gunther. Einführung in die hypnosystemische Therapie und Beratung. s.l.: Carl-Auer Verlag, 2006.

Schmidt-Egger, Christian & Krüll, Caroline. Körpersprache - Das Trainingsbuch. Verlag C.H. Beck. München. 2012

Stangl, Werner: Distanzzonen und Territorialität – Der Umgang mit Raum. [werner stangl]s Arbeitsblätter. 2012

Vrticka, Pascal et al.: Human Amygdala Response to Dynamic Facial Expressions of Positive and Negative Surprise. American Psychological Association. 2014. Vol. 14, No. 1, 161–169

Weiterführendes ...

Das Thema „Nonverbal“ ist ja nahezu unerschöpflich. Vor allem in der letzten Zeit sind immer mehr und mehr neue Bücher, TV-Shows und Ausarbeitungen zu allen möglichen Aspekten rund um nonverbale Ausdrucksformen und Einflussfaktoren auf dem Markt erschienen.

In diesem Kapitel habe ich nur ganz grundlegend ein paar wenige Aspekte nonverbaler Einflussmöglichkeiten gestreift. Wenn Du Dich für diesen Aspekt besonders interessierst habe ich auf meinem youtube Channel ein paar Ausarbeitungen und im Worbook I, bzw. in zwei Arbeitsheften das Thema um nonverbale Manipulation begonnen weiter zu vertiefen.

IV

Eine kleine Auswahl:

Eike Rappmund: Workbook zum Handbuch Manipulation I. 2014

Eike Rappmund: Der erste Augenblick. Arbeitsheft II.C.1 zum Handbuch Manipulation. 2014

Isabel García: Die Atmung. Arbeitsheft II.B.2 zum Handbuch Manipulation. 2014

Eike Rappmund: Mirroring - NonVerbale Manipulation (erklärt, deutsch). youtube/nonverbale Manipulation

Eike Rappmund: Mirroring - Subliminals - NonVerbale Manipulation (erklärt, deutsch). youtube/nonverbale Manipulation

Eike Rappmund: Mirroring - Mental-Magie erklärt (Mentalist Derren Brown - Street Scam). youtube/sprachliche Manipulation

TEIL V - Verbales

Sprachliche Einflussnahme

V

V

gönnen wir uns einen nächsten

Überblick

Der Manipulationsalgorithmus
Die Meta-Struktur der Einflussnahme

Framing
Eingedampfte Priming-Strategien

Das Meta-Modell der Sprache
Wie man dank der Sprache, die Seele erkennt

Meta-Programme
Was einen wirklich bewegt

Hypnose & NLP
Und was wir daraus lernen können

Verbale Manipulation leicht gemacht
Struktur von Sprache nutzen

Verbale Manipulation

Nachdem Du nun einen guten Einblick in die Funktionsweise unseres Gehirns bekommen hast und weißt, wie Du eine gute, stabile Beziehungsbasis aufbaust, wird es jetzt „sprachlicher“. Konkreter. Praktischer.

In diesem Teil des Handbuchs werde ich Dir nun Modelle vorstellen, mit denen Du Strukturmerkmale der Sprache erkennen, sie für Dich zieldienlich nutzen und deinen Dialogpartner dahingehend beeinflussen kannst, dass die Wahrscheinlichkeit, dass er das gewünschte Verhalten zeigt, extrem steigt.

Grundlagen

V

Der Manipulationsalgorithmus

Für alles, was ich dir im Folgenden vorstellen werde, gilt etwas, dass Dutton einmal den „speziellen Manipulationsalgorithmus“ genannt hat. Etwas, wie ein paar Regeln über allem Regelwerk. Soetwas wie die Grundfarbe, in der das gesamte Regelwerk schimmern sollte, damit deine Bemühungen zieldienlich und erfolgreich werden.

Für alles, was ich Dir im Folgenden vorstellen werde, gilt etwas, das Dutton einmal den „speziellen Manipulationsalgorithmus“ genannt hat. Etwas wie ein paar Regeln über allem Regelwerk. So etwas wie die Grundfarbe, in der das gesamte Regelwerk schimmern sollte, damit deine Bemühungen zieldienlich und erfolgreich werden.

Wie ich ganz zu Beginn aufgezeigt habe, ist jedes Erleben von Realität ein kreativer Konstruktionsprozess des Gehirns. Nichts ist einfach so, wie es ist. Sondern es wird erschaffen, es wird gemeißelt, gebastelt und in Form gegossen – wenn man so will. Wenn Du also damit beginnst, diverse Realitätsangebote für einen bestimmten Zweck zu formulieren, ist es hilfreich und zieldienlich, wenn Du dabei folgenden Aufbau beherzigst:

Das Erste ist: Fange die Aufmerksamkeit deines Gegenübers ein!

An anderer Stelle habe ich das ja schon mal in eine kurze und prägnante Formel gegossen: „Jedes Realitätserleben ist ein Prozess der Aufmerksamkeitsfokussierung." (Schmidt, 2006)[1] Und genau um diesen Fokus geht es. Daraus leitet sich nun ab ...

Das Zweite: Um die Aufmerksamkeit deines Gesprächspartners auf genau das fokussiert zu bekommen, das Du willst, ist das Rohmaterial, das Du anbietest, also das, was Du sagst, von ganz entscheidender Bedeutung. Dieses Was wird darüber entscheiden, ob Dir dein Gegenüber seine Aufmerksamkeit schenkt und den Schein seiner inneren Lampe der Aufmerksamkeitsfokussierung auf das richtet, was Du ihm anbietest, oder eben nicht.

Das Dritte: Dann ist natürlich auch von Bedeutung, wie Du es sagst, wie Du das Rohmaterial deines „Realitäts-Frames" anbietest. Kevin Dutton hat dazu fünf Hauptachsen der Beeinflussung entwickelt, die im Englischen das hübsche, kleine Wort „SPICE" ergeben. Diese fünf Achsen sind:

---

1 Denke dabei doch nochmal an das Beispiel mit den Radiologen oder an die vielen lustigen Experimente unter „selective Awarness" usw. Da wird schnell deutlich, um was es bei der Lenkung von Aufmerksamkeit geht.

V

Einfachheit deiner Angebote
(Simplicity)

„Einfach ist gut, kompliziert ist schlecht!", das ist die einfache Regel, die dieser erste Aspekt meint. Wenn das Gehirn im „Flow" ist, wenn es einfach und zielstrebig abarbeiten kann, was es da an externen Reizen angeboten bekommt, dann ist der Zugriff auf die unwillkürlichen, automatischen Verarbeitungsmuster am einfachsten.

Wenn man die bewussten Instanzen auf komplexem oder kompliziertem Wege förmlich aus dem Bett zerrt, verfolgst Du entweder eine andere Strategie oder wirst gleich eine Bauchlandung machen. Die wirksamste Manipulation ist meist die, die so schlicht und einfach daherkommt, dass man sie überhaupt nicht bemerkt.

Gefühltes Eigeninteresse
(Perceived Self-interest)

„Ein Pferd lenkt man am besten in die Richtung, in die es ohnehin schon läuft." Das ist die Regel, der man als Zweites Beachtung schenken sollte. Es geht darum, bereits vorher zu wissen, was dein Gesprächspartner will. Welches Interesse hat er daran, mit Dir über was weiß ich zu reden? (Und sei es auch nur, dass es sich so für ihn anfühlt.) Beispielsweise können die Aussicht auf Belohnung und die Vermeidung von Strafe definitiv zwei Aspekte eines zumindest gefühlten Eigeninteresses sein. Aber ganz so grundsätzlich und einfach sollte man sich diese Frage in einer konkreten Situation nicht beantworten. Etwas präziser sollte es schon sein.

Das Erzeugen einer Dissonanz

(Incongruity)

Was man in der Zauberkunst „passive Irreführung“ nennt, bezeichnen die kognitiven Psychologen als „eine von außen gesteuerte Ablenkung der Aufmerksamkeit“. Mündet diese Umfokussierung dann in eine Dissonanz, nennt man das schlicht: Überraschungseffekt. Mit so einem Überraschungseffekt hat man im Handumdrehen die volle Aufmerksamkeit seines Gesprächspartners.

Du musst Dir das so vorstellen: Nimm einmal an, es säßen zwei Bettler auf der Straße. Der eine heruntergekommen, schmutzig und gebrechlich. Mit einem Schild, auf dem steht: „Ich bin hungrig – bitte helfe mir!“ Der andere im feinen Zwirn, herausgeputzt und gepflegt. Auf seinem Schild steht: „Bin stinkreich. Will mehr!“ Was glaubst Du, würde passieren? Richtig, die Passanten würden natürlich dem Armen ihre Spende geben. Der Gag dabei aber ist, dass, wenn beide zusammenarbeiten, sie ein Vierfaches dessen erwirtschaften, was sie ansonsten alleine gerade mal so schaffen würden. (Dutton, 2010)[2]

Margaret Thatcher formulierte dieses Setting einmal mit dem Satz: *„Fallen sie um, wenn sie wollen, ich bleibe stehen!“*

Aber das sind nur ein paar mögliche Varianten, eine Inkongruenz oder Dissonanz zu erzeugen und zu nutzen. Weitere Beispiele wie den Stroop-Test oder auch andere Beispiele für Inkongruenzen in der Werbung findest Du im Workbook.

2 s. auch: das Kontrastprinzip.

Selbstvertrauen
(Confidence)

„Vertrauen erzeugt Vertrauen“ – das ist die einfache Regel, die Du bei der Präsentation deiner Strategie beachten solltest. Oder anderes gesagt: Sei von dem überzeugt, was Du tust. Unterstreiche deine Überzeugungen zum Beispiel mit tollen Statistiken und wissenschaftlichen Berichten. Es gibt Tonnen davon! Schon ein selbst ausgedachtes Siegel oder ein dicker Stempel vermag das Vertrauen deines Probanden um ein Vielfaches steigern. Aber tue vor allem eines: Trete selbstbewusst, offen und sympathisch auf. Ansonsten kannst Du es gleich bleiben lassen.

Empathie
(Empathy)

„Serviere deine Botschaften mundgerecht!“ Das meint nicht zwangsläufig in kleinen Häppchen. Das meint, was es heißt: dem Munde deines Gegenübers gerecht. Dafür braucht man ein gewisses Einfühlungsvermögen. Empathie nennt man das auch bzw. Rapport, wie wir es früher schon genannt haben.

Wenn Du deine Botschaft in einer Art und Weise servieren wirst, dass sie für dein Gegenüber einfach zu kaufen und zu schlucken ist, dann hast Du sehr gute Chancen, zügig an dein Ziel zu kommen. Wie Du diesen Prozess noch weiter optimieren kannst, wirst Du gleich auf den folgenden Seiten sehen.

Framing

Was glaubst Du, wie viel Kerosin geht in einen Jumbo rein: mehr oder weniger als 500 Liter?

Würde ich Dir die Frage wenig später noch einmal anders stellen, dann in der Art: Wie viele Liter passen in einen Jumbo: mehr oder weniger als 100.000 Liter? Dann werden deine beiden Antwort sehr wahrscheinlich höchst unterschiedlich ausfallen. Probiere es doch einfach mal aus und befrage mal deine Kollegen oder Freunde.

Aber damit Du nicht länger die Kapazitäten deines Gehirns unnötig verschwenden musst, sag ich es Dir schnell, bevor wir weitermachen. In einen Jumbo, also um genau zu sein, in eine 747-400 passen fast 216.000 Liter Kerosin. Wahnsinn, oder? Das ist aber nicht die Pointe bei meiner Frage gewesen. Entscheidend dabei ist – und das wirst Du auch feststellen, wenn Du diese kleine Umfrage machst – dass die Befragten je nachdem, ob sie mit der ersten Variante oder der zweiten konfrontiert werden, tendenziell deutlich niedriger oder deutlich höher in ihrer Schätzung liegen werden.

Wieso das so ist? Ganz einfach. Mit der Frage lieferst Du einen sogenannten Bezugsrahmen gleich mit. Einmal einen ganz kleinen und das andere Mal einen recht großen. Diesen Bezugsrahmen nutzt dein Gegenüber für die Beantwortung deiner Frage. Vorausgesetzt, er kennt die Antwort nicht sowieso schon, wird dieser „Frame" (wie man es auch nennt) zur Orientierungshilfe, zu einem Anker. Dieser Ankerpunkt löst wiederum eine ganze Reihe an Assoziationsketten im Kopf aus, die alle entweder mit kleinen oder mit großen Mengen zu tun haben. Da das Gehirn die Richtung im Schnellverfahren vorschlägt, wird auch das, was wir kurz darauf bewusst zu hören bekommen, dieser Tendenz im Nu folgen. So bekommst Du entweder eine geringe Menge oder eine große Menge als Antwort. So einfach ist das.

Das funktioniert natürlich nicht nur mit Mengen, sonstigen Zahlen oder irgendwelchen Preisen. Dafür aber mit diesen ganz besonders gut. Einen entsprechenden Frame kannst Du auch aus Werten, Vorannahmen und Bedürfnissen zimmern. Zum Beispiel könnte ich Dich fragen: „Wirst Du wohl mein Handbuch ebenso positiv bewerten, wie das schon einige kluge Köpfe vor Dir auf meiner Web-Site oder bei amazon getan haben?“ Frag ich aber natürlich nicht ...

Dieser Effekt faszinierte auch ein paar deutsche Wissenschaftler. Diese untersuchten ihn bei einer unparteiischen Profession. Nein, nicht bei den Schiedsrichtern. Aber fast. Eine Gruppe von erfahrenen Richtern war das Ziel der Manipulationsattacken. (Englich, 2006)

Diesen wurde ein Fall vorgelegt, in dem es um einen Vergewaltiger ging. Er stünde nun vor Gericht, hieß es da. Nachdem die Richter sich kurz mit dem Fall vertraut gemacht hatten, wurden sie in zwei Lager aufgeteilt. Der einen Gruppe wurde die Frage gestellt, was sie antworten würden, wenn ein Journalist sie nun befragen würde, ob der Vergewaltiger mit mehr oder weniger als drei Jahren zu rechnen habe?

Die andere Gruppe wurde gefragt, ob die Strafe höher oder niedriger als ein Jahr ausfallen würde. Was glaubst Du, wie fielen die Ergebnisse aus? Natürlich entsprechend der Ankerhypothese. Die Richter aus der ersten Gruppe legten ein Strafmaß von 33 Monaten, die Richter aus der Zweiten eines von 25 Monaten fest.

Beeindruckend, nicht wahr? In der Werbung und im Marketing lassen sich diese „Framing-Effekte“ natürlich auch wunderbar nutzen. Werden beispielsweise Produkte mit einem runden Verkaufspreis angeboten, sagen wir mal 9 Euro, dann werden die Käufer den realen Wert des Produktes auch in ganzen, runden Werten schätzen. So würde das 9-Euro-Produkt am Ende wohl bei einer Wertschätzung von 8 oder 7 Euro landen. Zeichnen wir hingegen das Produkt mit einem ungeraden Preis, z.B. mit 8,95 Euro, aus, dann geschieht – das Gleiche! Nur aber in Cent-Schritten. Du würdest den Realwert wahrscheinlich dann so um die 8,40 Euro schätzen.

Das klingt vielleicht ein wenig belanglos. Aber wenn Du vorhast eine Immobilie zu verkaufen, dann ist das schon nicht mehr so belanglos. Bezifferst Du nämlich den Wert des Hauses, welches Du verkaufen willst, mit einem zu runden Betrag, wirst Du in deinen Verkaufsverhandlungen lange nicht den gewünschten Veräußerungswert hinbekommen, als wenn Du das Gebäude mit einem ungeraden Wert, wie beispielsweise 235.749 Euro, auszeichnest. (Janiszewski, 2008)

Diese Frames, die wahre Ankerketten lostreten können, funktionieren nun nicht nur bei großen, kleinen, genauen oder ungenauen Zahlen, sondern bei allem Möglichen. Wenn Du also deine Geschichte aufbereitest, achte darauf und wähle deine Frames, die Du einsetzt, gut aus. Zum Beispiel lösen Farben, je nach Kontext, völlig andere Ankerketten samt den damit assoziierten Bewertungen aus. So wurde die einmal ursprünglich gelbe 7Up-Dose in eine grüne umgedruckt, damit die Konsumenten das prickelnde Erfrischungsgetränk nicht als zu „zitronig“, sondern mehr als „limettig“ wahrnehmen. Im Marketing nennt man das übrigens „Emotional Branding“. Nicht umsonst sagt man ja auch: „Das Auge isst mit!“ Das meint genau diesen Frame. Es macht einen erheblichen Unterschied, in welcher Flasche der Wein, wie das Essen auf dem Teller oder ein Eisbecher präsentiert wird. Entsprechendes gilt selbstverständlich auch für die Geschichte, die Du erzählst. Mache Dir nur mal bewusst, dass bis zu 72 Prozent unserer Kaufentscheidungen spontan und auf der Stelle gefällt werden. Da hat noch niemand Fakten präsentiert.

Ein ganz wunderbares Beispiel dazu findest Du im Videoarchiv der WebSite oder auch in Youtube. Hier versucht ein „Liebhaber“ gegenüber dem überraschend eingetroffenen Ehemann seine Manipulationsstrategie zu platzieren. Schau Dir mal an, wie diese Geschichte erzählt wird. Aber mehr will ich darüber nicht verraten, sonst ist die Pointe hin.

Ein Beispiel noch zum Schluss. Selbstverständlich wird die Taktik des Framings und Ankerns auch in politischen Reden verwendet. So äußerte sich beispielsweise Barack Obama, 2009 im Wahlkampf, „wertschätzend“ über das „verdienstvolle halbe Jahrhundert in der Politik“ seines Nebenbuhlers. Na? Entdeckst Du den Frame? Den Anker? Die Implikation, die in einer so harmlos und ja sogar wertschätzend zu verstehenden Äußerung verborgen liegt?

Worte sind psychoaktiv. Das wollte ich Dir mit all diesen Beispielen verdeutlichen. Diese werden als akustische Reize von unserem Gehirn in Windeseile verarbeitet. Daher macht es einen riesigen Unterschied, ob Du in deiner Geschichte davon redest, ob sich da etwas touchiert oder ob etwas zusammenkracht oder ob etwas sanft gleitet oder knattert, ob etwas drei Jahre oder ein Jahr beanspruchen wird usw. Diese winzigen Differenzen, die wir nur in unserem „emotionalen Gehirn“ wahrnehmen, machen einen gewaltigen Unterschied in unserer Reaktionsbereitschaft aus. So resümierte auch Theodore Roosevelt um 1900, dass der erfolgreichste Politiker der sein wird, der laut und häufig ausspricht, was die Leute am meisten denken.

V

Die passende Geschichte

Es sollte nun klar geworden sein, dass es nicht nur darauf ankommt, wie perfekt, wie rhetorisch raffiniert Du deine Formulierung zu verpacken verstehst, sondern dass es vor allem auch darum geht, wie Du den großen Rahmen deiner Strategie anzubieten weißt. Wie und mit welchem „manipulativen Frame" Du deine Strategie eröffnest.

Es ist wichtig, dass Du darauf zu achten lernst, welche Frames Du mit deinen Worten bildest, wie Du sie präsentierst, welche Assoziationsketten Du mit Ankerwörtern auslöst usw. Schlussendlich muss aber das, was Du vorträgst, ein schlüssiges Gesamtbild ergeben. So ist es auch von fundamentaler Bedeutung, in welcher Reihenfolge Du deine Informationen erzählst. Auch das wird mit darüber entscheiden, wie die Leute darüber denken, fühlen und ob sie letztendlich bereit sein werden, danach zu handeln.

Beobachte einmal, was für ein MindSet in Dir entsteht, wenn ich Dir von einem Freund erzähle, der auf dem Weg nach Hause mit über 70 Sachen durch eine 30er-Zone geprescht ist, dabei ein parkendes Motorrad versehentlich niedermähte und den Fahrer, der gerade dabei war, sein Bike zu starten, am Handgelenk verletzte. Und die ganze Raserei nur, weil er unbedingt vor seiner Frau zu Hause sein wollte, um sein Geschenk zum Hochzeitstag noch entsprechend zu positionieren.

Was fühlst Du? Denkst Du? Wie fällt dein Urteil über meinen Freund aus?

Was passiert aber, wenn ich Dir die Geschichte nun in dieser Variante anbiete: Ich habe einen Freund, der schon seit 15 Jahren glücklich mit seiner Frau verheiratet ist. Sein größter Fehler, unter dem er Jahr für Jahr immer mehr zu leiden begann, war, dass er regelmäßig den

Hochzeitstag vergaß, was seine Süße jedes Mal wirklich verletzte. Dieses Jahr traf er Vorsorge und betrieb einen Riesenaufwand, damit diesmal ja nichts schiefgehe. Er bat Freunde, ihn daran zu erinnern, hatte rechtzeitig das Geschenk besorgt, die Wohnung heimlich auf Hochglanz gebracht, Blumen gekauft usw. Nun geschah dummerweise das, was passieren musste: Ein unerwarteter Kunde überraschte ihn auf der Arbeit und verhinderte seine pünktliche Abfahrt. Zwanzig Minuten später als geplant kam er endlich los. Mit den Nerven fast am Ende sprang er in sein Auto, um ja nur dieses Mal pünktlich zu sein und seiner Ehefrau ihren Herzenswunsch erfüllen zu können. Er raste mit etwas überhöhter Geschwindigkeit durch eine verkehrsberuhigte Zone, touchierte dabei versehentlich ein parkendes Motorrad und verletzte den Fahrer dabei unglücklicherweise am Handgelenk.

So! Was fühlst Du nun? Was denkst Du nun über ihn? Und wie beurteilst Du meinen Freund jetzt?

Das ungefähr meine ich mit der richtigen Reihenfolge. Aber ich hätte Dir die erste Version dieser Geschichte auch noch einmal wortwörtlich genau so erzählen können und aus das „Hochzeitgeschenk positionieren" nur „eine Tüte Kokain positionieren" machen müssen. Auch das hätte gereicht, um deine Bewertung über meinen Freund grundsätzlich zu verändern, oder nicht?

Warum ist das so? Menschen haben den unwiderstehlichen Drang danach, das Verhalten eines anderen Menschen eher nach inneren, veranlagungsbedingten Charaktereigenschaften zu bewerten als nach äußeren, situationsbedingten Faktoren. Das trifft besonders dann zu, wenn das zu bewertende Verhalten eines Menschen dem eigenen ähnlich ist. Natürlich auch umgekehrt: Wie mies das Verhalten eines Dritten ist, von dem es sich abzugrenzen gilt. In der Psychologie nennt man diesen Drang

„fundamentale Attributions- oder Zuschreibungsfehler". Mit gutem Grund. Denn diese Zuschreibungen sind in der Regel wirklich von fundamentaler Bedeutung.

Nachdem Du jetzt die Variablen des Manipulationsalgorithmus kennst, wenden wir uns nun dem strukturellen „Wie" sprachlicher Einflussnahme zu; den sogenannten Bausteinen, dem Rohmaterial deiner Konversation und damit der Frage, woher Du all die Informationen bekommst, die Du für eine perfekte Überzeugungsstrategie brauchst, und wenn Du sie hast, wie Du deine einflussnehmende Argumentation so verpackst, dass sie auch ihre maximale Wirkung erreicht.

Dazu brauchen wir zwei unterschiedliche Modelle. Das eine wird uns dabei helfen, bestehende Musterprozesse bewusst zu machen, Informationen zu sammeln und ungewünschte Realitätskonstruktionen gegebenenfalls sogar zu verändern. Das andere Modell soll uns dabei helfen, genau das Gegenteil zu erreichen, nämlich gewünschte Realitätskonstruktionen heimlich, still und leise anzubieten, damit sie ähnlich wie Viren ihr stilles, unheimliches Werk vollbringen.

Diese beiden Modelle nennt man: Meta-Modell und Milton-Modell.

Meta-Modell der Sprache

Wiederholen wir noch einmal schnell: Wie wir bisher gesehen haben, ist unser Gehirn darauf ausgelegt, aus allen möglichen Erfahrungen und Erlebnissen andauernd, möglichst schnell und zuverlässig, Muster zu bilden. Der Sinn und Zweck, den diese musterbildenden Prozesse verfolgen, ist es, uns in die Lage zu versetzen, uns in einer extrem komplexen Welt möglichst ökonomisch, schnell und einfach zurechtzufinden.

Die Ergebnisse dieser Prozesse sind synaptische Verdrahtungen und automatisch ablaufende Verschaltungen, durch die wir hauptsächlich unreflektiert und unbewusst, völlig automatisch, sozusagen ganz unwillkürlich reagieren.

Für das Ziel effektiver Einflussnahme entwickeln sich daraus zweierlei Ansatzpunkte: Um auf die Willfährigkeit des Menschen Einfluss nehmen zu können, beschäftigen wir uns demnach nicht wie gewohnt mit dem Verhalten oder den gar sachlichen Informationen und Argumenten unseres Gegenübers; sondern wir beschäftigen uns mit den Prozessen, mit den Mustern, die diesen speziellen Ausdruck bilden. Denn das ist um ein Vielfaches effektiver. Können wir diese Muster beispielsweise exduzieren, also bewusst machen, dann hören sie für eine Weile auf, als Automatik zu laufen. Ist diese Automatik samt ihrem Ausdruck in Fühlen, Denken und Verhalten aber zweckdienlich für uns, dann sollte man sie unberührt lassen und als starke Verbündete nutzen.

Das Meta-Modell der Sprache dient nun dem ersten dieser beiden Aspekte. Dem Erkennen, Bewusstmachen und Stoppen. Als „Meta“ wird dieses Modell deshalb bezeichnet, weil es ein Modell über allen Modellen beschreibt, nämlich das Modell der Sprachbildung. Daher eben „Meta", das „darüber liegende", sozusagen.

Ziel des Meta-Modells ist es, das Modell der Wirklichkeit eines Menschen in der Art wieder zu erweitern, dass alte, zum Beispiel einschränkende Realitätskonstruktionen nicht mehr unbewusst und somit überhaupt nicht mehr ablaufen können. Das kann man doch für so einiges brauchen, oder nicht?

Man könnte auch sagen, das Meta-Modell glänzt heute vor allem dann, wenn es gilt, Klarheit über die Struktur innerer Realitätskonstruktionen und Muster zu gewinnen. Und das will man vor allem dann, wenn solche Muster unerwünschtes Verhalten auslösen, ein bestimmtes Realitätserleben provozieren oder wenn sie sich schlicht gesagt einfach einschränkend oder unerwünscht auf das Verhalten auswirken.

V

Das ist auch der Grund, warum sich das Meta-Modell in der Therapie größter Beliebtheit erfreut. Hier geht es ja gerade darum, einschränkendes Realitätserleben überhaupt erst einmal wieder wahrnehmen zu können, es in einer zielführenden Art und Weise verstehen zu lernen und es idealerweise auch aufgelöst zu bekommen. Das ist eigentlich auch nichts anderes als ein Manipulationsprozess. Der einzige Unterschied liegt darin, dass der Klient hierfür einen Auftrag gibt und dafür sogar bezahlt.

Therapeuten, die ihre Arbeit ernst nehmen, werden zudem Sorge dafür tragen, dass ihr Klient diese Schritte mehr und mehr autonom vollzieht, sie selbst gestaltet, und das auf ganz eigene, individuelle Art und Weise. Das wiederum bildet überhaupt keinen Unterschied zu der Zielrichtung, die wir im Kontext unserer Einflussnahme verfolgen. Wenn Du Dich an den Manipulationsalgorithmus erinnerst, dann ist ein Aspekt davon, die Selbstgestaltung, das Eigeninteresse. Nicht die autoritäre Verordnung!

Aber schauen wir uns erst einmal an, woher das Meta-Modell kommt und wie es genau funktioniert.

Zur Geschichte des Meta-Modells

Das Meta-Modell der Sprache nimmt bei Alfred Korzybski und Noam Chomsky seinen Ursprung. Korzybski hatte schon 1938 ein Sprachenmodell entwickelt, das er „Neuro Linguistic Training“ nannte. Er beobachtete, dass die zwei Formen des Verbs „sein“ (das „ist“ der Identität und das „ist“ der Aussage) schon an sich strukturelle Probleme hervorrufen. Zum Beispiel lässt der Satz „Der Mantel ist rot!“ auf keinerlei Beobachter schließen und findet in einer abstrakten Welt statt. Denn bitte wer sieht den Mantel in welchem Rot? Noam Chomsky bezog sich auf diese Beobachtungen und definierte in verschiedenen und oft überarbeiteten Versionen das Modell der generativen oder universellen Transformationsgrammatik. Chomsky ging dabei der Frage nach, wie ein Sprecher in einer beliebigen Sprache, aber mit einer endlichen Zahl von Regeln, eine unendliche Zahl von Sätzen produzieren kann, und wie ein Hörer diese Sätze versteht. Sein Modell ist demnach so etwas wie eine Prozessbeschreibung der Sprachproduktion und -rezeption, eine Beschreibung der dynamischen Wechselwirkung zwischen einem „idealen Sprecher“ und einem „idealen Hörer“.

Nun kam John Grinder – den hatte ich ja schon mal als Gründungsvater des NLP kurz vorgestellt. Nun, John Grinder legte mit seiner Dissertation zum Thema „Deletions“ (Grinder, 1976), die er auf der Basis von Chomskys Werken schrieb, den Grundstein für die Entwicklung des Meta-Modells der Sprache. Bandler und Grinder suchten nach Möglichkeiten, mit dem tranformationsgrammatikalischen Modell von Chomsky (auf der Basis von Johns Dissertation), Sprachmuster herauszufinden, die für den Erfolg bedeutender Therapeuten verantwortlich sein könnten.

Das angewendete Prozedere beschrieb Richard Bandler dann in seiner Dissertation „The Structure of Magic". (Bandler, 1998) Das Meta-Modell wurde so zum ersten NLP-Werkzeug, das Bandler und Grinder Mitte der 1970er Jahre veröffentlichten. (Grochowiak, 2002)

Funktionsweise des Meta-Modells

Das wesentlichste Strukturmerkmal des Meta-Modells ist die Unterscheidung von „Oberflächenstuktur" und „Tiefenstruktur".

V

Mit dieser Unterscheidung beschreibt das Modell der Sprache nun, wie unser (sprachliches) Bild von der Welt mit Hilfe dreier, universeller Gestaltungsprozesse: (1) Generalisierung, (2) Tilgung und (3) Verzerrung entsteht. Diesen musterbildenden Prozess nutzt unser Hirn, um Erlebnisse im Kontext unserer bisherigen Erfahrung sozusagen homöostatisch und ökonomisch zu verarbeiten und entsprechend optimiert abzulegen.

Menschen kommunizieren. Das tun sie mit sich selbst (Bewusstsein) und untereinander. Am effektivsten dann, wenn sie dazu Sprache einsetzen. Das gesprochene Wort, das am Ende aus unserem Mund kommt, ist somit nichts anderes als eine verkürzte Repräsentation unseres inneren Erlebens. Diese ist aber in den seltensten Fällen vollständig. Die vollständige, aber eben auch unbewusste Repräsentation dessen, was kommuniziert werden soll, bezeichnet man als Tiefenstruktur.

Durch die oben genannten „Gestaltungsprozesse" (Generalisierung, Tilgung und Verzerrung) erfolgt nun eine geeignete Verarbeitung (Transformation), die dann in der kommunizierten Sprache, der Oberflächenstruktur, ihren Ausdruck findet. Sprache ist demnach eine „Repräsentation einer Repräsentation einer Erfahrung". (Grochowiak, 2007)

Das eigentliche Meta-Modell besteht nun aus einer Reihe von Gruppen von Verletzungen der Wohlgeformtheit eines Satzes. Diese Verletzungen der Wohlgeformtheit macht man nun mit Fragen wieder bewusst. Damit gelingt es einem dann, sich durch die Oberflächenstruktur bis zur zugrundeliegenden Tiefenstruktur durchzugraben.

Mit diesen Meta-Modell-Fragen werden nun alle erkannten Generalisierungen, Tilgungen und Verzerrungen, die von der Tiefenstruktur zur Oberflächenstruktur geführt haben, hinterfragt und an wichtigen Stellen wieder bewusst gemacht. Keine Sorge, gleich wird es praktisch.

Dies ermöglicht wieder mehr Verständnis und Einblick in die zugrundeliegende unbewusste Tiefenstruktur und bricht damit das einmal automatisch gebildete Muster Stück für Stück auf. Neue Verdrahtungen können gebildet werden. Ein neues Muster entsteht. Fertig.

Werden sprachliche Äußerungen anhand des Meta-Modells bearbeitet, kann es hilfreich sein, sich an folgende Reihenfolge zu halten (muss man aber nicht):

- Generalisierung heraushören und hinterfragen, dann
- Verzerrung hinterfragen und
- schließlich jede Tilgung hinterfragen.

Das Ziel bleibt: Die Tiefenstruktur der Repräsentation sukzessiv wieder freizulegen, und die ursprünglich auf sich selbst zurückwirkenden Muster zu erweitern und neu zu verdrahten.

Schauen wir uns das mal ganz kurz in einem ersten Beispiel an: Wenn die Oberflächenstruktur als das bezeichnet wird, was wir mit mehr oder weniger simplen, verbalen Botschaften zu hören bekommen, dann lässt sich durch die unterschiedlichen Verletzungen der Wohlgeformtheit in dieser Oberflächenstruktur die unbewusste Repräsentation in der Tiefenstruktur erahnen.

Zum Beispiel bekommst Du von jemandem zu hören: „Die Erfahrungen zeigen mir, dass Sicherheit ein seltenes Gut ist.“ Dieser Aussage können wir sachlich entnehmen, dass es um irgendwelche Erfahrungen und um Sicherheit geht. Wir – und sehr wahrscheinlich auch der Sprecher selbst – werden aber in diesem Moment bewusst kaum etwas darüber wissen:

- Mit wem genau der Sprecher welche Erfahrungen einmal gemacht hat bzw. in welchem Kontext dies geschah,
- wo diese Erfahrungen gemacht worden sind
- oder was genau der Sprecher unter Freiheit versteht

- und wie oft für ihn etwas stattfinden muss, damit er das als selten oder ausreichend bezeichnet.

Das wären aber ganz nützliche Hinweise, wenn wir zum Beispiel als Versicherungsmakler unsere Verkaufsstrategie auf das Bedürfnis „Sicherheit“ ausrichten wollen. Einem derart unbewussten Widerstand auflaufen, das muss ja nicht sein.

Mit Hilfe des Meta-Modells sind wir nun also in der Lage, die Verletzungen der Wohlgeformtheit zu hören, zu erkennen. Nun können wir uns auf die Suche machen und uns hinab in die Tiefen der ursprünglichen und als Realität wirkenden Repräsentationsstruktur begeben, um unserem Gegenüber dieses Widerstandsmuster bewusst zu machen und damit aufzulösen.

Da alle Erfahrungen subjektiv sind, so ist es auch deren sprachliche Veräußerung. Daher gibt es keinen allgemeingültigen Fragenkatalog, den Du einfach abarbeiten könntest. So bleibt uns nur, unser Gegenüber durch die richtige Frage im richtigen Moment dazu zu reizen, eigene Antworten zu suchen, damit diesem wieder bewusst wird, was ihn da eigentlich wirklich antreibt. Damit entstehen automatisch neue synaptische Verbindungen, und im Sinne der Hebb'schen Plastizität weichen so eingefahrene Muster auf und verknüpfen sich zu neuen, hoffentlich zieldienlicheren Netzwerken.

Schauen wir uns mal an, was es da so alles für Verletzungen der Wohlgeformtheit gibt, um ein Gefühl dafür zu bekommen, wie hypnotisch wir uns eigentlich tagtäglich miteinander austauschen:

Tilgungen

Zuerst einmal musst Du also dein Gehör trainieren, um überhaupt wieder wahrnehmen zu können, was für uns so natürlich geworden ist, zu überhören. Wir sind es so sehr gewohnt, alle möglichen, halbfertigen Repräsentationen von Realität einfach so zu schlucken, dass es fast schon etwas ganz Besonderes und Neues ist, diese versteckten Inhalte plötzlich wieder herauszuhören.

Klassische Beispiele für endlose Tilgungen findest Du besonders bei Reden von Politikern. Da fällt es aber auch am meisten auf. Meist sind die Tilgungen jedoch viel feiner und versteckter, wie im Dialog mit deinem Partner, wenn Du ihn beispielsweise danach befragst, was er denn gestern Abend so lange getrieben hat? Oder Du fragst deine Kinder, wie es denn so in der Schule war? In einem ganz normalen Alltagsdialog evozierst Du unzählige sprachliche Repräsentationen, die vor „getilgten" Inhalten nur so strotzen. Höre zukünftig einmal genau hin, und frage Dich dabei, wie wohl die Tiefenstruktur wirklich aussehen könnte.

V

Ein paar kleine Beispiele:

Tilgung	Aussage	MetaModell
Verben	Ich freue mich. Das glaube ich nicht.	Worüber freuen Sie sich? (Wen od. Was) Wie genau freuen Sie sich? Wie wissen Sie, dass Sie sich freuen?
Vergleiche	Ich bin dicker geworden.	Dicker als wer oder was? Wie viel ist „dicker?" Dicker als wann?

Tilgung	Aussage	MetaModell
Adverbien	Offensichtlich ist er beleidigt.	Wer genau ist beleidigt? Alle? Für wen ist es offensichtlich?

Du bemerkst, dass sich je nach Frage entsprechend auch der Inhalt und damit die auf sich selbst zurückwirkende Realitätskonstruktion erheblich unterscheiden kann. Nun ist nur die Frage: In welche Richtung wollen wir denn, dass eine wirksame Realitätskonstruktion wirkt?

Am Beispiel einer vergleichenden Tilgung wie „Ich bin dicker geworden!“ will ich das mal schnell demonstrieren.

Nehmen wir an, Du stehst hinter den Tresen eines Fitnessstudios oder willst deinem „Dickerchen“ ein Nahrungsergänzungspräparat verkaufen, dann würden wir mit der Frage „Dicker als wer?“ provozieren, sodass unser Gesprächspartner irgendjemand „Dünneren“ in seinen Erinnerungen suchen würde, um sich mit diesem zu vergleichen.

Wenn wir diesen Suchprozess nun abkürzen und die Antwort gleich mitliefern, indem wir zum Beispiel auf einen attraktiven, dünneren, gesunden und vitalen Gleichaltrigen aus einer ähnlichen sozialen Schicht mit gleichen physischen wie monetären Möglichkeiten verweisen und diesen dann nur noch nebenbei als einfachen Kunden unseres Produkts deklarieren, geschieht etwas Neues.

Würde man beispielsweise therapeutisch davon ausgehen, dass solch vergleichende Tilgung ein eher ramponiertes Selbstwertgefühl (aus der Tiefe) repräsentiert und man sich von nun an drum sorgen würde, das Netzwerk dieser Repräsentation zu zerlegen, kann man den gleichen Prozess auch als effektive Strategie zur Einflussnahme nutzen, nur eben in die andere Richtung.

Tilgungen kommen in unterschiedlicher Gestalt daher. Man unterscheidet sie innerhalb des Meta-Modells in fünf einfache Gruppen.

Einfache Tilgungen
(Simple Deletions)

Es gibt zum Beispiel Netzwerke, die Informationen einer Tiefenstruktur so mir nichts, dir nichts einfach killen. Zum Beispiel erhält die Aussage „Ich bin hungrig!" außer einer Gemütsverfassung keine weitere Information. Je nach gewünschter Zielrichtung fördern Fragen wie „Wie viel Hunger hast Du?", „Hunger auf was?", „Seit wann denn schon?" usw. ganz neue Informationen zu Tage und damit auch ganz andere Realitätskonstruktionen.

V

Unspezifische Verben
(Unspecified Verb)

Bei der zweiten Gruppe schauen wir nicht auf den Inhalt, sondern eher auf die Aktion. Auf das Verb. Alle Verben sind mehr oder weniger unspezifisch. Um den Satz zu verstehen, musst Du als Hörer die Bedeutung meist selbst ergänzen. In vielen Sätzen ist das unproblematisch. In anderen aber nicht ganz so einfach. So hat zum Beispiel die Aussage „Ich liebe Dich!" wahrscheinlich so viele Bedeutungen wie Sprecher. Man weiß einfach überhaupt nicht, wie das „Tun-Wort" „lieben" für den Sprecher in der Praxis aussieht. Was „tut" er denn da, wenn er „liebt"? Und was bedeutet das für ihn?

Vergessen wir dabei einmal nicht, wie gigantisch und grenzenlos die Möglichkeiten sind, über dieses Verb „lieben“ zu verkaufen. Wie viele Produkte sich je nach vorher induzierter Frage, wie selbstverständlich, in das Antwortnetzwerk der Tiefenstruktur einhäkeln lassen. Ob „lieben“ selbstverständlich durch den Magen geht oder „lieben“ eine Kuppelbörse im Internet braucht, ob „lieben“ nur dann wirklich gemeint sein kann, wenn man dem Geliebten eine dicke Schachtel Süßes schenkt; solange es dem Sprecher dieser Aussage unbewusst von den Lippen geht, haben wir jede Möglichkeit, dieses Stückchen Bewusstheit jetzt zu schaffen und unserem Gesprächspartner einen für uns passenden und zielführenden Frame anzubieten. *„(...), ich liebe es!“*

Vergleichstilgungen

(Comparative Deletion)

Bei getilgten Vergleichen hingegen muss der Zuhörer schon sehr die Ohren spitzen. Meistens fehlt das Vergleichsobjekt selbst, und es wird dem Hörer überlassen, irgendeines nach Gutdünken einzusetzen, damit der Inhalt irgendeine Bedeutung bekommt. Ob sich hingegen der Sprecher dem getilgten Inhalt selbst bewusst ist, bleibt gemäß des Meta-Modells mehr als fraglich. Die Wahrscheinlichkeit geht zumindest gegen null.

Denn im Meta-Modell hören wir, dass der Vergleichswert fehlt. Wir wissen, dass die vollständige Repräsentation der Tiefenstruktur dem Sprecher selbst nicht bewusst ist.

Je nachdem, wohin wir reisen wollen, könnten wir nun mit einer gezielten Frage den Vergleichswert entweder herausfinden, präzisieren und jedem am Gespräch Beteiligten bewusst machen oder wir lassen das mit dem

Bewusstmachen und bieten unsere eigene Alternative zum Vergleich an.

Schlüsselworte für getilgte Vergleiche gibt es einige, zum Beispiel: „besser, weniger, mehr, leichter, ruhiger usw. ... "

Schmettert ein Kunde Dir entgegen: *„Das Produkt ist viel zu teuer!"*, kannst Du davon ausgehen, dass er ein billigeres Produkt im Vergleich zu deinem im Kopf haben muss. Logisch. Was genau das aber ist, kannst Du nicht wissen. Dein Gesprächspartner aber höchstwahrscheinlich auch nicht. Sonst hätte er es vielleicht gesagt.

Jetzt liegt es wieder an Dir, ob Du Dich auf eine sachliche Diskussion einlässt und gezielt den getilgten Inhalt mit einer Frage wie *„Im Vergleich zu was ist mein Produkt denn zu teuer?"* zu Tage förderst oder, ebenso von dem getilgten Inhalt ausgehend, erst mal versuchst, eine andere Antwort miteinzuhäkeln. Zum Beispiel: *„Du hast Recht, im Vergleich zu den Chinaimporten ist das Produkt teurer, aber Du stimmst mir sicher zu, dass es ja auch Produkte geben muss, die den einfachen Verbraucher glücklich machen, und eben im Vergleich dazu Produkte wie dieses hier, das für die anspruchsvollen und qualitätorientierten Nutzer designed wurde und diese glücklich macht, falls sie diese wirklich gute Entscheidung treffen ..."*

Fehlender Referenzindex
(Lack of Referential Index)

Mit dem Meta-Modell geht es vor allem darum, nicht mehr gegen unwillkürlich zugeschlagene Türen zu rennen. Wo ein unbewusstes und unbegründetes „Nein, deshalb!" dazu geneigt wäre, Dir den Boden unter den Füßen wegzuziehen, geht mithilfe des Meta-Modells erst recht die Tür zur Einflussnahme auf. Wie auch im nächsten Beispiel.

In dieser Gruppe der Tilgungen sind Aussagen zusammengefasst, denen der sogenannte Referenzindex fehlt. Das Gesagte hat einfach keinen Bezug zu nichts und niemandem. Man wird im Dunkeln gelassen darüber, auf was oder auf wen sich die Aussage bezieht.

„Das kann doch nicht sein!“, wäre so ein klassisches Beispiel dafür. Oder: „Das will ich nicht!“. Beides Sätze, die Du sicher schon gehört hast. Irgendwie steht man wie der Ochse vorm Berg und hat genauso „viel“ Ahnung wie sein Gegenüber, was denn nun wie konkret und warum nicht sein kann oder was und warum man eben nicht will.

Aber genau hier beginnt der subtile Weg klassischer Einflussnahme. Davon ausgehend, dass dein Gesprächspartner auch nicht so genau weiß, was er und warum er da was nicht will, stehen Dir auch hier wieder beide Türen offen: Du kannst entweder den getilgten Referenzindex suchen gehen oder von vornherein eine mögliche Antwort mitliefern, um diese gekonnt mit führenden Bedürfnissen zu verhäkeln.

Nominalisierungen

(Nominalization)

Die letzte Gruppe der Tilgungen innerhalb des Meta-Modells sind die sogenannten Nominalisierungen. Das sind aus Verben und Adjektiven abgeleitete Substantive. Das sind sozusagen „verdampfte“ Prozesse. Du kannst Dir das besser vorstellen, wenn Du Dir eine Nominalisierung als etwas vorstellst, das Du nicht anfassen kannst. Nominalisierungen sind „bedeutungsschwangere Luftblasen“, sind Wortkonstruktionen, die vorgeben etwas zu bedeuten, allerdings nicht offenlegen, was genau.

Um so eine Nominalisierung wieder in einen Prozess zu verwandeln, wird das Substantiv auf das zugrunde liegende Verb oder Adjektiv zurückgeführt und hinterfragt. Solche „bedeutungsschwangeren Luftblasen“ sind Worte wie „Liebe“, „Hoffnung“, „Freiheit“, „Streit“, „Reichtum“, „Gesundheit“, „Erfolg“, „Glück“ und so weiter.

„Ich habe kein Glück ...“ wäre zum Beispiel so ein Satz mit einer vor Bedeutung triefenden Nominalisierung. Zu vermuten wäre, dass in der Tiefenstruktur so etwas wie „Ich bin unglücklich darüber, dass ...“ pulsieren müsste, aber wissen kann man das natürlich nicht.

Mit dem Meta-Modell lassen wir diese Luftblase wieder platzen. Mit einer gezielten Frage nach dem Verb, nach dem Aktionswort, dem Prozess in den Untiefen unseres Gegenübers kommt das Gespräch wieder in Schwung. Es zerschellt nicht hoffnungslos an der grauen Mauer der Unwissenheit, sondern öffnet ein strahlendes Tor für gekonnte Überzeugung.

Mit einer Frage wie zum Beispiel: „Was ist denn dann passiert, wenn Du super glücklich bist?“, lüftet man vorsichtig den Deckel des gelöschten Inhalts. Das Tolle dabei ist, dass man nebenbei nicht nur eine ganze Menge an Informationen bekommt, um die eigene Strategie zurechtzulegen, sondern bei einem Thema wie Glück auch sofort eine ganz „glückliche“ Qualität in das Gespräch bekommt (man kann über etwas Emotionales nicht einfach „nur“ sprechen, ohne es dabei nicht auch innerlich zu repräsentieren).

Generalisierungen

Mit der nächsten Gruppe sprachlicher Modellbildungsprinzipien lernen wir ein sehr populäres Feld strategischer Verarbeitungsrituale unseres Gehirns kennen. In einem Satz: „Lieber sofort eine allgemeingültige Regel aus allem schnitzen, als sich mühevoll mit kontextabhängigen Ausnahmen rumplagen." Ungefähr so denkt unser Kopf, wenn er versucht, ein Erlebnis in den unendlichen Weiten unseres Datenspeichers abzulegen.

Generalisierungen sind schlicht verallgemeinerte Regelwerke. Es ist deutlich ökonomischer, mit einer allgemeingültig scheinenden Regel umzugehen, als sich dem energetisch aufwendigeren Sortieren von differenzierten Aussagen hinzugeben. Aber damit ist auch die Grundlage für manch einen Beziehungsstreit schon programmiert .

Wir kennen das alle: „Er/Sie macht nie (!) dies oder das!", hallt es manchmal durch die Wände. Niemals (!) trägt er den Müll raus, macht den Abwasch, sagt ein freundliches Wort, macht ein Kompliment und so weiter. „Niemals-nie-nicht!" Da gibt es keine Ausnahme. Kein Links. Kein Rechts. Das war so. Ist so. Wird immer so bleiben. Ende.

Das ist ein klassischer Fall von Generalisierung. Als ob man mit Hochdruck auf ein Nagelbrett geschossen würde, so landet manch williger Gesprächspartner in solch einer Diskussion. Ausweglos.

Lässt man sich aber nicht einfangen von diesem umgekehrten Angriff auf unsere eigene, innere Realitätskonstruktion und wehrt diese subtil-suggestive Anmache mit dem Meta-Modell gekonnt ab, kann daraus eine Retourkutsche werden, die erfolgreich ins Ziel kullern wird.

Schauen wir uns das mal genau an.

„Makler sind doch alle Halsabschneider und Gauner!" Das ist sicherlich so eine Regel, die viele von uns irgendwo vernetzt haben werden. Dumm nur, wenn wir mal eine Wohnung suchen sollten. Noch blöder hingegen für Makler selbst, die sich erst mal mit so einem allgemeingültigen Abwehrgeschütz herumärgern müssen. In einem meiner Kurse flog mir mal etwas Ähnliches entgegen. Ein Teilnehmer sagte zu Beginn der Veranstaltung: „Hypnose ist doch nur was für Ökos!"

Bekommst Du solch einen Satz nicht in den falschen Hals, dann landet er auf dem Spielfeld deiner „Manipulations-Skills", und der Spaß kann beginnen.

Je nachdem, in welche Richtung Du dein Gegenüber locken willst, bieten sich eine Fülle von strategischen Fragen an. Schauen wir uns das wieder in der Übersicht an:

V

Generalisierung	Aussage	MetaModell
fehlender Bezug	Immer schön höflich bleiben!	Wer genau will denn da wem ggü. höflich bleiben? Wie weit geht denn höflich? Wieso ist höflich die bessere Wahl?
Universalaussagen	Alle, sämtliche, niemand, jeder, immer, nie etc. Immer, wenn ich traurig bin, ist nie jemand für mich da!	Ist es immer - ohne Ausnahme - so, dass, wenn Sie (...) sind, niemand da/ in der Nähe ist?

Generalisierung	Aussage	MetaModell
Beziehungsaussagen	Mein Mann lächelt mich nie an!	Was passiert, wenn Sie ihn anlächeln? Wie reagiert er, wenn Sie ihm etwas erzählen, was ihn freut? Hat er Sie noch nie angelächelt? Wie hat er es früher gemacht?
Wenn - dann - Beziehung	Wenn ich nicht neue Vorschläge ins Team bringe, dann passiert nichts!	Ist es also so, dass nichts passiert, wenn Sie nicht da sind? Haben Sie denn schon Mal erlebt, dass es im Team weiter vorangegangen ist, wenn Sie im Urlaub waren?
unvollständige Verben	Er berührte mich.	Wie genau berührte er Sie?

V

Generalisierungen kann man nun wieder in einzelne Gruppen zusammenfassen.

Universalquantoren

Du wirst auf Menschen treffen, die ihre einzelnen und kontextabhängigen Erfahrungen in ein stabiles Regelwerk übersetzen, d.h., sie gelten immer und überall. Diese sind recht einfach zu erkennen. Schlüsselworte sind hier zum Beispiel: alle, nie, keiner, dauernd, niemand, immer, ewig, jeder, man usw.

Diese Universalquantifikatoren kann man leicht durch ein entsprechendes Gegenbeispiel oder eine überzogene Betonung des gebrauchten Universalquantifikators spielerisch hinterfragen.

Beispiel: „Männer wollen immer nur das Eine!“ Bist Du eine Frau, dann wird das für Dich sicherlich eine Wahrheit sein. Für uns Männer hingegen ist es je nach Situation unter Umständen nicht wünschenswert, derart reduziert zu werden. Diese Generalisierung kann man auflösen, indem man schlicht nach dem Gegenteil fragt wie: „Kennst Du wirklich keinen einzigen Mann, der zumindest ab und zu einmal etwas anderes will?“

Bei Situationen jedoch, in denen die Zielrichtung deiner Einflussnahme auf dieses besagte „Eine“ aus ist, würden diese „Generalisierungstrancen“ hingegen stärken. „Oh wie Recht Du hast! Aber Männer wissen halt, was schön und genussvoll ist!“

V

Generalisierter Referenzindex

Hier wird eine Aussage über alle Elemente einer Referenz getroffen, jedoch ohne den Universalquantifikator zu nennen. Das klingt jetzt ein bisschen kompliziert, ist es aber nicht. „Deutsche sind ja bekanntlich Ordnungsfanatiker!“, wäre ein Beispiel dazu. Hier wütet der Rotstift der Generalisierung gleich doppelt. Du findest „die Deutschen“ und die pauschalisierte Wertung „Ordnungsfanatiker“.

Mithilfe des Meta-Modells könntest Du diese Generalisierung auflösen, würdest Du hier wieder nach einem Gegenbeispiel oder einer Ausnahme fragen oder einfach den Referenzindex überbetonen: „Alle Deutschen?“

Modaloperatoren

Hier haben wir gleich zwei unterschiedliche Varianten. Die Modaloperatoren der Notwendigkeit und die der Möglichkeit.

Beim Modaloperator der Notwendigkeit wird etwas als notwendig kommuniziert, ohne die dahinter liegende Konsequenz anzugeben. Diese Modaloperatoren erkennst Du an Schlüsselworten wie „müssen“, „sollen“, „notwendig“ usw.

Ein klassisches Beispiel hierfür wäre die Aussage: „Wer A sagt, muss auch B sagen.“ Das kennst Du ja sicherlich. Hier wird eine Notwendigkeit skizziert, ohne mit anzugeben oder sich gar darüber bewusst zu sein, was denn passieren würde, wenn man nicht B sagt. Solch eine unbewusste Generalisierung von Erlebnisinhalten kann, wenn sie nicht bewusst wird, ganz schön hinderlich werden. In Aussagen wie: „Man sollte nie sofort kaufen!“, *„Man muss immer zuerst eine Nacht darüber schlafen!“* usw. wird es vielleicht noch deutlicher.

Mit einer entsprechenden Meta-Modell-Frage gelingt die Auflösung solcher Modaloperatoren. Indem man genau auf diese Konsequenz zielt und fragt: „Was befürchten Sie, würde sonst passieren?“, löst sich die Oberflächenstruktur einfach in Luft auf.

Modaloperator der Möglichkeit

Diese erkennst Du an Schlüsselworten wie „können“, „wollen“, „dürfen“ und so weiter.

Wenn dein Gesprächspartner der Überzeugung ist: „Ich kann nur all das erreichen, was ich wirklich will“, dann sollte man ihn wohl besser in dieser Überzeugung lassen. Hier wäre es also besser, nichts aufzulösen. Sonst unterschreibt er womöglich am Ende nicht. Modaloperatoren der Möglichkeit lassen Wahlmöglichkeiten offen, und man sollte sich gut überlegen, ob man diese hinterfragt und damit nimmt. Man will sich ja nicht ins eigene Fleisch schneiden.

Durch das Voranstellen des Wortes „nicht" werden diese Modaloperatoren der Möglichkeit allerdings auch schnell zu Modaloperatoren der Unmöglichkeit („nicht können", „nicht wollen", „nicht dürfen"). Doch scheint es hingegen unmöglich, wäre es wohl durchaus sinnvoll, diese einzusetzen, um wieder freie Bahn für das Überzeugungsspiel zu haben.

Verlorenes Performativ

V

Diese Form der Generalisierung tilgt einfach den Urheber und Schöpfer einer Überzeugung. Das kann sich ab und an als recht nützlich erweisen; taucht es aber als Widerstand auf, und das Gespräch beginnt sich dadurch im Kreis zu drehen, sollte man diese auflösen.

Man erkennt diese Form der Generalisierung daran, dass ein Urteil formuliert wird, ohne den Richter dabei zu nennen. Beispielsweise kommen solche Repräsentationen als solcherlei Überzeugungen wie: „Es ist besser, keine Gefühle zu zeigen!", „Man vertraut keinem Fremden!" usw. ans Licht.

Auflösen kann man diese automatischen Verarbeitungsprozesse, indem man nach dem Konkreten, nach dem Urheber fragt: *„Wer hat das gesagt, dass man Fremden nicht vertrauen darf?" „Wer ist dieser Überzeugung, dass es besser ist, keine Gefühle zu zeigen?"*

Verzerrungen

Meistens erstrahlen Verzerrungen erst in einer Eskalation zu ihrer wahren Pracht und Größe. Die vielen kleinen Alltagsverzerrungen, zum Beispiel die deines Partners, Kollegen oder Freundes, bekommt man schon gar nicht mehr mit. So sehr sind wir daran gewohnt. Aber vielleicht kennst Du das, wenn dein Gesprächspartner wie selbstverständlich davon ausgeht, dass Du dieses oder jenes doch hättest wissen müssen. Das muss nicht zwangsläufig der Beziehungspartner sein, obwohl man wohl am meisten von seinem Liebsten gewohnt sein dürfte, solche Kommunikationsangebote zu hören. Es kann aber auch gut und gern der Chef, der Freund oder eben auch unsere Zielperson sein, die Dir mit „verzerrten" Aussagen begegnet und damit den Weg versperrt, ein sinnvolles, zielführendes Gespräch zu führen.

Aber beginnen wir mal von vorne. In der folgenden Übersicht findest Du ein paar der wesentlichsten Muster, mit welchen Verzerrungen arbeiten, um eine ursprüngliche Repräsentation wieder zurechtgebogen zu bekommen:

Verzerrungen	Aussage	MetaModell
Nominalisierungen	Erfahrungen helfen mir das Leben zu gestalten.	Welche Erfahrungen genau helfen Ihnen? Wie genau helfen Ihnen diese Erfahrungen?
		Wann helfen Ihnen diese Erfahrungen?

Verzerrungen	Aussage	MetaModell
Vorannahmen	Im Büro trägt man eine Krawatte.	Bedeutet dies, dass das jeder machen muss? Tragen auch Frauen eine Krawatte? Bekommt also jeder mit Arbeitsvertrag automatisch eine Krawatte?
Ursache und Wirkung	Meine Frau macht mich wütend.	Wie genau macht das Ihre Frau, dass sie Sie wütend macht? Was ist Ihr Anteil bei dem Spiel? Werden Sie nur bei diesem Spiel wütend? Wenn nein, wo liegt der gemeinsame Nenner dieser Spiele?
Kausalität	Ich möchte einen neuen Job, aber ich habe keine Zeit, Bewerbungen zu schreiben.	Wenn Sie Zeit hätten, worum würden Sie sich bewerben? Sind Bewerbungen der einzige Weg, um einen neuen Job zu bekommen? Wenn Sie schon so lange keine Zeit haben, scheint die alte Stelle gar nicht so übel zu sein!
Fehlgeformte Aussagen	Es ist falsch, gut, schlecht, immer wieder... Ich mache nie etwas richtig!	Nie machen Sie etwas richtig? Ist immer alles schief gelaufen, was Sie angefangen haben?

Schauen wir uns ein paar Spezialfälle aus dieser Gruppe der verzerrten Wahrnehmungsverarbeitung an.

Ursache-Wirkung

(Cause-Effect)

„Dass der nie pünktlich sein kann, ärgert mich total!" oder auch: „Wenn ich das jetzt kaufe, bringt mich meine Frau um!"

Deine Zielperson behauptet also, dass X > Y auslöst. Es steht also ein ominöser Ursache-Wirkungszusammenhang im Raum, der das gewünschte Verhalten verhindert. So kann es nicht weitergehen, egal mit welchem Angriff auf die Willfährigkeit. Zuerst muss dieser Zusammenhang aufgelöst werden, um wieder Wahlmöglichkeiten zu haben.

Eine klassische Meta-Modell-Frage zielt darauf ab, diesen scheinbaren Ursache-Wirkungszusammenhang bewusst zu machen und somit aufzulösen. So könntest Du fragen: *„Was genau ist es, das deine Frau so in Rage bringt, dass sie Dich gleich umbringen wird?"* So entzerrt sich Stück um Stück das Reaktionsmuster und neue Elemente kommen wieder ins Spiel.

V

Gedankenlesen und umgekehrtes Gedankenlesen

((Reverse)-Mind-Reading)

So, hier haben wir jetzt nochmal den Fachbegriff für mein vorher genutztes Beispiel („Das ist doch selbstverständlich, dass Du dieses oder jenes wissen musst!"). Man nennt das tatsächlich „Gedankenlesen", wenn man behauptet, von einer Person zu wissen, was sie denkt, fühlt, will oder braucht. Läuft die Interaktion der Beziehungspartner beidseitig derart an den eigenen Bedürfnissen vorbei, dass sich über kurz oder lang ein ausgewachsener Zoff entwickelt, fällt diese Form der Verzerrung plötzlich auf: „*Woher hätte ich das wissen sollen?*“, ruft man dann entsetzt dem anderen entgegen.

Auch im Prozess der Einflussnahme trifft man auf solche Strukturmodelle. Da sitzt einem der erfolgreiche Geschäftsmann gegenüber, der wie selbstverständlich davon ausgeht, dass man das eine oder andere über Personen seiner Stellung doch wissen müsse. Oder der unbescholtene Nachbar aus der mittelständischen Reihenhaussiedlung. Für ihn ist klar, dass jeder weiß, dass man sonntags nicht den Rasen mäht.

Oder ein anderes Beispiel. Du triffst auf einen Arbeitskollegen, der fest davon überzeugt ist: „Mein Kollege mag mich nicht!“ Mit dem Meta-Modell würdest Du dieses verzerrte Erlebnismuster auflösen, indem Du die fehlenden Einheiten mit einer Frage wie „*Woher weißt Du das?*“ wieder zugänglich machst.

V

Komplexe Bedeutungszuordnugen

Äquivalenzen (Complex Equivalence)

Hier behauptet dein Gesprächspartner schlicht und ergreifend, dass ein Ereignis X dies oder jenes bedeutet. Ein Beispiel aus dem Beziehungsleben verdeutlicht das ganz schön: „*Du liebst mich nicht mehr, weil Du mir schon seit Wochen keine Blumen mehr mitgebracht hast!*“, empört sich die scheinbar vernachlässigte Partnerin.

Logischerweise wird man bei einer Metamodellfrage diesen Kausalzusammenhang in Frage stellen oder ein Gegenbeispiel erzeugen, das X wieder von Y trennt.

„Also Blumen bedeuten „Liebe“ und keine Blumen bedeuten „keine Liebe“? Dann lass uns einen Spaziergang über eine Blumenwiese machen, mein Schatz!“

Vorannahmen

(Presuppositions)

Die wohl mächtigsten Verzerrungen sind stillschweigende Vorannahmen. In ihnen spiegeln sich alle Glaubenssätze deines Gegenübers wider. Diese Vorannahmen kommen nicht so deutlich daher, wie die meisten anderen Verstöße gegen die Wohlgeformtheit einer Aussage. Vorannahmen rieseln meist still und leise unter der Oberfläche so dahin.

Vorannahmen sind, noch viel mehr als alle anderen Verzerrungen, dem Sprecher nicht bewusst. Sie sind sozusagen selbstverständlich. Natürlich. Sie sind dessen Realität und daher nicht zu hinterfragen. Man muss sein Gehör ein wenig schulen, um Vorannahmen zu entdecken, und zusätzlich lernen, diese zu bewerten, ob sie nun für dein gewünschtes Kommunikationsziel förderlich sind oder nicht.

V

Eine sehr deutliche Vorannahme, die wir aber sicher alle schon immer überhört haben, stammt aus den Zehn Geboten: „Du sollst keine anderen Götter neben mir haben", steht da. Dieses Gebot enthält die Präsupposition, dass es andere Götter gibt. Selbstverständlich sogar. Nur in dieser Art verstehen tut es weder der Hörer noch höchstwahrscheinlich der, der es sagte. Obwohl, bei diesem Beispiel könnten wir vielleicht mal eine Ausnahme machen.

Ein anderes Beispiel: *„Du bist genauso egoistisch wie dein Vater!"* ließe sich in Frage stellen, wenn man mit: *„An was machst Du fest, dass mein Vater egoistisch ist?"* genauer hinschauen würde.

Metaprogramme

So individuell, wie jeder Mensch ist, so individuell ist auch die Art, wie er Informationen verarbeitet. Die Art und Weise, wie Erlebnisse in Muster und Netzwerke übersetzt werden, hängt sehr stark davon ab, welche Präferenzen man im Laufe seines Lebens herausgebildet hat, welche Bedürfnisse aktuell dominieren, in welcher Art sozialem System man lebt und so weiter.

Genauso individuell ist der umgekehrte Prozess, d.h. welche der Informationen aus diesen unbewussten Netzwerken wieder den Weg zurück in die bewusste Wahrnehmung finden. Diese Kontrollinstanzen (Präferenzen, Bedürfnisse usw.) legen fest, worauf man in diesem Moment geneigt ist, besonders zu achten, und wie die Qualität dieser Wahrnehmung ausfallen wird.

Im Neurolinguistischen Programmieren gibt es ein Modell, anhand dessen man sich diese Verarbeitungsmuster auf Molekülgröße anschauen kann. Diese Moleküle nennt man in der Fachsprache dann „Chunks", und das Modell dazu nennt man „Metaprogramme". (Mulzer, 2004)

Metaprogramme gehören nach dieser Definition zu den kleinsten Einheiten eines komplexen Verhaltensmusters. Sie sind übergeordnete Programme und können kontextabhängig sein. Diese Programme stehen sich meist polar gegenüber und bilden eine unzertrennliche Einheit aus einem „Entweder" und einem „Oder". In unserer Alltagstrance nehmen wir diese Metaprogramme mehr als Kontinuum wahr, und nicht als so schroffe Gegensätze. Dennoch kann man unübersehbar Tendenzen feststellen, in welche Richtung ein Mensch seine Wahrnehmung sortiert. Wir alle sortieren unsere Informationen nach einem Entweder-Oder und entscheiden uns dann für das eine und damit gegen das andere. Metaprogramme prägen diese Entscheidungsprozesse aber weniger durch eine inhaltliche Auswertung nach gut und schlecht, sondern eher gemäß des Strukturmerkmals, ob interessant oder nicht. Für effektive Einflussnahme ist daher entscheidend, wie wir diese Programme bei unserem Gegenüber erkennen und in den Manipulationsprozess gewinnbringend integrieren können.

Passend vs. Unpassend

Meinen Bekanntenkreis habe ich selbstverständlich schon vor Jahrzehnten nach diesen Metaprogrammen sortiert. Ich halte es einfach für sinnvoll, mich in Gesprächen nicht erst groß zu verzetteln. Lieber stelle ich mich von vornherein auf mein Gegenüber ein, das verhindert Missverständnisse und führt schneller zum Ziel.

Unter diesen Bekannten gibt es nun einen mit einem unübersehbaren Spezialmuster. Du kennst solche Menschen bestimmt auch. Ganz egal, was Du sagst, er oder sie hat auf jeden Fall immer eine gegenteilige Meinung. Ganz gleich, ob Du das Wetter toll findest, das Essen lecker oder die Schuhe hässlich – dein Gesprächspartner ist grundsätzlich anderer Meinung. Selbstverständlich würde das Wetter gleich umschlagen, das Essen wurde schon mal besser verspeist, und natürlich kann man das so nicht sagen, dass die Schuhe hässlich sind. Über Geschmack lässt sich ja bekanntlich nicht streiten.

Bei diesem Schlag Menschen kann man wirklich ab und an aus der Haut fahren. „Gegenbeispielsortierer“ nennt man diese Art von Metaprogramm, das das Reaktions- und Verhaltensmuster eines Gegenübers in der Art zu bestimmen vermag.

Hat man dieses Programm aber einmal erkannt, beginnt auch schon wieder der Spaß. Sobald mir also klar wird, wie sich mein Dialogpartner mir gegenüber innerlich organisiert, häkele ich auch schon an den ersten Strategien. Erst mal wird jede meiner Meinungsäußerungen noch durch so etwas wie: „*Du wirst das sicherlich anders sehen ...!*" oder ein schlichtes: „*... oder nicht?*" ergänzt. Später liefere ich dann zu jeder Aufforderung gleich noch das entsprechende Gegenbeispiel mit oder formuliere es gleich als Gegensatz. Je nach Lust und Laune. Ganz nach dem Motto: „*Ich bin mir sicher, das ist absolut gar nichts für Dich!*", oder: „*Also ich tu das gerne, aber Du wirst Dich sicherlich nie für sowas entscheiden!*" Dann gilt es nur noch abzuwarten, um zu schauen, was passiert.

Kein Metaprogramm scheint derart zuverlässig zu funktionieren wie dieses. Ich garantiere es Dir. Findest Du erst mal einen Gegenbeispielsortierer, wirst Du aus dem Staunen nicht mehr herauskommen. Kein Muster lässt sich so leicht und so erfolgreich zur Manipulation nutzen. Aus meinen eigenen Erfahrungen würde ich mich dazu hinreißen lassen und behaupten, dass ein derartiges Metaprogramm mit 98 prozentiger Garantie zu manipulieren ist.

Doch dies nur vorweg zum Einstieg, damit Du ein Gefühl für diese Art Programme bekommst. Es gibt nicht nur dieses eine, sondern Hunderte von Metaprogrammen, die alle als Gegensatzpaar auftauchen und unser Erleben polarisieren. Ein paar davon sind weiter verbreitet, einige sind eher exotisch. Leslie Cameron-Bandler hat in den 1970er Jahren einmal eine Liste von über 60 typischen Programmen aufgestellt. Ich möchte Dir im Folgenden nur eine kleine, dafür aber beachtliche Liste der gängigsten Programme vorstellen:

Hin zu vs. Weg von

Manche Menschen erzählen ständig von Vorstellungen oder Zielen, die sie erreichen möchten, andere wiederum handeln danach bzw. sprechen davon, was sie nicht haben möchten. Fragt man solche Menschen, was das Wichtigste in Ihrem Leben sei, bekommt man entweder zur Antwort: *„Ich möchte noch gesunder und vital sein!"* oder eben: *„Ich will auf keinen Fall krank werden!"* Dabei bewegen sich diese Menschen in Gedanken von einer möglicherweise einmal bereits erfolgten Krankheit weg, die anderen auf Gesundheit zu. Zumindest im Gehirn. Das hat Auswirkungen auf viele Bereiche des Lebens.

Ein Beispiel: Denk mal an die Mutter, die ihrem Kind sagt: „Bitte pass auf, dass Du die Milch nicht verschüttest ..." Das Kind muss sich zuerst vorstellen, wie es die Milch verschüttet, um sich dann eine Strategie zu überlegen, wie es das nicht tun wird.

V

Oder: *„Wir werden mit diesem Vertrag keinesfalls in Terminschwierigkeiten geraten!"* Was glaubst Du, wird der Kunde zuerst verarbeiten? Wenn Du mit einem deiner Kunden sprichst, streiche einfach das Wort „nicht" aus deinem Wortschatz. Zumindest, wenn es so etwas wie das im obigen Kontext betrifft. Eine Alternative hast Du, wenn Du fragst: „Was will ich denn stattdessen nicht?"

Grundsätzlich kann man sagen, Du solltest deine Kommunikation prinzipiell so gestalten, dass Du für die Prozessdynamik das Sortierkriterium „auf etwas zu" nutzt, und nicht „weg von".

Findest Du aber in deinem Gegenüber jemanden, der sein Erleben stark von der anderen Seite dieses Metaprogramms steuern lässt, dem „weg von", dann kannst Du auch Szenarien in den virtuellen Himmel zeichnen, vor denen es einem nur so graust. Die Versicherungsmakler unter Euch wissen, was ich meine.

Intern vs. externer Bezugsrahmen

Ein anderes markantes Metaprogramm ist der Bezugsrahmen. Du findest Menschen, die sich in ihrer Entscheidungsfindung entweder sehr stark von der Meinung anderer abhängig machen oder umgekehrt, bei Menschen, die sich bei ihrer Entscheidungsfindung fast ausschließlich an sich selbst orientieren und Entscheidungen nur aus sich heraus fällen. Für eine einflussnehmende Kommunikationsstrategie würde man dementsprechend entweder die „anderen" als Orientierungsgröße betonen oder eben die Einmaligkeit der eigenen Individualität.

V

Problemvermeidung vs. Zielorientierung

Die sicherste Methode, keine neuen Erfahrungen zu machen und auf der Stelle zu stagnieren, ist, sich einfach vorzustellen, was Du tun könntest oder solltest, und dann das Schlimmste anzunehmen, was Dir dabei passieren kann. Versetze Dich genau in diese Lage und schau mal, wie durch deine eigenen Augen, was Dir dann passiert (Du assoziierst). Warte dann einfach ab, bis die unangenehmen Gefühle so stark geworden sind, dass Du deine Annahme bestätigen kannst: „Gott sei Dank, dass ich das nicht gemacht habe. Hätte schlimm ausgehen können."[3]

---

3 Ein Mann will ein Bild aufhängen. Den Nagel hat er, nicht aber den Hammer. Der Nachbar hat einen. Also beschließt unser Mann, hinüberzugehen und ihn auszuborgen. Doch da kommt ihm ein Zweifel: Was, wenn der Nachbar mir den Hammer nicht leihen will? Gestern schon grüßte er mich nur so flüchtig. Vielleicht war er in Eile. Vielleicht hat er die Eile nur vorgetäuscht, und er hat was gegen mich. Und was? Ich habe ihm nichts getan; der bildet sich da etwas ein. Wenn jemand von mir ein Werkzeug borgen wollte, ich gäbe es ihm sofort. Und warum er nicht? Wie kann man einem Mitmenschen einen so einfachen Gefallen abschlagen? Leute wie dieser Kerl vergiften einem das

Menschen, die es im Leben zu nichts bringen, verfolgen diese Strategie mit Perfektion. Das kannst Du natürlich auch. Richte Dich einfach immer nur am „Worst-Case" aus und Du wirst eine Menge toller Bauchlandungen hinlegen – wenn Du willst.

Erfolgversprechender ist es, sich von schlecht verlaufenen Ereignissen der Vergangenheit eher fernzuhalten und sich ein Szenario zu gestalten, das ein optimales Ergebnis garantiert. Spiele dieses ein paar Dutzend Mal in deinem Kopf durch, beschäftige Dich mit all den positiven Bildern, die dort vor deinem inneren Auge leuchtend in der Zukunft locken.

Das funktioniert nicht nur bei einem selbst, sondern selbstverständlich auch in jedem Dialog. Findest Du irgendwo dieses Metaprogramm, richte deine Kommunikation genau darauf aus. Pace die vorrangige Tendenz (z.B. Problemvermeidung) und leade Richtung Zielorientierung.

Best-Case vs. Worst-Case

Dieses Programm verleitet Menschen dazu, sofort nach dem zu suchen, was schlimmstenfalls passieren kann, wenn sie dieses oder jenes entscheiden. Chris Mulzer, ein bekannter NLP-Trainer aus Berlin (Mulzer, 2004), zeichnet in einer wunderschönen Metapher ein klassisches Szenario eines solchen Programms:

„Da habe ich vor kurzem einen EDV-Berater begleitet, der ein Computersystem verkaufen wollte, das die ge-

Leben. Und dann bildet er sich noch ein, ich sei auf ihn angewiesen. Bloß weil er einen Hammer hat. Jetzt reicht's mir wirklich. – Und so stürmt er hinüber, läutet, der Nachbar öffnet, doch bevor er „Guten Tag" sagen kann, schreit ihn unser Mann an: „Behalten Sie Ihren Hammer." (P. Watzlawick: Anleitung zum Unglücklichsein) *samte Betriebsabrechnung im Unternehmen des Kunden optimiert. Der Verkäufer beginnt mit seiner Präsentation und der Kunde fängt sofort an, zu fragen, was passiert, wenn ... der Strom ausfällt, der Chefprogrammierer krank ist und das System abstürzt ... und so weiter und so fort. Der Verkäufer überlegt einen Moment, sieht den Kunden einen Augenblick an und sagt dann: „Herr Müller, stellen Sie sich vor, Sie haben Ihr System bei irgendeinem Billig-Anbieter gekauft, der Strom ist gerade ausgefallen, das System ist tot, Ihr Lieferant ist natürlich nicht zu erreichen, Sie sind im Wochenende und Ihr Chef ruft Sie an, weil die Firma dabei ist, wegen Ihrer Entscheidung pleite zu gehen ...“ Sie sollten mal erleben, wie bereitwillig manche Menschen in diese Szenarien eintauchen. Dieser Kunde jedenfalls wurde leichenblass. Und dann sagte der Verkäufer: „Wäre es da nicht gut gewesen, Sie hätten sich gleich für jemanden entschieden, bei dem all dies von Anfang an zu vermeiden gewesen wäre? Auf mich können Sie sich verlassen!““*

V

Kosten vs. Bequemlichkeit

Unsere moderne Welt, die Welt, in der wir leben, ist voll von Angeboten, die einem das Leben leichter und angenehmer machen sollen. Unsere Gesellschaft hat sich in den vergangenen 60 Jahren von einer Industriegesellschaft zu einer Dienstleistungsgesellschaft entwickelt. Und allzu oft sind wir bereit, Geld auszugeben, wenn es der Bequemlichkeit dient. „Maggi – immer eine gute Suppe“, das ist so ein Produkt, der fertige Kartoffelbrei von Pfanni ein weiteres oder der Spaghetti-Bausatz von Miracoli, die Mikrowellenportionen der Mousse au Chocolat, aber auch der Autohändler, der dein Auto vom Büro abholt und den Service während der Arbeitszeit erledigt – sie alle haben erkannt, dass wir bereit sind, Geld auszugeben, wenn es unserer Bequemlichkeit dient.

Und in vielen Fällen, in denen dein Gegenüber sein Hauptaugenmerk auf den Preis oder den eigenen Einsatz oder ähnliches zu legen scheint, liegt seine wahre Akzeptanz auf einem Punkt irgendwo auf einer Geraden zwischen reiner Kosten- und Bequemlichkeitssortierung. Deine Aufgabe ist, herauszufinden, inwieweit dein Gegenüber auf „Bequemlichkeitsangebote" reagiert.

Autoritätskriterien vs. Selbst-Andere-Daten

Wenn Du vorhast, ein neues Gummiboot für den Baggersee zu kaufen, wie stellst Du das an? Entscheidest Du das ganz allein oder holst Du Dir den Rat deiner Kinder ein? Durchforstest Du stundenlang die Angebote von amazon? Oder hat doch deine Frau das letzte Wort?

Als Verkäufer von rosaroten Gummibooten wäre es wenig sinnvoll, einen Käufer, der allein gekommen ist, um sich erst mal zu informieren, derart unter Druck zu setzen, dass er sich sofort für ein Modell zu entscheiden habe. Diese Strategie ist nur sinnvoll, wenn Du sicher weißt, dass er seine Entscheidung auch alleine trifft. Wenn er innerhalb seiner Autoritätskriterien aber so sortiert, dass er andere – zum Beispiel seine Frau oder seine Kinder – für die Entscheidung, welche Farbe das Boot haben soll, braucht, hast Du ein schweres Spiel. Wenn Du aber jemanden vor der Nase hast, der nach Daten sortiert, ist es vielleicht eine gute Idee, wenn Du seine Arbeit schon erledigst und beispielsweise all die positiven Testergebnisse des Gummiboots zusammenfasst, über die herausragende Qualität referierst und über die Garantie sprichst. Am allerbesten, Du drückst ihm all diese Infos gleich noch mit in die Hand. Das spart ihm Arbeit und macht es ihm leicht, alle Informationen zu finden, die er für seine Entscheidung braucht.

Sequentiell vs. Zufällig

Und lassen wir noch einmal Chris Mulzer eine schöne Geschichte zu diesem Programm erzählen:

„Da gibt es die Geschichte von dem Manager einer großen Firma, mit dem ich über einen großen Auftrag verhandelte. Er war es gewöhnt, große Projekte am Mittagstisch zu diskutieren. So war ich nicht zu ihm ins Büro, sondern in ein exzellentes Restaurant um die Ecke eingeladen. Er hatte den Ablauf des Gespräches genau geplant – ich fand heraus, dass dies der Rahmen-Ablaufplan war, wie er Geschäfte machte, und zwar nur so. In einem solchen Fall haben Sie zwei Möglichkeiten: Entweder Sie erkennen, dass es sich hier um einen sequentiellen Sortierer handelt, und lassen sich auf seinen Ablauf ein oder Sie verzichten auf das Geschäft. Im vorliegenden Fall war die Sequenz so: Zum Aperitif (ein Muss) war das Thema meine angenehme Anreise. Zur Suppe der Geschäftsablauf in meiner Firma, zum Salat der Geschäftsablauf in seiner Firma, zur Hauptspeise stellte er sein Projekt vor, zum Käse diskutierten wir die Möglichkeiten der Ausführung und zum Digestif fällte er die Entscheidung, mit mir zu arbeiten. Er verabschiedete sich mit den Worten: „Ich bin erfreut, dass es so einfach ist, sich mit Ihnen zu einigen." Und ich freute mich, seiner „Kaufstrategie" so perfekt entsprochen zu haben. In einer Werbeagentur wiederum, bei der ich einen der Top-Manager coachte, nahm ich an einer „Kreativsitzung" teil. Der Kreativdirektor war ein ausgeprägter Zufallssortierer. Er sprach über den Plan, dem Kunden eine neue visuelle Kommunikationsstrategie vorzuschlagen. Plötzlich fiel ihm ein, dass er die Rechnung für den letzten Abrechnungszeitraum noch nicht geschrieben hatte und wies seine Assistentin an. Danach war plötzlich der Kick-Off Schauplatz eines anderen Kunden Thema, danach die mögliche Erweiterung in ein neues Geschäftsfeld, danach ... bis einer der Teilnehmer zur Erinnerung brachte,

weswegen sich neun Führungskräfte versammelt hatten. Kurzzeitig blieb er dann auch beim Thema ... so jemanden nennt man einen ausgeprägten Zufallssortierer." (Mulzer, 2004)

Weitere Metaprogramme

Wie schon gesagt, gibt es noch eine Vielzahl weiterer Kontrollprogramme, die unser inneres Erleben strukturieren und unsere äußere Wahrnehmung filtern. Einige davon werden Dir sofort logisch erscheinen. Denke einfach ab und an mal an das Kapitel mit den Bedürfnissen. Da dürfte schnell klar werden, auf welcher Ebene der Bedürfnispyramide sich das eine oder andere Kontrollprogramm eingenistet haben mag. Bei einigen Menschen fragt man sich dann schon: „Wie um alles in der Welt kommt man denn auf sowas?" Du wirst auch beobachten können, dass Metaprogramme je nach Lebensumstand und persönlichem Lebenskontext mal mehr in die eine Richtung, ein anderes Mal bzw. bei einem anderen Thema auch plötzlich gerne in die andere Richtung ausschlagen. Wie eben alles, unterliegen auch diese Musterbildungsprogramme der Idee der Neuroplastizität: „Alles ist veränderbar!"

Ein paar abschließende Beispiele zu weiteren Metaprogrammen will ich aber noch kurz anreißen. Da wären beispielsweise noch:

- konkret vs. metaphorisch
- entweder/oder vs. sowohl als auch
- Quantität vs. Qualität
- haben vs. sein
- geplant vs. spontan
- ernst vs. spielerisch
- Perfektion vs. Optimierung
- beurteilend vs. wahrnehmend

- dissoziiert (denkend) vs. assoziiert (fühlend)
- gleichwertig vs. unterschiedlich
- Menschen vs. Dinge
- proaktiv vs. inaktiv
- und so weiter.

V

Sprachliches Priming

Wie Du gesehen hast, prägt die Art und Weise, wie wir Sprache benutzen, nicht nur unsere innere Realität. Wir Menschen haben einen ganzen Schwung an Verarbeitungsritualen, die ein einziges Erlebnis manchmal zu einem sehr seltsam anmutenden und extrem komplexen Szenario vernetzen. Mit diesem selbst zusammengebrauten „Erlebnis-Netzwerk" nehmen wir dann die Welt vor unseren Augen wahr und versuchen sie zu verstehen.

Oftmals sind diese Abbilder gar nicht so schlecht. Auf jeden Fall sind sie extrem ökonomisch, schnell und funktionieren perfekt (automatisch). Erst wenn sich diese Netzwerke als hinderlich erweisen, Widerstand aufbauen oder stagnieren und sich dadurch einfach nicht mehr bewegen lassen, kann es hilfreich sein, sie aufzulösen. Dazu nutzen wir dann gezielte Fragen aus dem Meta-Modell.

Wichtiger allerdings, als all diese einzelnen linguistischen Regeln auswendig zu beherrschen, ist es, die Struktur dieser Verarbeitungsmechanismen überhaupt erst einmal zu erkennen. Erkennst Du sie, dann kannst Du sie auch nutzen. Entweder, um sie als hilfreiche Kooperationspartner einzuladen oder um sie als heimliche Agenten für deine Strategie zu missbrauchen.

Jetzt gehen wir einen Schritt weiter. Ein bisschen weiter oben hatte ich den Begriff des Primings ja schon mal erwähnt. Nochmal schnell zur Erinnerung: Priming bedeutet, dass die Verarbeitungsroutinen eines Reizes (vor allem) dadurch beeinflusst werden, dass bewusst vorangestellte Reize implizite Gedächtnisinhalte aktivieren.

Innerhalb der Metaprogramme hast Du einen Schwung an solchen Verarbeitungsroutinen kennengelernt, und innerhalb des Meta-Modells die differenzierten Prozesse, d.h. wie unser Gehirn Erlebnisinhalte optimiert, um sie anschließend irgendwo in den Untiefen unseres Musterarchivs abzulegen. Nun geht es aber vor allem darum, einen Weg zu finden, um genau diese Gedächtnisinhalte in einer bestimmten – für uns zieldienlichen – Art und Weise abzurufen.

Bevor wir allerdings voll in die Materie einsteigen, hier vorab ein kleiner Exkurs zum Warmwerden. Ich habe diese Aufwärmübung mal „sprachliches Priming" genannt, was zugegebenerweise nicht ganz sachlich ist. Ich möchte Dir in diesem Kapitel zeigen, wie einfach und simpel es ist, die grundsätzlichen Funktionsweisen des Gehirns zu nutzen, nämlich Muster zu bilden.

Fassen wir mal ganz grob zusammen, wo wir jetzt gerade stehen: Du weißt, dass unser Gehirn andauernd und überall Muster bildet, um schneller und ökonomischer reagieren zu können. Dieser Musterbildungsprozess ist auf die Befriedigung von Bedürfnissen fokussiert. Um überhaupt Einfluss auf dieses System nehmen zu können, bedarf es einer stabilen Beziehungsgrundlage. Diese entsteht durch Sympathie. Im Wechselspiel von Pacing und Leading können Angebote gemacht werden, die ein gewünschtes Verhalten oder eine gewünschte Entscheidung tendenziell provozieren. Diese Angebote werden (hoffentlich unbewusst) wahrgenommen und verarbeitet. Diese Verarbeitungsroutinen haben wir uns im letzten Kapitel unter dem sprachlichen Aspekt, innerhalb des Meta-Modells und der Metaprogramme, angesehen.

So weit bis hierhin.

Ein Merkmal möchte ich schnell noch ergänzen, bevor es weitergeht. Im ersten Kapitel hatte ich schon kurz erwähnt, dass unsere Rechenmaschine da oben auf unserem Hals nur eine gewisse Belastungsgrenze hat. Zumindest, was bewusste Prozesse angeht. Anders gesagt, unser orbifrontaler Cortex, also die Instanz in unserem Gehirn, die für die bewusste Verarbeitung von Reizen zuständig ist, ist nicht in der Lage, mehr als sieben plus/minus zwei Chunks (Alfred Korzybsky, 1933–1958; 1995) bzw. nach neueren Erkenntnissen der Hirnforschung nicht mehr als um die vier bis fünf Chunks gleichzeitig zu verarbeiten. Ist es uns nicht möglich, die angebotenen Informationseinheiten in kleinere Einheiten aufzulösen, wird unser Gehirn von diesen Impulsen regelrecht überflutet. Man nennt das fachsprachlich auch „Compulsion Blow" – die gezielte Überreizung dieser neuronalen Netzwerke. Eine solche Überflutung hat zur Folge, dass die bewussten Kontroll- und Regulierungsinstanzen mehr oder weniger alle viere von sich strecken und aufgeben. Dann ist der Weg zu den unbewussten Prozessen sozusagen völlig frei von Störeinflüssen.

Ein einfacher „Compulsion Blow" mag in seiner traditionellen Form vor allem in hypnotherapeutischen Diensten seinen Zweck erfüllen. Er kann jedoch auch im Kontext gezielter Einflussnahme genutzt werden, um dem Gehirn den Zustand der Trance erheblich wünschenswerter zu gestalten. Attraktiver eben und um vieles entspannter, als sich bewusst mit der Überflutung von Informationseinheiten abzuquälen. Ein Gehirn auf Automatik ist – wie wir bisher ja schon gesehen haben – für gezielte Einflussnahme wesentlich empfänglicher als im wachen und erregten Zustand.

Daher ist es auf jeden Fall interessant, diese Strategie der Informationsüberflutung zu kennen, auch wenn man sie nicht zum Einsatz bringen will. Sie funktioniert jedoch ganz einfach.

Beispielsweise lässt sich ein einfacher „Compulsion Blow" über die Aneinanderreihung von einer bestimmten Anzahl (von mindestens sieben plus zwei) sinnlich nachvollziehbaren Reizen erzeugen. Diese muss der Kommunikationspartner zumindest innerlich nachvollziehen können, um keinen Widerstand gegen diese zu erzeugen. Beispielsweise wäre solch eine Aneinanderreihung etwas wie:

„Du liest doch gerade dieses Buch über Manipulation und machst Dir deine Gedanken über das eine und andere, und auch wenn das Handbuch, je nach Cover, schon eine ganze Weile Dir oder in deiner Hand liegt und immer schwerer wird, so hast Du es doch bis auf diese Seite geschafft und Dich, vielleicht mal mehr, vielleicht mal weniger konzentriert, bis hierhin durchgelesen, um neue, spannende und effektive Techniken für wirkungsvolle Einflussnahme kennenzulernen, die Dich vermutlich begeistern, womöglich so sehr, dass Du ganz vergessen hast, wie viel Uhr es jetzt ist, da Du ja deine Fähigkeiten und dein Wissen mit diesem Buch erweitern willst, lernen willst, noch perfekter und zieldienlicher zu kommunizieren, um deine Ziele erfolgreicher zu erreichen; daher ist deine Neugier auf die vielen ergänzenden Videos, Infos und Artikel, die auf der Website zu diesem Buch auf Dich warten, nur zu verständlich, da Du ja jetzt das Geheimnis um all die Techniken vollständig lüften willst, um endlich was tun zu können ...“

Das war's auch schon. Ein kleiner Mix aus äußeren, direkt nachvollziehbaren Fakten und inneren, möglichen bzw. vorgeschlagenen Wahrnehmungen – sich ständig abwechselnd, hin und her. Hatte dein Gehirn anfänglich noch hellwach und aufmerksam jedes einzelne Angebot zur Fokussierung mitverfolgt, so dürfte es, umso länger der Satz wurde, mehr und mehr dazu übergegangen sein, auf Automatik zu schalten. Die Worte einfach geschehen lassend. Innerlich still und teilnahmslos, jedes Fokussierungsangebot abnickend.

Bietest Du in deinen Dialogangeboten derart viele Wiederholungen von ein und demselben Muster an (hier zum Beispiel, innerlich einfach zu bestätigen und „Ja" zu sagen), dann steigt mit jedem weiteren „Ja" die Wahrscheinlichkeit, dass dein Gesprächspartner auch ein weiteres und letztes „Ja" zu einer Aufforderung geben wird, die längst nicht mehr wahrgenommen wird. Im Fachjargon nennt man das dann: „Yes-Set".

Ich habe Dir eine Sequenz angeboten, aus der es – aus der Perspektive des Gehirns gesehen – leicht war, ein Muster abzuleiten. Zu äußerlich „Wahrnehmbaren" Ja zu sagen, ist nun wirklich keine Herausforderung. Nach ein paar Wiederholungen sitzt dieses Muster perfekt, und man kann davon ausgehen, dass ab jetzt auch nach diesem Muster reagiert werden wird.

Wenn mir strategisch an einer positiven Ja-Haltung gelegen ist, auf die ich später noch den Handlungsimpuls draufsetzen will (zum Beispiel, indem Du Dich auf der Website zu diesem Buch anmeldest), dann wäre diese obige Sequenz ein erster Schritt gewesen. Im Verlauf des Gesprächs würde ich dann dieses Ja-Set oder Ja-Priming noch in unterschiedlichen Varianten nutzen. Vielleicht würde es sich dann, irgendwann, für Dich „ganz unerwartet" anbieten, den Deckel über eines deiner vorherrschenden Bedürfnisse, vielleicht nach Sicherheit, Kontrolle oder Macht, zu schieben.

Eine besondere, etwas komplexere Art eines Yes-Sets kann man auch über einen kleinen Umweg erzeugen. Weiter oben habe ich dieses Beispiel in einem anderen Zusammenhang schon einmal erwähnt. Ich rede vom „falschen Feedback". Auch durch eine falsche Rückmeldung kann man Menschen dazu bringen, diese zu bestätigen und ihr Verhalten – gemäß eines selbstangepassten, neuen Selbstbildes – an sie anzupassen.

Ein kleines Beispiel dazu: *„Du bist ein echt liebevoller Vater, das sieht man auf den ersten Blick, wenn man zur Tür reinkommt. Es ist toll, dass Dir das Wohlergehen deiner Kinder so am Herzen liegt. Respekt! Das wird mit allen anderen Dingen/Menschen bei Dir grundsätzlich genauso sein, nicht wahr? Es ist ja auch wirklich ein Graus, wenn man sieht, wie teilnahmslos sich andere Eltern ihren Kindern gegenüber verhalten. Zum Glück ist das bei so arrivierten und gebildeten Menschen wie Dir, die auch das Herz am rechten Fleck haben, ganz selbstverständlich!“*

V

Hypnotische Sprachmuster

Wie Du sicherlich bemerkst, umkreisen wir in immer enger werdenden Schleifen einen ganz bestimmten Fachbereich. Die Entdeckung, wie mächtig man mit Sprache Einfluss auf sein Gegenüber nehmen kann, hat sich eine ganz spezielle Disziplin zu eigen gemacht: die Hypnose. Hypnose, so wie wir sie heute aus der klinischen (klassischen) Hypnotherapie oder auch von Bühnenshows her kennen, arbeitet meist mit nur einem einzigen, mächtigen Werkzeug: der Sprache. Diese hat – in bestimmten Mustern genutzt, in einer bestimmten Art formuliert und ebenso artikuliert – einen gewaltigen Effekt auf den Hörer.

So ist es nicht weiter verwunderlich, dass wir heutzutage solche hypnotischen Sprachmuster so ziemlich überall dort vorfinden, wo mit Sprache ein bestimmtes Verhalten provoziert oder eben bestimmte Entscheidungsprozesse initiiert werden sollen. Und das ist nicht ausschließlich Laborumgebungen (wie z.B. einer Hypnose-Show auf der Bühne) oder irgendwelchen therapeutischen Disziplinen vorbehalten! Hypnotische Sprachmuster finden wir vorrangig in den alltäglichen Dialogen unserer häuslichen Gemeinschaft. Wie gut haben wir es doch in diesem System gelernt, uns je nach Wunsch einander zu beeinflussen und zu manipulieren. Aber natürlich nicht nur in den eigenen vier Wänden. Die Werbung nutzt sie, die Presse, Politiker in ihren Reden und Wahlversprechen, die Verkäuferin hinter der Wurst- und Fleischthcke genauso wie der professionelle Immobilienmakler, Versicherungskaufmann oder Autoverkäufer. Sprachmuster, die darauf abzielen, bewusst unbewusste Reaktionsmuster zu triggern, sind so alltäglich wie das Zähneputzen. Nur ob wir sie überhaupt wahrnehmen, geschweige denn bewusst für uns nutzen, das ist die spannende Frage.

Und dabei hat doch alles einmal ganz anders begonnen ...

Eine kurze Geschichte der Hypnose

Über Hunderte von Generationen hinweg haben wir Menschen uns dafür interessiert, wie wir uns das Leben leichter machen können – entweder selbst geplagt von irgendwelchen Dämonen oder getrieben von der Neugier, anderen diese Dämonen wieder unterzujubeln. Entweder motiviert, auf einfache und schnelle Art Bestleistungen aus sich herauszukitzeln, oder andere dazu zu treiben, Leistungen zu zeigen, die aus irgendeinem Grund wünschenswert für einen waren. Wie man es auch dreht, Neugier an den unbewussten und scheinbar unerschöpflichen Ressourcen und Weiten unserer Möglichkeiten hatten wir Menschen schon immer.

V

Dieser Forscherdrang führte dazu, dass ein schottischer Arzt irgendwann um die 19. Jahrhundert wende die Entdeckung machte, dass man Menschen recht leicht ihre Schmerzen nehmen könne. Das war ganz praktisch, wenn man sie operieren wollte, zumal es ja noch keine wirklichen Betäubungsmittel gab. Also lernte dieser Arzt, wie er seine Patienten in einen ganz bestimmten Zustand versetzen konnte, in dem wie von selbst kein Schmerz mehr wahrgenommen wurde. Diesen Zustand nannte er: Neurohypnotismus. (Braid, 1843) Zumindest anfänglich. Wie unschwer zu erkennen ist, formte sich aus dieser Formulierungskrücke bald schon die deutlich ökonomischere Abkürzung: „Hypnose". (Braid, 1853)

Von da an operierte der Chirurg seine Patienten erfolgreich unter Hypnose. Damit war er der gerade entstehenden Anästhesie einen guten Schritt voraus. Nach seinem Tod im Jahre 1860 fand seine Errungenschaft in

England leider kaum noch Beachtung. Vielleicht lag das daran, dass er gedachte, seine etwas unpassende Wortschöpfung, quasi schon auf dem Sterbebett liegend, noch schnell umzutaufen.

Hypnose kommt eigentlich von dem griechischen Wort „hypnos" – und bedeutet „der Schlaf". Ganz so falsch war diese Worttaufe ja aus Sicht des Arztes nicht. Immerhin fielen seine Patienten ja in einen schlafähnlichen Zustand. Doch bei genauerem Hinsehen – das fiel auch James Braid auf – handelte es sich bei diesem „Schlaf" wohl mehr um einen Zustand der „Konzentration von Aufmerksamkeit und Erhöhung der Einbildungskraft" als um einen bloßen, simplen Tiefschlaf. Bemüht, diesen Fehler zu korrigieren, wies er auf dem Sterbebett noch an, Hypnose doch von nun an treffender „Monoideismus" zu nennen.

Aber da war es bereits zu spät: Die Bezeichnung „Hypnose" hatte sich bereits über die Landesgrenzen ausgebreitet und war damit fest etabliert (und ganz ehrlich: „Monoideismus" ist jetzt auch nicht wirklich besser, oder?).

Kommen wir zurück zu diesem Wörtchen, dem wir so viele Missverständnisse zu verdanken haben: Schlaf!

„Schlaf!", mit diesem martialischen Befehl schickt heutzutage ein Showhypnotiseur seine Probanden auf die Bretter, schickt der klassische Hypnotherapeut seinen Klient in die Welt der Träume, wie aber auch ein entnervter Vater sein quengelndes Kind ins Bett. Der Zustand des Schlafens scheint unauflöslich mit dem der Hypnose assoziiert zu sein. Ärgerlich. Aber so ist es nun mal. Wie wenig das alles miteinander zu tun hat, werden wir gleich sehen.

Fangen wir von vorne an. Nicht erst seit dem 20. Jahrhundert wird so etwas wie Hypnose praktiziert. Die Tradition, mit Hypnose (oder wie man fälschlich auch oft sagt: „in“ Hypnose) bestimmte Rituale zu vollziehen, ist schon wirklich alt. Genauer gesagt, Jahrtausende alt. Man findet sie zum Beispiel in den alten Schriften der Ägypter, der Inder, der Chinesen und in Schriften der Sumerer Berichte über Heilungs- oder Schlaftempel. In diesen wurden zu Heilzwecken Rituale vollzogen, die doch sehr an zielgerichtete, hypnotische Trancen erinnern.

Bleiben wir noch ein Weilchen in diesen längst vergangenen Zeiten. Schaut man sich diese „Zeremonien“ genauer an, kann man feststellen, dass solche Rituale nie autoritär (z.B. von irgendeinem Medizinmann „befohlen“) oder tiefenentspannt, sondern immer kontextbezogen praktiziert wurden. Das ist ein so markantes Merkmal, dass ich es unbedingt unterstreichen muss: kontextbezogen!

Denk doch mal ein paar Tausend Jahre zurück und stelle Dir ein indigenes Volk vor. Vielleicht war da ja dein Ururgroßvater, der gerade vor der Aufgabe stand, die Versorgung der Familie irgendwie zu managen. Nun war es aber so, dass man früher nicht einfach mal schnell ums Eck gehen, sich sein Frühstück erlegen und es in seinem Wigwam grillen konnte. Denn früher war die Lösung der Ernährungsfrage – wie bereits erwähnt – eine gemeinschaftliche. Man zog gemeinsam los zur Jagd. Und auch damals war es schon unwirtschaftlich, nur ein paar Happen zu jagen – wenn schon, denn schon! Ein paar Tonnen Mammut waren schon deutlich erstrebenswerter als nur ein paar Froschschenkel.

Diese Form der Jagd forderte aber auch ihre Opfer. Man bedenke, dass bei der einen oder anderen Jagd schon mal so ein Waidmann auf den Stoßzähnen eines Beutetiers hängen bleiben konnte. Das musste man schon in Kauf nehmen. Um dieses Risiko nun zu minimieren, fand man schnell heraus, dass, umso besser man als Gruppe vorbereitet war, desto risikoarmer und erfolgreicher konnte man jagen. Und diese Vorbereitung geschah nun wie? Richtig: durch ein gemeinsames Ritual. Diese Rituale waren nun aber was? Richtig: stets zielgerichtet und kontextabhängig. So traf man sich für die Vorbereitung in voller Montur im Dorfzentrum, um beispielsweise durch gemeinsames Tanzen später benötigte Bewegungsabläufe zu routinieren und zu automatisieren. Dazu gehörte aber auch, einen gemeinsamen Bewusstseinszustand zu erzeugen. Dieser ließ alle einzelnen Jäger zu einer einzigen, mächtigen, schlagkräftigen „Task Force“ werden. Erinnert Dich das an irgendwelche heutigen Rituale, in denen sich Männer vereinen, um einen zielgerichteten Bewusstseinszustand zu erreichen? Mir fallen da auf Anhieb Dutzende ein. Nur wer würde schon darauf kommen, solche Rituale als „hypnotische Zweckzeremonien“ zu beschreiben?

Nun, diese Rituale von damals dienten (wie heute auch) zu nichts anderem, als zur optimalen Vorbereitung auf ein bevorstehendes Ereignis. Sie bildeten sozusagen den Rahmen, den Weg (die Hypnose), um in einem gemeinsamen Erleben einen gemeinsamen Bewusstseinszustand (die Trance) zu erreichen. Dabei lieferte „der Weg“ die idealen Bedingungen, um eine eigene, passende Realität zu konstruieren und diese als Ressource optimal nutzen zu können. Ein Voodoo-Meister, der mit seinen Rasseln alle krächzend in ein „Schlaf!“, „Schlaf!“, „Schlaf!“ getrieben hätte, wäre damit weder zielführend noch wirklich willkommen gewesen. Wahrscheinlich hätte die Sippe ihn mit seinem Pendel erschlagen.

Nochmal, ganz wichtig: „Hypnose ist der Weg – Trance der Zustand.“ Ein Zustand, der immer zielgerichtet und kontextabhängig als Angebot dient, eigene Realität als Ressource optimal konstruieren zu können. Wie im „Flow“ eben.

Jetzt machen wir mal einen großen Sprung von der Steinzeit, über den Schweizer Paracelsus (15. Jahrhundert), den Iren Greatrakes (16. Jahrhundert) und den Jesuiten Maximilian Hehl, um schließlich bei dem wohl bekanntesten Werbeträger für Hypnose der Neuzeit zu landen: dem Wiener Arzt Anton Mesmer. Mesmer befasste sich in seiner Dissertation mit dem „Einfluss der Gestirne auf den Körper". Mesmer ging von der Hypothese aus, dass ein universales Fluidum existiere, das bei Krankheiten ungleich im Körper verteilt wäre. Dieses könne man, so glaubte er, durch magnetische Heilströme wieder ausgleichen. Um das zu erreichen, legte er die Hand auf seine Probanden, machte Luftstriche oder steckte diese, wenn es mehrere Personen gleichzeitig waren, in Bottiche mit magnetisierter Flüssigkeit. Aufgrund seiner Popularität nannte man diese Art des Hypnotisierens lange Zeit auch „Mesmerisieren". Dieser Ausdruck existiert auch heute noch. Nur nicht im Deutschen. Dafür aber im Englischen. Dort bedeutet: „to mesmerize" – „hypnotisieren".

Mesmer legte mit seiner Theorie des tierischen Magnetismus (und vor allem durch seine eigene Popularität) den Grundstein für die systematische Erforschung der klassischen Hypnose.

Durch die Wirren der Zeit, den Argwohn der Ärzteschaft, gewürzt mit ein paar Prisen Neid und Macht, kam es, wie es kommen musste: Mesmer wurde eines Tages öffentlich diskriminiert, verpönt und aus dem Rampenlicht der Gesellschaft gedrängt.

Doch aufgrund der Anerkennung – im Bereich der Medizin und Psychologie – für den Fall Messmer war seine (Wieder-)Entdeckung nur eine Frage der Zeit. Doch erst einmal kam die Zeit des eingangs erwähnten James Braid. Man erzählt sich, dass er bei einem Auftritt des Magnetiseurs La Fontaine für das Spiel mit dem Magnetismus

Feuer fing. So mutmaßte der junge Arzt im Jahre 1840, dass der Schlüssel zum Erfolg in der Struktur liegen müsse, in der die „Mesmeristen" ihre Patienten zu behandeln pflegten. Zu dieser Zeit war es bei den Schülern Anton Mesmers nämlich so üblich, in der Nähe des Kopfes ihrer Klienten zu stehen und von dort aus abwärts über deren Körper zu streichen.

Braid fiel auf, dass die Klienten mit einem starr nach oben, zum Behandelnden gerichteten Blick auch wie erstarrten. So vermutete Braid, dass der Erfolg der Methode weniger auf eine Übertragung tierischer Energie oder auf Magnetismus zurückzuführen wäre, als vielmehr darauf, dass die Klienten aufgrund einer „kinästhetisch induzierten Hypnose" in diesen Trancezustand eintauchten.

Braid begann nun selbst zu experimentieren. Beispielsweise ließ er seine Versuchspersonen auf glänzende Gegenstände starren, um sie in diesen Zustand zu bekommen. Im Laufe der Zeit verwarf er die Ideen des „magnetischen Animalismus" aber völlig und formte die Theorie von „hirnphysiologischen Veränderungen", die während einer Trance stattfinden mussten.

Drei Jahre später schrieb er dazu ein Buch: Neurohypnology (Braid, 1843). In diesem erläuterte er die Technik, wie man durch das Starren auf einen bestimmten Punkt in diesen Trancezustand gelangen könne.

Zeitgleich experimentierte in Frankreich der Landarzt Auguste Ambroise (1823–1904). Er war ein glühender Verehrer von Mesmer und all diesen aufregenden hypnotischen Zuständen. 1864 entwickelte er in Nancy das erste Therapiesystem, in dem die Hypnose eine wichtige Rolle spielte.

Ein deutscher Kollege und Professor an der Universität von Nancy, namens Hippolyte Bernheim, schickte ihm daraufhin einen Patienten, den Liébault nahezu über Nacht heilte. Bernheim fing Feuer. Er begann daraufhin mit Liébault die Möglichkeiten der Hypnose weiter auszuloten.

Auch Freud, der ursprünglich Schüler von Charcot war, wechselte in diesen Jahren zu Bernheim und Liébault. Beide hatten gerade die Schule von Nancy eröffnet. Auch Freud nutzte nun die Hypnose für seine therapeutische Arbeit. Zumindest anfänglich. Später geriet er jedoch in Wettstreit mit dem Hypnosetherapeuten Breuer und entwickelte seine heute als Psychoanalyse bekannte Redetherapie. (Man erzählt sich übrigens, dass Freud einfach mundfaul gewesen sein soll und es für ihn einfach viel lukrativer gewesen wäre, die teure und langwierige Psychoanalyse an die gehobene Gesellschaft zu verkaufen, als sich mit der therapeutisch bei Weitem erfolgreicheren Kurzzeittherapie selbst das Wasser abzugraben. Aber das sind nur Gerüchte.)

Jean-Martin Charcot (1825–1893), der größte Neurologe seiner Zeit und Chef des „Hôpital de la Salpêtrière“ in Paris, glaubte, Hypnose sei ein pathologisches Phänomen und nur hysterische Menschen könnten hypnotisiert werden. Seine falschen Annahmen basierten auf Demonstrationen eines belgischen Bühnen-Hypnotiseurs sowie auf der Tatsache, dass er selbst es angeblich nie fertiggebracht haben soll, jemanden auch nur ansatzweise zu hypnotisieren. Somit sollte seine „Salpêtrière-Schule“ ein Leben lang mit der „Nancy-Schule“ auf Kriegsfuß stehen.

Anfang des 20. Jahrhunderts gelang der Psychoanalyse dann ihr großer Durchbruch. Hypnose war einfach nicht mehr schick. Die Analyse nahm ihren Platz ein. Freuds Lobbyarbeit war eindeutig zu gut gewesen. So hatte die Analyse ein großes Publikum erreicht, das das Geld für diese kostspielige Redetherapie auch ausgeben konnte. So kam es, wie es kommen musste: Die Hypnose geriet in Vergessenheit. Eine ganze Weile lang.

Dennoch war der Wetteifer zwischen den Freudianern und den Behavioristen für die weitere Entwicklung der Hypnose nicht ganz unwichtig gewesen. Der Behaviorismus nämlich gründete auf den Beobachtungen eines amerikanischen Arztes namens William Twitmeyer. Dieser hatte zufällig über das Reiz-Reaktions-Schema gelesen und veröffentlichte nun seinerseits einen Artikel im „Journal of the American Medical Association". Dieser Artikel wurde allerdings kaum beachtet. Einzig der russische Forscher Pawlow stolperte drüber, welcher die Studie weiter ausbaute und daraufhin mit Hunden zu experimentieren begann (auf diesem Experiment gründet „die klassische Konditionierung"). Damit schrieb er die Geschichte der Psychologie nicht nur weiter, sondern wurde auch noch weltberühmt.

Dank Entdeckung der Konditionierung konnte auf beiden Seiten des Atlantik nun fleißig weitergeforscht werden. 1933 fasste Clark Hull in einem Hypno-Klassiker, „Hypnosis and Suggestibility" (Hull, 1933), die wichtigsten Beobachtungen seiner Zeit in einem Satz zusammen: „Alles, was eine Trance voraussetzt, verursacht Trance."

Das klingt jetzt ziemlich simpel, aber denke mal an all die Methoden von heute, wie die progressive Muskelentspannung, Traumreisen, Visualisationstechniken und dergleichen mehr, von dem man haufenweise in der therapeutischen Arbeit, im Mental Training, sogar bei Meditationen findet. Nur kaum einer spricht über das Wirkmuster, das all diesen Techniken zugrunde liegt: die hypnotische Trance. Und dank Clark Hull können wir mit einem einzigen, simplen Satz all diese wundersamen Wirkungen erklären.

Und nun nähern wir uns langsam wieder dem Hier und Heute und landen in den frühen Jahren des 20. Jahrhunderts. Dort war es nämlich niemand anderes als der junge Milton H. Erickson, der an Forschungsprojekten von Clark Hull beteiligt war. Genau der Erickson, der später auch über die NLP so berühmt wurde. In den Jahren 1920 bis 1980 entwickelte und prägte er die Richtung der indirekt-permissiven Hypnose maßgeblich. Bis heute gilt diese als Richtschnur für die moderne, klinische Hypnosetherapie.

Dieser amerikanische Arzt und Psychiater wurde zu einer der wichtigsten Figuren im Kampf um die offizielle Anerkennung der Hypnose als Therapieform. Ericksons Methode besitzt vor allem zwei hervorstechende Merkmale: Permissive Suggestion und indirekte Suggestion. Beide Merkmale flossen vor allem in dem Erzählen von therapeutischen Metaphern zusammen, in denen Erickson meist sehr bildhafte und zum Symptom des Klienten hundertprozentig passende Kurzgeschichten für einen möglichen Heilungsweg entwickelte. Allein durch das Erzählen solcher Geschichten brachte Erickson seine Patienten im Handumdrehen dazu, in Trance zu gehen. Die gewünschten Veränderungen und Heilungen traten oft wie durch ein Wunder ein. Seit Erickson wissen wir, dass ein Mensch auch gegen seinen Willen in Trance gehen kann und dass es gewisse Sprachmuster gibt, die eine Trance einleiten und vertiefen können.

In den 1970er Jahren trafen die beiden jungen Forscher Richard Bandler und John Grinder schließlich auf den Hypnosetherapeuten. Auf der Suche nach dem Modell, welches sie hinter dem Erfolg der hypnotischen Trance (unter anderem auch der von Erickson entwickelten

Technik) vermuteten, entwickelten sie ihre heute als NLP bekannten Methoden und deren Modelle.

Während Erickson die indirekt-permissive Technik optimierte, war George Estabrooks, ein weiterer hervorragender Hypnotiseur, damit beschäftigt, den entgegengesetzten Ansatz, die direkt-autoritäre Methode, zu entwickeln.

Kreative Therapeuten, wie Dave Elman und auch Leslie LeCron, welcher die ideomotorischen Signale populär machte, schrieben neben Ernest Rossi und Jeffrey Zeig, die heute das Erbe von Milton H. Erickson bewahren, die Geschichte der modernen Hypnose fort.

Die neuste, in den letzten Jahrzehnten von dem herausragenden Redner, Therapeut und Ausbilder, Dr. Gunther Schmidt, entwickelte hypnosystemische Therapie, basiert im Wesentlichen auf dem Hypnose-Verständnis von Milton H. Erickson. Dank Schmidt öffnen sich damit nun endlich wieder die Tore zur „klassischen Hypnotherapie", welche vor allem interaktionell und kontextbezogen arbeitet und mit welcher man – als systemische Methode für Therapie und Coaching – wieder treffsicher, flexibel und erfolgreich fährt.

Vielleicht muss man dieses Hin und Her zwischen systemischem und linear-kausalem Denken doch noch schnell mit einem Satz erklären.

Der Unterschied zwischen der klassischen und der systemischen Sichtweise auf Hypnotherapie ist vor allem der, dass ein klassisches Verständnis davon ausgeht, dass Menschen durch die Anwendung von Tranceinduktionsritualen dabei unterstützt werden können, ihre vorherrschenden Bewusstseinszustände, die mit viel Leid und dem Erleben von Symptomen, Problemen und Inkompetenzen einhergehen, zu verändern. Hierzu werden alternative Bewusstseinszustände entwickelt, die Symptome und Leid auflösen sollen. Für die klassische Sicht auf Leiderleben gibt es daher für jedes Symptom auch eine Ursache, welche es nur zu entdecken und auszumerzen gilt.

Die systemische Perspektive hingegen relativiert diese veraltete Denkweise und befreit das Symptomerleben von einer verkrampften und vom System getrennten Suche nach einer willkürlichen Ursache. Hypnosystemische Arbeit stellt das Problemerleben eines Klienten wieder zurück in die Wechselwirkung und rückbezügliche Interaktion verschiedener Systemelemente untereinander.

Diese Blickrichtung führt nun dazu, dass Tranceprozesse und das generelle Verständnis von Hypnose – befreit von aller autoritären und linear-kausalen Magie – wieder zurück in den Kontext normaler Gesprächsführung integriert und in diesem genutzt werden können.

V

Gleich, ob eher im klassischen Sinne, also mit bekannten Entspannungsritualen gearbeitet wird, oder ob eher, im moderneren, systemisch-indirekten Stil, auf sogenannte Konversationstranceprozesse zurückgegriffen wird; Ziel bleibt, die bewusste Aktivierung von fokussierenden und ressourcenaktivierenden Tranceprozessen. Und damit wären wir wieder bei unserem Thema. Denn das ist exakt das, über das auch wir uns, hier in diesem Buch, den Kopf zerbrechen.

Abschließend aber noch schnell ein paar kleine Highlights zur Geschichte der Hypnose, die ich auf keinen Fall unerwähnt lassen möchte.

Zum Beispiel gab es da diesen John Elliotson (1791–1868). Chirurgie-Professor am University College of London und gemäß amerikanischen Quellen Erfinder des

Stethoskops. Er studierte den Mesmerismus im Zusammenhang mit Schmerzkontrolle. Dummerweise kostete ihn das seinen Job.

Oder James Esdaille (1808–1859). Er war schottischer Chirurg und verantwortlich für ein Spezial-Krankenhaus in Kalkutta (Indien). Nachdem er Elliotsons Buch gelesen hatte, vollzog er daraufhin mehr als tausend Operationen mit Hypnose als einzigem Anästhetikum. (Die Chemo-Anästhesie gab es damals ja noch nicht.) Mehr als 300 von diesen waren schwere Operationen, Amputationen und ähnliche Eingriffe. Das Faszinierende an seinen Operationen war, dass die Sterblichkeitsrate von 50 auf nur 5 Prozent sank. Als aber Esdaille nach England zurückkehrte, wurde auch ihm die Lizenz durch die British Medical Association genommen. (Zudem war mit der Erfindung des Chloroforms sowieso Schluss mit dem Unfug: Hypnose. Zumindest in Deutschland und Österreich.)

Während beider Weltkriege und dem Koreakrieg erlebte die Hypnose eine Renaissance, und zwar aufgrund der erfolgreichen Behandlung von Shell-Shock-Opfern (posttraumatisches Belastungs-Syndrom). In diesem Zusammenhang sind vor allem Clark Hull, William James und G. A. Estabrooks nochmal zu nennen.

1955 war es dann endlich so weit: Die britische Ärztegesellschaft erkannte die Hypnose als wirksame Therapieform an. 1958 tat es die amerikanische Ärztegesellschaft ihr gleich. Heute werden Hypnose-Ausbildungen an so gut wie allen medizinischen Instituten angeboten.

Dave Elman war beispielsweise so einer von diesen Ausbildern. Er unterrichtete sein ganzes Leben lang Ärzte und Zahnärzte hinsichtlich des Gebrauchs und Einsatzes von Hypnose. Sein Vorgehen verhält sich gegensätzlich zu dem von Erickson. Er nämlich sagt, es käme einzig und allein darauf an, ob der Hypnotisand generell Anweisungen befolgen könne. Eine seiner unglaublich wirksamen und schnell funktionierenden Induktionstechniken ist daher sehr direkt. Wenn Du willst, kannst Du sie sofort lernen, dann weißt Du auch sofort, was das bedeuten soll. Du brauchst dazu kein teures Wochenendseminar zu „Rapid Inductions" belegen. Sag einfach heute Abend zu deinem Partner: „Schließe deine Augen und tue so, als ob Du sie nicht mehr öffnen könntest. Jetzt zähle von 100 bis eins abwärts und tue so, als ob Du ab 97 alle Zahlen vergessen hättest." Mit dieser Technik gehen angeblich 90 Prozent der Bevölkerung in eine somnambule Trance - sagt man. (Ich gehöre dann wohl zu den übrigen zehn Prozent.)

Nun, ich fasse mal schnell zusammen. Wir haben gesehen, dass man unter „Hypnose" das Ritual bzw. den Prozess versteht, in den Zustand der Trance zu kommen; den Zustand, in dem automatische Musterprozesse unseres Gehirns vorherrschen und als dominante Wirklichkeit erlebt werden.

Was ist nun Trance?

Mit Erickson wurde dieser besondere Zustand der Trance zu einem anerkannten, therapeutischen Wundermittel. Doch was ist nun Trance?

Ist Trance ausschließlich ein besonderer Zustand, den nur ein Hypnotiseur in einem mehr oder weniger willigen „Opfer“ erzeugen kann (und das, ob er will oder nicht)?

Grundsätzlich: nein!

Lass uns nochmal anschauen, was ich in Kapitel II bei den Musterprozessen dazu gesagt habe (dein Gehirn wird dank dieser kleinen Wiederholung die neu angelegten synaptischen Muster sicher viel schneller und nachhaltiger festigen können).

Sicherlich kennst Du das: Du hast es Dir in deinem Sessel, auf der Couch oder im Bett gemütlich gemacht, Dir ein gutes Buch hervorgeholt und Dich ganz in die Lektüre vertieft. Du bemerkst gar nicht, wie eines deiner Kinder den Raum betritt oder deine Frau Dich zum Essen ruft. Erst, wenn sich dein Partner, plötzlich und unmittelbar vor Dir, erbost aufbaut, schreckst Du zusammen. Mit einem Schlag bist Du wieder da. Deine Aufmerksamkeit weitet sich und Du nimmst wahr, was der (meist eher weniger) willkommene Störenfried von Dir will.

Auch das Autofahren hat ab und an so eine magische Wirkung. Ein paar hundert Kilometer bis zum ersehnten Ziel liegen noch vor einem. Zum Glück mal kein Stau auf der Autobahn. Leise, sanft und gemütlich rollst Du dahin. Das Radio dudelt Dir entgegen, das ruhige Brummen des Motors zieht Dich langsam deinem Ziel entgegen. 20 Kilometer nach der Ausfahrt schreckst Du plötzlich auf und bemerkst verärgert, dass Du viel zu weit gefahren bist. Trottel!

Diese beiden Beispiele sollten genügen, um in aller Kürze zu beschreiben, wie sich Trance im Alltag anfühlt. So meint Trance schlicht einen regulären Betriebsmodus unseres Gehirns, einen extrem energiesparenden Modus, damit unser Gehirn vollständig auf Automatik schalten kann. In diesem Status funktionieren alle Prozesse weitgehend ohne deine willkürliche Beeinflussung. Wie zum Beispiel auch das Lesen von Buchstaben und das Verarbeiten all dieser Striche, Punkte und Bögen zu einer inneren Flut von Bildern und aufregenden Abenteuern. Plötzlich findest Du Dich in deinem eigenen Kopfkino wieder. Dein Herz schlägt schneller. Deine Atmung wird flacher. Deine Muskeln sind angespannt. So gespannt wie Du beim Lesen. Nichts davon machst Du bewusst. Nichts willkürlich. Nichts gewollt. Beim Autofahren ist es das Gleiche. Du schaltest automatisch, setzt den Blinker, lenkst – alles, ohne auch nur ein einziges Mal wirklich bewusst darüber nachzudenken.

Dieser – energetisch gesehen – enorm effiziente Betriebsstatus unseres Gehirns hat eine Menge wesentlicher und wichtiger Aufgaben. Es liegt auf der Hand, dass es, wie ja schon erwähnt, völlig unmöglich wäre, die unglaubliche Zahl an körperlichen Prozessen in jedem Augenblick auch nur annähernd bewusst zu steuern. Ebenso wäre es eine unglaubliche Energieverschwendung, müssten wir jedes Mal aufs Neue damit beginnen, bewusst Energie zu investieren, wenn wir unser Auto fahren oder ein spannendes Buch lesen wollten.

Irgendwann einmal haben wir uns antrainiert, aus Strichen, Bögen und Punkten Worte zu dechiffrieren oder diese vier Räder mit Motor sicher über die Straßen zu bewegen. Ein synaptisches Muster ist entstanden, so dass es ab diesem Moment keines weiteren bewussten Hinzutuns unsererseits mehr bedurfte. Diesen Flow, diesen Prozess, diese Automatik können wir (nahezu) jederzeit problemlos abrufen (bei über einem Promille wird es möglicherweise ein bisschen schwieriger – mit dem Abrufen).

Über die Jahre wiederholen wir nun diesen Prozess immer und immer wieder. Wir trainieren diese Verschaltungen bei jeder Gelegenheit. „Erfahrung" nennen wir das dann. Diese Trainingseinheiten optimieren unsere synaptischen Systeme, so dass wir schon bald, optimal und völlig automatisch gesteuert, Bücher verschlingen oder Autorennen fahren können. Wir werden professionelle Trance-Junkies. Ganz unbeabsichtigt.

Dieser Betriebsmodus hat aber noch einen weiteren Effekt. Da wir in bestimmten Situationen keine bewusste Energie mehr zusteuern müssen, ist diese frei für andere Beschäftigungen. So können wir beim Autofahren unseren Gedanken nachhängen oder in unserer Vorstellungskraft unglaubliche Filme inszenieren, wenn wir in die packende Geschichte eines Buches eintauchen.

Allen Trancezuständen ist somit eines gemein: Wir fokussieren unsere Aufmerksamkeit auf ein bestimmtes Erleben, das uns unser Gehirn in unserer inneren Welt anbietet.[1] Dies geht im Zweifel so weit, dass wir alles um uns herum zu vergessen beginnen: Den Ruf zum Essen überhören, Schmerz nicht mehr spüren, Müdigkeit nicht mehr wahrnehmen und ab und an barsch aufgeweckt werden müssen, um nicht beinahe die Oma auf dem Zebrastreifen zu überfahren.

---

1 Da, wo wir hinschauen, entsteht unsere Wirklichkeit (als Realität wirkender Fokus unserer Aufmerksamkeit).

Dieser ganz natürliche Zustand, den so eine Trance darstellt, lässt sich nun auch willentlich und bewusst erzeugen. So nutzen Sportler beispielsweise Techniken der Selbsthypnose, um sich optimal auf Wettkämpfe vorzubereiten[2], so nutzen Manager Hypnose, um sich in ihren kurzen Pausen schnell und nachhaltig zu entspannen, oder auch kluge Eltern, die ihre Kinder schneller zum Schlafen kriegen wollen.

Aber auch ganze Berufsgruppen drehen sich um die Frage, wie dieser extrem effiziente Betriebsstatus unseres Gehirns a) zu erreichen und b) dann möglichst effektiv, für alle möglichen Zielzustände, zu nutzen ist.

Dummerweise hat sich unter den professionellen Hypno-Therapeuten, ganz offensichtlich, ein Verständnis von Hypnose kultiviert, das sich nur aus der Tradition der letzten 250 Jahre ableitet. Vor allem in Europa, dort findet sich ein viel zu enges und einseitiges Verständnis von Trance und Hypnose, welches meist ausschließlich auf einem einseitigen Therapeutenmonolog beruht und den Klienten, der in seiner kataleptischen Entspannungstrance nicht mehr wirklich zum Reden in der Lage ist, kaum noch zu irgendeiner Interaktion einlädt bzw. ihn daran hindert.

Die ursprüngliche Arbeit mit Trancezuständen hat weltweit gesehen eine deutlich längere Tradition – wie schon berichtet. Aber noch einmal: Nicht erst seit Hunderten von Jahren, sondern seit über Zehntausenden Jahren ist die Arbeit mit Trance Bestandteil einer fast jeden menschlichen Kultur und wurde bzw. wird besonders zu Heilungszwecken und religiösen Anlässen intensiv genutzt. Nur selten wurden hierbei diese idiotischen Entspannungszustände oder Zustände wie Katalepsie oder massive Dissoziiertheit produziert – so wie das bei uns in

2 Das nennt man dann Mentaltraining.

Europa ab dem 18. Jahrhundert extrem hipp wurde und wie sich das so mancher Hypnotherapeut von heute unter dem Begriff Hypnose gar nicht mehr anders vorstellen kann.

Daher will ich das nochmal betonen: Tranceprozesse wurden immer als einfaches Mittel zum Zweck genutzt. Hierbei hat der Zweck diktiert, wie das Mittel „Trance" zu sein hat. Nicht umgekehrt! Heute hingegen gewinnt man vor allem im therapeutischen Kontext den Eindruck, als gäbe es nur noch einen einzigen, probaten und richtig richtigen Zustand, in den ein Klient zu verfallen hat, soll die Hypnose auch wirklich wirklich sein ...

Früher hingegen nutzte man noch spezielle soziale Interaktionen, optimale körperliche Spannung oder Gesang und Tanz, um sich auf ein bestimmtes Ziel vorzubereiten. Wenig sinnvoll wäre es gewesen, hätten sich Massai-Krieger in tiefenentspannter Katalepsie auf die bevorstehende Jagd vorbereiten wollen. Genauso wenig zu verstehen wäre es, wenn sich Wladimir Klitschko mit meditativen Gesängen auf einen bevorstehenden Boxkampf vorbereiten würde. Da passen Mittel und Zweck einfach nicht zusammen.

Zum Glück entwickeln sich seit Mitte der 1980er Jahre ein paar Professionelle (aus den Bereichen: Hypnotherapie, Coaching usw.) wieder weiter. Die Fragen nach den passenden Angeboten, in passenden Settings, mit passenden Tranceprozessen, und das für einen bestimmten Zweck, rücken wieder mehr in den Mittelpunkt. Man scheint auch offener zu sein, gewillter, tatsächlich neue Antworten finden.

Wie nun passende Trancen getriggert werden können und gewünschtes Verhalten tendenziell am ehesten zu evozieren ist, das hat nicht nur die therapeutische Forschung längst für sich entdeckt. Selbstverständlich beschäftigt auch die Wirtschaft, das Marketing oder professionelles PR ihre Fachbereiche damit, ihre Leistungen und Erfolgsaussichten durch Erkenntnisse aus der Hirn- und Hypnoseforschung drastisch zu verbessern.[3]

Genau deshalb spielt die Hypnose in diesem Punkt eine so wichtige Rolle. Denn nirgends sonst können wir so viel über den effektiven Einsatz von Sprachmustern lernen und für unsere Zwecke nutzen wie auf dem Gebiet der Hypnose.

Wie ich schon in der kurzen Geschichte zur Hypnose erwähnt habe, verdanken wir die meisten Strategien und Techniken verbaler Einflussnahme – die mittlerweile selbst jeder zweite Autoankäufer wie selbstverständlich auf seine Visitenkarte druckt – niemand anderem als Milton H. Erickson bzw. dem Modell seiner Arbeitsweise[4].

Da wir das genaue und einfach zu erlernende „Milton-Modell" den Begründern der NLP zu verdanken haben, sei mir an dieser Stelle noch ein weiterer Exkurs erlaubt. Ich möchte Dich kurz mitnehmen und Dir ein bisschen was zur Geschichte der NLP erzählen. Das ist eine wirklich spannende Geschichte, voller Anekdoten, die in einer Zeit spielte, die voll von spannenden Menschen, Entwicklern und Kreativlingen war. So wird es Dir später leichterfallen, die eine oder andere Manipulationsstrategie besser zu verstehen und Dich von der Faszination anstecken zu lassen, die damals auch in den beiden Gründungsvätern brannte.

---

3 Mit Ausnahmen: Bei manchen Werbetexten scheint diese Aussage definitiv nicht zu stimmen.

4 Modellieren ist ein Fachbegriff aus der NLP und meint in diesem Zusammenhang nichts anderes als die Leistung dieser beiden, die Arbeit von Milton in eine konzeptionelle Form gebracht zu haben, die es jedem nachvollziehbar und möglich machte, Hypnosetechniken ohne großen Aufwand zu erlernen.

Eine kurze Geschichte der NLP

Die Disziplin des Neurolinguistischen Programmierens, die in den 1970er Jahren unter Richard Bandler und John Grinder entstand, stellte sich der faszinierenden Frage: Wie um alles in der Welt war es all den bekannten Therapeutinnen und Therapeuten der damaligen Zeit möglich, derart extreme Veränderungsprozesse in Menschen zu evozieren, dass sie sich beinahe schon über Nacht von ihren seelischen Leiden befreit fühlten.

Fasziniert über die Bestleistungen dieser damaligen therapeutischen Koryphäen, versuchten die beiden NLP-Entwickler genau jene Modelle zu beschreiben, die Menschen zu Zauberern von Verhaltensänderung und kreativen Umbauten von Realitätskonstruktionen machten. Ziel war, ein System zu erschaffen, das jedem beliebigen Menschen ermöglichen sollte, diese Zauberformeln selbst zu erlernen, um auch selbst ein Großmeister werden zu können.

V

Wenn Dich der Hintergrund zu dieser berühmt und berüchtigt gewordenen Disziplin des NLP interessiert – dann stürze Dich auf den folgenden Seiten hinein, in die abenteuerlichen Geschichte.

Solltest Du Dich weniger für Geschichtliches bzw. für diese Art der soliden Basis interessieren, kannst Du diesen Abschnitt auch gerne überblättern. Du wirst dann halt weniger wissen als deine Kollegeninnen und Kollegen, aber lass Dich davon bitte nicht beeinflussen und habe auch kein schlechtes Gewissen ...

Entschieden? Neugierig? Dann mal los ...

Richard Wayne Bandler, am 24.2.1950 in New Jersey als Einzelkind einer jüdischen Familie geboren, verbrachte seine Schulzeit in Sunnyvale, Kalifornien. Dieses Kaff ist heute besser unter dem Namen „Silicon Valley" bekannt. Richard spricht nicht oft über seine Kindheit, so dass von dieser Zeit nur einzelne Fragmente bekannt sind. Aber man sagt ihm nach, dass er als Junge bereits schon sehr musikalisch war und davon träumte, einmal wie Buddy Rich Schlagzeug zu spielen. Mit 16 Jahren spielte das Schicksal ihm dann auch gut zu, und er unterrichtete den Sohn von Robert Spitzer, einen seinerzeit sehr bekannten Psychiater. In ihm fand der junge Richard so etwas wie eine adäquate Vaterfigur. Spitzer wiederum erkannte früh das außerordentliche Interesse und auch Richards gewisse Begabung, sich mit psychologischen Fachthemen auseinanderzusetzen. So erzählt man, dass Robert ihm seine Psychologiebücher auslieh und damit begann, ihn mit den Kernaussagen der damals über alle Grenzen bekannten Familientherapeutin Virginia Satir bekannt zu machen.

Richards Familie besaß wohl eine Zeit lang mal ein Restaurant. Er hielt sich dort oft auf, um seine Mutter beim Kochen zu beobachten. Man sagt ihm übrigens bis heute noch nach, dass er ein ausgesprochenes Talent zum Kochen besaß.

Viel Freude an diesen seinen eigenen Kochkünsten dürfte er allerdings kaum gehabt haben. Einmal wurde er während seiner Jugendeskapaden derart schlimm durch einen Messerstich am Bauch verletzt, dass er daraufhin einen Teil seines Darms einbüßen musste.

Nach seiner High-School-Zeit hatte Richard das Glück, 1968 in das Junior College zu wechseln. Dort begann er, sich dem Studium der Philosophie zu widmen. Man erzählt sich, dass er stundenlang philosophische Diskussionen mit seiner Freundin führte – mit der er in einem kleinen Wohnwagen hoch in den Bergen über Santa Cruz lebte. Er experimentierte auch mit Cannabis und Acid, wie das wohl viele seiner Generation damals taten.

Richard absolvierte seinen Schulabschluss erfolgreich. Anschließend wechselte er nach Los Altos ins College, um zwei Jahre darauf an die Universität nach Santa Cruz zu gehen. Dort studierte er anfänglich Mathematik und Computerwissenschaften, um sich anschließend nur noch seinem liebsten Interesse, den Verhaltenswissenschaften, hinzugeben.

Während seiner Jahre als Student verdiente Richard sein Geld, indem er im Verlag von Robert Spitzer arbeitete. So kam es, dass er eines Tages gebeten wurde, einige Transskripte von Fritz Perls zu redigieren. Dabei entflammte die Gestalttherapie sein glühendes Interesse bzw. gab diesem noch mehr Zündstoff. Es war ja schließlich schon zuvor bei der Familientherapie von Virgina Satir aufgelodert. Aber dazu später mehr.

1973 erwarb Richard seinen Bachelor und zwei Jahre später seinen Mastertitel in theoretischer Psychologie.

Man erzählt sich, dass sich Richard an einem Nachmittag des Jahres 1972 in einem Diskurs mit einem seiner Professoren befand. Richard beschwerte sich über den fehlenden praktischen Bezug des vermittelten Stoffes und schlug vor, dafür doch die von Fritz Perls entwickelte Gestalttherapie einzuführen.

Nun war der entsprechende Professor ganz seiner Meinung, nur das Problem war, dass es niemanden an der Universität gab, der ‚Gestalt' unterrichten konnte.

Einer der Vorteile, die ein Student im vierten Jahr an der Uni von Santa Cruz hatte, war die Möglichkeit, sein eigenes Seminar entwickeln und anbieten zu können. Teilnehmende Studenten erhielten eine echte Bescheinigung, die wie alle anderen Kurse gleichermaßen anerkannt wurde.

Das war die Chance für Bandler. Im Frühjahr 1972 hielt er somit seinen ersten Kurs in ‚Gestalt' im College der Universität.

Das war auch die Zeit, in der John Grinder begann, sich an der Universität zu seiner Professur hochzuarbeiten. Er hatte einen Dr. phil. von der Universität in San Francisco erhalten. Dort hatte er sich mit Linguistik und der Syntax von Sprache beschäftigt.

V

John kam aus einer großen katholischen Familie, war Laienprediger an einer örtlichen Freikirche und hatte einige Zeit in der Army gedient, wo er als Übersetzer eingeteilt worden war. Er sprach mehrere Sprachen und war an verdeckten Ermittlungen beteiligt. So war er daran gewöhnt, eine große Flexibilität an Verhalten, Sprachmodellen und Identitäten annehmen zu müssen.

Nun wurde John Grinder Richard als Anleiter für seine besagten Kurse zur Seite gestellt.

John – mit seinen brillanten Fähigkeiten, zu modellieren – und Richard – mit seinem unersättlichen Wissensdurst – gingen nun eine einzigartige Beziehung ein. Eine Beziehung, aus der die Grundlagen einer Methodik entstehen sollte, die zur Triebfeder der Fortentwicklung zwischenmenschlicher Kommunikation wurde.

Nun, Richard hielt seine ersten Kurse. Und sein Konzept wuchs. Er unterrichtete eine bunte Mischung aus Gestalttherapie, Psychodrama, Techniken der Tiefenmassage, Therapieansätzen nach Reich und später auch systemischen Techniken aus der Familientherapie. Seine ersten Kurse hielt er noch an der Universität, doch aufgrund der großen Nachfrage gesellten sich schon bald Wochenend-Workshops in der Gegend und Abendkurse hinzu. All diese Veranstaltungen waren von der überragenden Ausstrahlung Richards geprägt, dessen Persönlichkeit als Therapeut und Trainer deutlich von der riesigen Lust an Leben und von der Neugier am Ausprobieren geprägt war.

Richards Gruppen, rund um Santa Cruz, füllten sich durch Mundpropaganda. Die Ergebnisse seiner Interventionen waren erfolgreich und gut. So musste er schnell die Teilnehmerzahl seiner Kurse begrenzen. Richards Seminargebühren waren zu dieser Zeit noch ein Witz. Man sagt ihm nach, dass er auch Essensmarken akzeptierte, wenn die Teilnehmer kein Geld hatten.

Nun bemerkte auch John Grinder die brillanten Fähigkeiten von Richard. So kamen sie zu einem Deal: Wenn Richard nun John beibrachte, was er tat, dann würde John ihm helfen, weitere Bestleistungen der Magier jener Zeit zu modellieren. Und so begann das eine auf dem anderen aufzubauen.

Aufgrund Johns linguistischen Hintergrunds lag es nahe, bei den professionellen Kommunikatoren der damaligen Zeit zu beginnen. So beschafften sie sich Audio- und Videobänder herausragender Therapeuten wie von Fritz Perls, Virginia Satir und später Milton Erickson. Mit Johns Wissen modellierten sie nun penibel deren Arbeit. Dies hatte großen Einfluss auf Richards wachsende Fähigkeiten. So begann beispielsweise die Idee der Persönlichkeitsanteile, besonders die der Gegensätze des „Top-Dog- und Under-Dog-Modells“ von Perls zur Schlüsselrolle in Richards Seminaren zu werden.[5]

---

5 Die Top-Underdog-Polarität beschreibt bei Perls die häufigste Spaltung

Eine andere herausragende Persönlichkeit, die dem langsam entstehenden NLP ihren Weg bahnte, war Virginia Satir. Wie Richard erzählt, lernte er sie bei einer Cocktailparty kennen. Damals war sie eine Sozialarbeiterin, die sich sehr für die systemischen Ansätze zur Familien- und Paartherapie interessierte. Sie entwickelte damals ein Kommunikations- und Familientherapiemodell, das sie „Verbundene Familientherapie" nannte. Daraus sollte später die heutige „systemische Familientherapie" werden.

Richard war begeistert von Virginia. So kam es, dass er über mehrere Jahre hinweg als Tontechniker bei Virginias Vorträgen fungierte. Er begleitete sie durch die ganze USA und nutzte so die einmalige Chance, etliche Kommunikations- und Veränderungstechniken direkt von ihr zu erlernen.

In einem dieser Trainingsprogramme lernte er das therapeutische Werkzeug namens „Parts Party" sowie die Aufstellungs- und Familienrekonstruktionsarbeit kennen. Das begeisterte ihn.

Fortan begann Richard wohl Hunderte solcher „Parts Parties" zu organisieren, an denen John Grinder anfänglich als Teilnehmer, später dann als Assistent mitwirkte.

Mitte der 1970er Jahre, zu Zeiten, als der Vietnamkrieg gerade zu Ende ging, war das Land von einer Menge Anti-Kriegs-Demos aufgewühlt. Auch John Grinder, in T-Shirt, langen Haaren und Jeans, beteiligte sich als maßgeblich verantwortlicher Organisator solcher Protestmärsche. Seine Erfahrung aus den Militärzeiten kam ihm dabei wohl zugute. Er organisierte sogenannte „Infinity-Groups", je drei ineinander eingehakt, mit der Prämisse,

in der menschlichen Persönlichkeit. Der Top-Dog stellt das Gewissen dar, das immer Recht hat, wohingegen dem Underdog die Rolle des versöhnlich stimmenden Manipulierers zukommt.

dass diese drei jeweils untereinander unter allen Umständen aufeinander achten, um dann loszuziehen, mutig dem strotzenden Polizeiaufgebot entgegen.

Richard hingegen machte zwischenzeitlich seinen eigenen Protestmarsch. Man erzählt sich, dass er sich in sein Auto gesetzt hätte und mit Vollgas durch das Polizeiaufgebot hindurch gebraust sei. Ebenso erzählt man, dass er sich die Wochen drauf sehr rar auf den Straßen von Santa Cruz gemacht haben solle.

Eine nächste wichtige Etappe auf dem Weg waren die sogenannten „Mission Street Gruppen" in Santa Cruz. Richard lehrte dort Paarberatung, Aufstellungsarbeit und ein bisschen Gestalt von Perls. An einem dieser Abende arbeitete Richard mit drei Leuten gleichzeitig. Einem Studenten, seiner aktuell werdenden Freundin Leslie und seiner Ex-Freundin Judith. Bei diesen Gruppen in der Mission Street entwickelten sich von nun an mehr und mehr Werkzeuge zur Informationsgewinnung. Die Grundlage zur Informationssammlung bildeten hierbei die Wie-Wer-Was-Fragen. Warum-Fragen waren in der Tradition von Fritz Perls verboten.

Die Dynamik unter den Mitgliedern dieser Gruppen war erwartungsgemäß hoch, da stets an gefühlsbeladenen Themen miteinander gearbeitet wurde. So kamen sich mit der Zeit Leslie Cameron und Richard immer näher sowie auch Judith De Lezoire und John.

Über Monate hinweg arbeiteten die Gruppen nach dem „Trial and Error"-Prinzip alle möglichen und unmöglichen Sprachmuster durch. Das Meta-Modell begann sich zu entwickeln.

Wenn man von einem Beginn des NLP sprechen möchte, dann war sicher das diese Zeit. Gewöhnlich lieferte Richard die therapeutische Expertise und John modellierte auf Grundlage der Transformationsgrammatik. Mit der Entwicklung des Meta-Modells als Prozesswerkzeug war der Grundstein für eine neue, eigenständige Form therapeutischer Intervention gelegt.

Kurz drauf erfanden Richard und John ihr neues MM-Logo – das für Meta-Modell stand und später auch als Hauslogo ihrer Verlagsfirma „Meta Publications" herhalten musste. Diese Zeiten waren von vielem, intensivem Experimentieren und dem Modellieren geprägt. Das Motto der Stunde war: Was wirkt, gewinnt! Alte Regeln, wie die von „dem warmen, einfühlsamen und authentischen Therapeuten", flogen raus. An dessen Stelle trat ein Modell mit der Bezeichnung: „Wenn das, was du tust, nicht funktioniert, tu etwas anderes!"

Nun kam es, dass der Nachbar von Richard ausgerechnet Gregory Bateson (herausragender Kommunikationstheoretiker 1904–1980) war. Er überredete John und Richard dazu, den damals gerade berühmt werdenden Hypnotherapeuten Milton H. Erickson zu modellieren.

Gesagt – getan. Mit dem Modellieren von Erickson kamen nun völlig neue Sichtweisen in das junge NLP. Die meisten aller heute bekannten und populären Techniken des NLP entstanden in dieser Zeit. So wurde die potentialorientierte Hypnose Ericksons zu einem neuen Pfeiler des wachsenden Formats. NLP-Techniken wurden von nun an als Modelle verstanden, die dem Bewusstsein erklärten, wie das Unbewusste funktioniert. Techniken wie das Reframing wurden entwickelt, und weil Hypnose in der damals als modern geltenden Psychotherapie abgelehnt wurde, NLP-Techniken hingegen den erfolgreichen Versuch darstellten, Hypnose in einer akzeptierten Form anzubieten, wuchs die Anerkennung dieses jungen Formats recht schnell.

Somit gehörten zum damaligen NLP:

- das Konzept der Teilearbeit (basierend auf Perls und Satirs Modellen)
- das Konzept des Reframings und
- der Gebrauch von Symptomverschiebung unter Hypnose
- und das liebevoll „Milty-Modell" genannte Format von Milton H. Erickson

Da ja bekanntlich eine der besten Lernstrategien diejenige ist, anderen beizubringen, was man selbst versucht zu verstehen, fingen Richard und John damit an, vermehrt Seminare zu halten. Thema ihrer Workshops und Seminare war die therapeutische Veränderungsarbeit und weiterhin das Modellieren von Hypnose.

Diese Seminargruppen experimentierten nun wild mit rudimentären Formaten des jungen NLP, mit Hypnosephänomenen, Deep-Trance-Identifications, Halluzinationen und dergleichen mehr.

Bandler und Grinder gingen davon aus, dass das Modellieren von erfolgreichen Persönlichkeiten in Deep-Trance-Identifications eine nicht nur interessante, sondern auch erfolgreiche Art zu lernen sei. Auch Leslie Cameron war eine der Teilnehmerinnen dieser Seminare. Ihr sagte man nach, dass sie während einer Deep-Trance-Identification mit Virginia Satir mehr zu Virginia wurde als Virginia selbst.

Während dieser Seminare in Richards Haus, in den Bergen von Santa Cruz, wurde an einer Technik gearbeitet, die auf Arbeiten von Iwan Pawlow basierte (den hast Du ja schon kennengelernt). Richard und John formten die Technik des klassischen Konditionierens in die praktischere, deutlich besser nutzbare Technik des Ankerns. Eine

Art der Musterunterbrechung, um sich über ein erzieltes Verhaltensvakuum rasch wieder in einen veränderten Bewusstseinszustand zu überzuführen, um so wieder schnell Zugang zu den eigenen Ressourcen zu finden. Ebenso schreibt man diesen Seminargruppen die Entdeckung der Augenzugangshinweise zu.

Eins der Modelle, das sich wie ein roter Faden durch die Entwicklungsgeschichte des NLP zieht, war der Gebrauch von therapeutischen Metaphern. Meistens wurden diese Metaphern nach dem Vorbild von Milton benutzt. Therapeutisch wird eine Metapher dann, wenn eine zusätzliche Ressource des Klienten strategisch in der Metapher platziert wird, sodass die Person zu einem für sie unter Umständen überraschenden Resultat geführt werden kann. Die Verwendung von Metaphern führte zu einem erweiterten Verständnis der Submodalitäten, welche später dann zur sogenannten „Swish-Technik" wurde.

Aus dem „Parts Party-Modell" von Virgina leitet sich allmählich das sehr frühe Modell des „Six-Step-Reframing" ab. Hier bekam der Klient zehn eigene Persönlichkeitsanteile und ein Meta-Teil an die Hand, welches den Entscheidungsprozess moderierte und die Verhandlungen zwischen den Teilen unterstützte. So sollte auf sehr umständliche Art und Weise versucht werden, ein individuell gewünschtes Erleben zu erreichen.

Später wurde das Modell mit den festgeschriebenen zehn Teilen zum Glück völlig fallen gelassen. Dem Klienten war es von nun an selbst überlassen, mit wie vielen Teilen er arbeiten wollte.

Ende 1976 zogen Richard und John durch unzählige Universitäten der USA, um ihre neuen Formate, den ersten NLP-Baukasten, vorzustellen: Das Meta-Modell, die Repräsentationssysteme und die Anker.

Durch ihre humorvolle Herangehensweise an die persönlich erlebbare Psychotherapie und ihre Fähigkeit, aus jedem beliebigen vorhandenen Kontext etwas zu machen, machte sie zu den gefragtesten Seminaranbietern im Land.

Mit den Workshops von Leslie und Judith bekam das NLP auch eine Fangemeinde unter den Frauen. Dem extrem sexistisch klingenden Duo, Richard und John, war es zu diesem Zeitpunkt noch nicht auszutreiben gewesen, sich der ausklingenden Emanzipation unbefangen zu nähern. Das übernahmen fortan Leslie und Judith.

1977 starteten auch Robert Dilts und Terrence McClendon und einige weitere, aus den ersten Stunden, mit ihrer ganz eigenen Tournee durch die Staaten und machten das junge NLP noch weiter bekannt.

Anfang der 1980er Jahre wurde NLP bereits als eigenständiges Modell betrachtet. Es bestand aus Meta-Modell, den Repräsentationssystemen, dem Ankern, dem Reframing und Strategien.

John und Richard verfeinerten zunehmend Ihre Fähigkeiten. So wird berichtet, dass Richard bei einem Seminar den ganzen Tag damit verbrachte, Unzufriedenheit zu säen, um dann die halbe Nacht, gemeinsam mit Robert Dilts, damit zu verbringen, ein Reframing-Modell zu konzipieren, das wieder Zufriedenheit in der Gruppe herstellte (s. a. „Magie der Sprache").

Ebenso stand neben dem gesamten beruflichen Stress im April 1977 ein persönliches Hochereignis im Kalender. Richard heiratete Leslie Cameron und wurde von keinem Geringeren getraut als von John Grinder. Wie eingangs bereits erwähnt, war John ja noch Prediger der Universal Light Church.

Kurz nach der Hochzeit stellte Leslie einen Kader von NLPlern zusammen. Der Beginn der „Society of NLP" gründete gleich mit in die Erstfirmierung: „Not Limited Division of Training and Research", oder kurz: „DOTAR".

Ein Jahr später, 1978, bemerkten John und Richard, dass die Bühne für sie beide wohl zu klein wurde. Sie entschlossen, ihre Wege getrennt weiterzugehen. Noch heute ist dieses Thema ein wunder Punkt, zumindest bei Richard. Spreche ihn doch einmal bei einem Workshop darauf an, wenn Du mal die Gelegenheit haben solltest. Dann wirst Du sehen, was ich meine.

Ebenso war Leslie von dem zunehmenden Stress schwer gezeichnet und kam deshalb für einige Zeit ins Krankenhaus. Im November 1980 reichte sie nach kurzer Ehe die Scheidung ein.

V

Die Society of NLP gedieh unter Richards Führung weiter. Er behielt das Warenzeichen und zahlte John irgendwann schließlich eines Tages aus.

John gründete sein eigenes Unternehmen: „Grinder, De Lozier and Ass" und entwickelte mit seiner feinfühligen Art das NLP-Modell – auf Basis der evolutionären Kommunikationstheorie von Bateson und den hypnotischen Kommunikationsmustern von Milton – weiter und lehrte dieses landesweit in Precision Workshops.

Heute finden wir eine riesige Zahl an ausgebildeten NLP-Practitionern, Mastern, Trainern, Lehrtrainern, Coaches und Lehrcoaches. In Deutschland organisieren sich mehr als 3.000 von ihnen im Dachverband für NLP (DVNLP) und eine weitere Zahl in der Society of NLP.

Aufgrund der enorm effektiven und leicht zu erlernenden Techniken, wie die der Sprachmuster, die der

Manipulationsstrategien und weiteren mehr, ist das NLP heute kaum noch aus dem Repertoire professioneller Kommunikateure wegzudenken.

Ihr großer Vorteil ist jedoch auch ab und an ihr Nachteil. Formate, die seinerzeit fest eingebettet in einen bestehenden Kontext erlebt, genutzt und praktiziert wurden, finden sich bei manch einem NLPler heute nur noch als strategische Waffe wieder. Meist planlos und von jeglichem Kontext befreit, wird ahnungslosen Probanden ein Format nach dem anderen um die Ohren geblasen, was das Zeug hält. Es scheint das Credo zu gelten: Der Klient hat sich an das Format anzupassen, nicht umgekehrt. So ist und war NLP jedoch nie gedacht!

Einige Seminarteilnehmer aus meinen Gruppen berichten mir öfters über diese Art unangenehmer Ersterfahrungen mit dem NLP. Das ist extrem traurig. Ich will daher – auch mit diesem Buch – die Chance nutzen und Dir diese ganz andere, eher ursprüngliche und wahrhaftige Seite dieser wirklich schönen Methode, NLP, zeigen. Ich hoffe, sie macht Dich neugierig und bereitet Dir viel Freude

Verbale Manipulation in NLP und Hypnose

Überall dort, wo Sprache nicht einfach nur zum lustigen Zeitvertreib dient, sondern als Speerspitze zielgerichteter Rhetorik dient, werden wir heute Modelle aus der Hypnose und dem NLP finden. Keine andere Disziplin hat sich derart ausgiebig und differenziert mit den Möglichkeiten von Sprache als Werkzeug der Veränderungsarbeit beschäftigt wie diese beiden. Ohne die Erkenntnisse aus Hypnose und NLP hätten somit viele unserer Manipulationsstrategien und Techniken der Einflussnahme nicht ihre Effizienz.

Seit ein paar Jahren gesellt sich nun noch die Hirnforschung hinzu. Dank ihr wissen wir nun auch, warum diese Strategien und Techniken funktionieren und wie sie funktionieren. Wir haben eine Menge über die Verarbeitungsrituale unseres Gehirns gelernt und können unsere sprachlichen Strategien noch viel zielführender ausfeilen. Ein sehr gutes Beispiel für diese erfolgversprechende Symbiose ist ein weiteres Strukturmerkmal, das ich Dir jetzt vorstellen möchte.

Dieses letzte, noch ganz wesentliche Merkmal von Sprache, und damit auch heiß genutztes Werkzeug unseres Gehirns, um Erlebnisse als Erfahrungsmuster abzuspeichern, sind die sogenannten „Submodalitäten".

Genau dieses eine Grundlagenwerkzeug brauchen wir noch. Und bevor wir den Sack dann vorerst endgültig zuschnüren, um uns mit den sprachlichen Manipulationstechniken und Strategien direkt zu beschäftigen, muss diese Entdeckung des NLP unbedingt noch in deine „Toolbox".

Vieles, was ich Dir an Formaten und Manipulationstechniken später noch zeigen werde, basiert auf der Manipulation von Submodalitäten. Das Ziel, ein anderes, wünschenswertes inneres Erleben zu erzeugen, das eher ein bestimmtes Verhalten oder eine bestimmte Entscheidung auslösen wird, ist die Grundidee der Submodalitäten.

Submodalitäten

Also, was sind das nun: Submodalitäten? Lass es mich Dir mal so erklären: Dank der engagierten Forschung des NLP und den bildgebenden Verfahren der Hirnforschung, wissen wir heute, dass ein Erlebnis, das einmal als Musternetzwerk abgespeichert wurde, in vielfältigster Art und Weise in unserem Gehirn repräsentiert wird. Oder simpler: Eine einfache Erinnerung stößt eine Vielzahl unterschiedlicher Netzwerke an, um sie wieder erinnern zu können.

Eines dieser Netzwerke zur Repräsentation eines inneren Erlebens sind die Sinnesmodalitäten. Bei diesen spricht man von folgenden Systemen: Den Visuellen, Auditiven, Kinästhetischen, Olfaktorischen und Gustatorischen. Die Art und Weise hingegen, „wie" diese Reize in den einzelnen Modalitäten repräsentiert werden, nennt man: Sub-Modalitäten. Irgendwie logisch, nicht wahr?

Wie Du ja schon gesehen hast, nutzen wir Menschen unsere Repräsentationssysteme für die Verarbeitung und für die Organisation von Sinneseindrücken. Also: Wir hören Stimmen und führen unsere inneren Dialoge, wir sehen mit den Augen und haben unsere inneren Bilder, wir fühlen einen pieksenden Schmerz und haben ein bestimmtes Gefühl von ...

Ganz am Anfang der Geschichte des NLP, als Richard Bandler und John Grinder begannen, sich mit den Modalitäten auseinanderzusetzen, entdeckten sie recht schnell, dass die Art und Weise, wie Menschen etwas ordnen und strukturieren, in einer spezifischen Sequenz von Repräsentationen zu finden ist. Diese Sequenzen nannten sie: Strategien.

Die Art und Weise also, in der wir Menschen etwas eine Bedeutung geben, steht im direkten Zusammenhang mit der Art und Weise, wie wir eine bestimmte Sache innerlich repräsentieren – eben anhand dieser Submodalitäten.

Das bedeutet, der Grad der Erregung, den wir empfinden, wenn wir zum Beispiel ein bestimmtes Erlebnis erinnern, ist die direkte Folge von Submodalitäten wie Farbe, Größe, Helligkeit, Entfernung, Lautstärke, dem Geruch, Geschmack und so weiter, anhand welcher wir unsere innere Realität konstruieren.

Wenn Du willst, kannst Du das direkt und auf der Stelle ausprobieren. Wenn Du möchtest, krame doch einfach mal eine von den wundervollen und einfach superschönen Erinnerungen hervor, die Du irgendwann einmal in deinem Hippocampus vergraben hast. Vielleicht war es ein besonders schöner Urlaub, vielleicht eine Feier, ein Abenteuer oder der tiefe Blicke in die Augen eines begehrten Menschen. Stell Dir das noch mal ganz genau vor, so, wie es war. Während Du diese Bilder vor deinem inneren Auge anschaust, kannst Du bemerken, dass diese bestimmte Eigenschaften haben: Vielleicht ist es ein Film oder ein Standbild, es wird eine gewisse Intensität und Schärfe haben, es ist hell oder in warmen Farben, hat einen Rahmen oder es füllt dein Sichtfeld ganz aus, vielleicht gehören bestimmte Geräusche dazu oder auch eine Musik? Gab es einen speziellen Geruch, der damals in der Luft lag, bzw. einer, der Dir von deinem Gegenüber betörend in die Nase strömte? Gab es eine bestimmte Körperhaltung, an die Du Dich erinnerst, ein bestimmtes Gefühl, das zu dieser Erinnerung gehört?

Tauche für einen Moment mal ein, in dein inneres Kopfkino, das dein Hippocampus Dir an die breite Leinwand deines Cortex projiziert. Nimm wahr, was dein Gehirn Dir da so alles an Erinnerungen in Mustern verwebt und in elektrischer Ladung von über zehntausend Synapsen da so anbietet.

Jetzt experimentieren wir mal ein bisschen mit deiner Erinnerung. Beobachte das Geschehen auf deiner inneren Leinwand und spüre mal, wie Du Dich jetzt in diesem Moment fühlst. Kalibriere Dich sozusagen selbst. Diesen Status quo, den Du da für Dich beschreibst, den brauchen wir, um nachher Unterschiede nachvollziehen zu können. Du kannst das auf einer Skala von eins bis zehn notieren. Das nennt man dann skalieren.

Beginnen wir unsere Experimente. Nimm Dir dieses letzte wunderschöne Bild deiner Erinnerung. Du mit ihr im Sonnenuntergang – oder was auch immer. Wenn Du das Bild deutlich vor deinen Augen hast, dann dreh einmal den Regler für Helligkeit langsam hoch. Mach also dein Bild heller und heller. Was passiert jetzt mit deinem Gefühlszustand? Oder dreh die Schärfe raus! Mach den Kontrast prägnanter! Das Bild ganz klein! Drehe die Lautstärke hoch! Oder lasse alles ganz still und leise werden. Halte Dir in Gedanken die Nase zu oder lege Dir einen atemraubenden Gestank in die Luft!

Was passiert mit deinem Status quo? Wie fühlst Du Dich, wenn Du dieses innere Bild manipulierst? Wie dramatisch verändert sich dein Erleben, wenn Du diese bildhafte Erinnerung plötzlich ganz klein und duster machst? Wo auf der Skala von eins bis zehn landest Du dann?

Du wirst bemerken, dass allein die Manipulation dieser Submodalitäten einen ganz erheblichen Unterschied im inneren Erleben ausmacht. Dabei werden einige dieser

Submodalitäten mehr, andere weniger effektvoll auf Dich zurückgewirkt haben. Das ist ganz normal. Erinnere Dich daran, was ich über Leadsysteme gesagt habe.

Diesen Effekt kannst Du nun zum Beispiel auch nutzen – falls Du noch kleine Kinder im Hause haben solltest, die ab und an aufgeregt zu Dir unter die Decke huschen, aus Angst vor jenem Generationen überlebenden Monster unter dem eigenen Bett –, um im Handumdrehen wieder Ruhe und Frieden in die Bude zu bringen. Wenn Du mit ein bisschen Einfühlungsvermögen und Hokuspokus in der Stimme das besagte Monster von traditionell überdimensionalem Ausmaß auf einen winzigen Gnom schrumpfen lässt, wirst Du erstaunt sein, wie schnell dein Kind neue imaginäre Freunde finden kann.

Submodalitäten prägen nicht nur die Qualität unseres innerlichen Erlebens, sondern prägen auch die Art und Weise, wie wir uns sprachlich ausdrücken. Wir Menschen neigen dazu, Prädikate zu verwenden, die typisch für unser bevorzugtes Repräsentationssystem, unseres Lead-Systems sind. Wir sagen Dinge, wie zum Beispiel: „Ich hab voll den Durchblick!" oder: „Das juckt mich nicht die Bohne!" und dergleichen mehr (eine vollständigere Liste findest Du im Workbook).

Wenn wir genau auf die Sprache unseres Dialogpartners achten, werden wir schnell herausfinden, in welchem Repräsentationssystem unser Gegenüber zu Hause ist. Damit öffnen sich eine Vielzahl an Türen, die uns geschickt genutzt direkt in die Lage versetzen werden, Einfluss auf die innere „selbstgestaltete oder selbst zu gestaltende Realität" zu nehmen.

Den ersten Schritt, um zu verstehen, wie Submodalitäten funktionieren, sind wir schon gegangen. Wir konnten sehen, dass es dieses Modellbildungsverfahren wirklich gibt und dass wir also erheblichen Einfluss auf unser inneres Erleben haben. Es hat schon ausgereicht, eine Kleinigkeit in den Submodalitäten zu manipulieren, um unser subjektives Erleben enorm zu beeinflussen.

Fassen wir mal kurz zusammen:

Wenn ein bestimmtes Verhalten, das wir an uns bemerken, das Resultat einer unbewusst erlernten Reaktion auf eine nicht ganz so unbewusste Repräsentation ist, dann haben wir bereits schon die ersten Tools an der Hand, um diese Konstruktion massiv manipulieren zu können. Was wir an uns selbst erfolgreich verändern können, gelingt in aller Regel auch bei einem Gegenüber. Hierfür braucht es nur ein bisschen Übung und ein gut genutztes Handwerkszeug: die Sprache. Mit den Möglichkeiten von hypnotischer Sprache beschäftigen wir uns ja gleich.

Wollen wir ohne das Handwerkszeug Sprache bereits unsere ersten Manipulationsversuche unternehmen, stehen wir auch nicht nass im Regen. Wir können uns die Ergebnisse von Hunderten von Versuchen der Anthropologen und Sozialwissenschaftlern zu eigen machen.

Der bereits erwähnte Priming-Experte, John Bargh, fand zum Beispiel heraus, dass wir Menschen uns sympathischer finden, wenn wir uns bei einem Heißgetränk kennenlernen. Umgekehrt gilt diese Regel leider auch. Unsympathischer erleben wir Erstkontakte, wenn wir diese bei einem kalten Getränk kennenlernen. Für dein nächstes Blind Date könnte diese Erkenntnis von entscheidender Bedeutung sein (es sei denn, Du wählst als kaltes Getränk etwas Alkoholisches; das würde das Ergebnis natürlich auch beeinträchtigen).

Falls Du zwar glücklich verliebt bist, aber doch immer wieder mal unglücklich an deine Liebste gerätst, probiere doch einmal Folgendes aus: Lass Dich bei deinem nächsten Streitgespräch einfach, mit einem warmen Tee in der Hand, gemütlich in die kuschelige Couchgarnitur fallen und gönne Dir dabei ein Fußbad. Und dann probiert noch einmal über eure strittigen Themen zu verhandeln. Vielleicht wirst Du überrascht sein, dass in mancher Konfliktsituation weniger die Argumente zählen als viel mehr die Stühle, auf denen man gerade sitzt. Das ist die Macht der Submodalitäten.

Dass wir über unsere Sinnesorgane Reize an unser Gehirn weiterleiten, wussten wir ja schon. Dass diese Reize unser Gehirn abspeichert – das wussten wir auch. Dass sich für einen einzigen Reiz Tausende von synaptischen Netzwerken zu Mustern zusammenschließen, das haben wir gerade gesehen. Dass diese Muster, über die Art und Weise, wie sie diese Erfahrung repräsentieren, unser inneres Erleben nachhaltig prägen – das war jetzt neu. Dass man diese Muster auch wieder rückwärts aufschließen kann und relativ problemlos manipuliert bekommt, das ist zum Beispiel auch so eine Entdeckung, die wir dem NLP zu verdanken haben.

V

„VAKOG-Priming" nennt das der Fachmann übrigens. „VAKOG" ist nichts anderes als die Abkürzung für die fünf Sinnesmodalitäten. „Priming" beschreibt dabei den musterbildenden Prozess des Gehirns, nicht auf allen, zumindest aber auf vielen Kanälen eine bestimmte Erfahrung abzulegen, die durch einen bestimmten, vorausgehenden Reiz „eingefärbt" wurde.

Der Zugang zur Einflussnahme geschieht dabei also nicht direkt, sachlich, inhaltlich, sondern über die Submodalitäten zu der abgelegten Erfahrung.

In einem Versuch wurde dieser Prozess exemplarisch deutlich gemacht. So wurden zwei unterschiedlichen Versuchsgruppen Bilder vorgelegt. Die eine Gruppe hatte die Aufgabe, sich eine gewisse Zeit lang mit dem Thema Alter, Älterwerden und dergleichen zu beschäftigen. Der anderen Gruppe wurden Bilder von jungen Menschen vorgelegt. Diese hatten die Aufgabe, sich in der gleichen Zeit mit dem Thema Jugend zu beschäftigen. Der Versuch wurde mit einem schlichten „Danke" offiziell beendet und die Gruppen wurden nacheinander nach Hause entlassen.

Dass wissenschaftliche Forschung ab und an etwas befremdlich wirkt, das ist keine Frage. Du wirst niemals daraufkommen, was der eigentliche Sinn und Zweck dieser Untersuchung war.

Gemessen wurde nämlich nicht etwa der Ergebnisreichtum der einzelnen Gruppen. Nein, gemessen wurde die Zeit, die die Gruppen brauchten, um die Strecke vom Versuchsraum bis hinaus vor die Tür zurückzulegen.

Und das Ergebnis zeigte tatsächlich einen signifikanten Unterschied. Die Gruppe, die sich mit dem Thema „Alter" beschäftigt hatte, brauchte wesentlich länger für den Weg hinaus als jene Gruppe, die sich mit dem Thema „Jugend" beschäftigt hatte.

Das ist VAKOG-Priming. Dieses einfache Experiment zeigt anschaulich, wie äußere Sinnesreize und unsere synaptischen Verarbeitungsmuster eine innere Realität konstruieren, die unser gesamtes Realitätserleben nachhaltig beeinflusst.

Nun können wir nicht nur äußere Reizwelten erschaffen und dann dafür sorgen, dass sich unsere Zielpersonen damit beschäftigen, sondern wir können das auch etwas ökonomischer. Wir können auch geradlinig und direkt auf unsere Zielperson lossteuern und über ein „nicht ganz so normales" Gespräch massiv auf sie Einfluss nehmen.

Hierfür haben wir jetzt alles an Bausteinen zusammen, die wir dafür brauchen. Du hast nun ein Verständnis dafür, welche Strukturmerkmale unser Gehirn nutzt, um Erfahrungen in Muster abzulegen, und Du weißt, wie Du sie über unterschiedliche Zugangshinweise aufspüren kannst.

V

Muster der Sprache

Realitätskonstruktionen, die wir heute mehr oder weniger in werbenden, gewinnenden oder überzeugenden Präsentationen mitbekommen, bedienen sich alle irgendwelcher Sprachmuster. Diese Sprachmuster stammen wiederum alle irgendwie aus der Hypnotherapie oder dem Neurolinguistischen Programmieren. Daher will ich Dir in diesem Abschnitt einmal ganz trocken einen großen Schwung relevanter Sprachmuster vorstellen, die wir für unseren Zweck der sprachlichen Einflussnahme sehr gut gebrauchen können.

Nachdem wir jetzt so viel darüber gelernt haben, wie das menschliche Gehirn ganz von selbst und auch noch im Kontext ganz normaler Alltagsdialoge so bereitwillig auf Automatik schaltet, schauen wir einmal zu dem Menschen, der diese Prozesse als gewinnbringende Muster für Veränderungsstrategien als Erster entdeckt und nutzbar gemacht hat: Milton H. Erickson.

Erickson hat sich sein Leben lang damit beschäftigt, Menschen aus der einen, unerwünschten und nicht gewollten Trance, in eine andere, gewünschte und gewollte Trance zu verorten; in eine andere, die zweckdienlicher ist und ein Mehr an gewünschten Erleben ermöglichen sollte. Wir haben es Erickson wohl auch aufgrund seiner körperlichen Einschränkungen zu verdanken, dass er sich sein ganzes Leben lang dahingehend engagierte, vor allem die Möglichkeiten der sprachlichen Einflussnahme zu erkunden.

Eine Errungenschaft , von der wir für unsere Zwecke extrem gut profitieren können. Da Du nun mittlerweile ja eine ganze Menge über die automatischen Verarbeitungsprogramme des menschlichen Gehirns weißt, erkennen kannst, in welchem Modus dein Gegenüber gerade läuft, eine perfekte und angenehme Beziehung zu diesem herstellen kannst und, bevor Du auch nur ein einziges Wort wechseln musst, schon mehr über dein Gegenüber weißt als er wahrscheinlich über sich selbst, wirst Du nach dem Durcharbeiten des Milton-Modells gleich auch noch Zugangswege kennen, um deine Kommunikationsziele in einer Art und Weise zu formulieren, die direkt und ohne Umwege die unwillkürlichen Erlebnisebenen deines Gegenübers ansprechen werden.

Grundlagen

Wie geht das nun, einen bestimmten Erlebniszustand bei deinem Gegenüber so zu induzieren, dass die Wahrscheinlichkeit deutlich steigt, dass eine bestimmte Entscheidung gefällt oder ein gewünschtes Verhalten gezeigt wird?

Alles beginnt wieder einmal damit, dass Du als Erstes das Modell der Welt und die Modellbildungsprozesse deines Gegenübers wahrnehmen und kennenlernen solltest. Das klingt zwar simpel, ist aber der Grundpfeiler für all das, bei dem am meisten schiefgehen kann. Diese Fähigkeit wird weitgehend davon bestimmt, WIE Du deinem Gegenüber einen unwillkürlichen, einen unbewussten Erlebniszustand (Trance) anbieten kannst, der dann zur Grundlage deiner Folgestrategie wird.

Erickson war hierin ein wahrer Großmeister. Er beobachtete sein Gegenüber so genau, dass er schon die geringsten Veränderungen zum Beispiel im Pulsschlag, Atemrhythmus, in der Durchblutung oder in Körpersprache erkennen konnte. So hatte er ein direktes, unwillkürliches Feedbacksystem für seine Arbeit und konnte zielgerichtet seine Interventionen platzieren.

Für Dich bedeutet das: Umso besser Du einen guten Rapport aufbauen kannst und umso mehr Informationen Du über die internen Verarbeitungsmechanismen deines Gegenübers herausfinden kannst, desto erfolgreicher werden deine Angebote zur Gestaltung einer gewünschten inneren Realität auch angenommen. Von dem Maße, wie Dir das gelingt, wird auch der Erfolg deines Versuchs der Einflussnahme bestimmt.

Also: Umso mehr Informationen Du zum Beispiel über die Zugangshinweise, über die Augenmuster, über die Repräsentations- und Leadsysteme und mit Hilfe des Meta-Modells über die verborgenen Tiefenstrukturen deines Gegenübers in Erfahrungen bringen kannst, desto schneller und zielstrebiger wirst Du auch deine Kommunikationsziele umsetzen können.

Im Pacingprozess wirst Du also zu etwas, das man auch einen verstärkenden Feedback-Mechanismus nennen könnte. Ziel ist es also, eine perfekte Feedbackschleife für einen perfekten Rapport und für einen großen Schritt durch die Tür der Willfährigkeit deines Gegenübers herzustellen (bewusst gesteuerte, rückbezügliche Wechselwirkung).

Strukturell könnte man das in etwa so darstellen: Output deines Gegenübers > wird zu deinem Input > womit dein Output > wieder zum Input für dein Gegenüber wird.

Ok. Das ist vielleicht etwas zu abstrakt. Machen wir es praktischer. Beginne einfach damit, die Rolle eines vollkommen passiven Fragestellers zu übernehmen. Du stellst deine Frage nur zu dem Zweck, eine Antwort zu bekommen, ganz gleich, was ihr Inhalt auch sein mag. Die bloße Andeutung eines Interesses an der Bedeutung der Antwort wird dein Gegenüber schon dazu anleiten, so zu antworten, als habe er Anweisungen dazu erhalten. So, als ob Du eine bestimmte Antwort hättest hören wollen. Das ist aber etwas, das wir zu diesem Zeitpunkt noch nicht wollen. Später kannst Du beispielsweise mit Unterscheidungen in deiner Tonalität (analoges Markieren) testen, ob dein Gegenüber Dir zu folgen beginnt oder nicht. Das ist eine sehr elegante Weise, die kaum bewusst wahrgenommen und verarbeitet werden kann. Aber dazu später mehr.

Dein Ziel ist es erst mal, sprachlich Werbung für eine innere Erlebniswelt zu machen, die Du anbieten willst. Davon, wie sie sich für dein Gegenüber anfühlen wird, wie sie für ihn zu einem ganzkörperlichen Erlebnis wird, wird sich auch ableiten, wie sehr er geneigt sein wird, eine gewollte Entscheidung zu treffen oder ein bestimmtes Verhalten zu zeigen. So verändern beispielsweise ja schon Kinder ihre Stimme, grunzen einem lieb säuselnd entgegen, wenn sie erreichen wollen, dass Du ihnen das eine oder andere gibst oder erlaubst. Ähnlich wie das Männer machen, wenn sie auf einmal ihre Liebste am Telefon haben.

Bei diesem Anbieten und Aktivieren von Erlebnisinhalten im Erinnerungsspeicher deines Gegenübers ist es hilfreich, die bewusste Seite, den sogenannten „conscious mind" nebenher irgendwie zu beschäftigen. Man könnte das auch ablenken nennen. Wie Du ja weißt, repräsentieren wir unser aktuelles Erleben in einer von mehreren Sinnesmodalitäten (visuell, auditiv, kinästhetisch und so weiter). Um einen vorherrschenden Zustand automatischer Verarbeitungsprozesse zu erreichen, kann es daher sehr effektiv sein, wenn Du so viele Repräsentationssysteme deines Gegenübers wie nur irgend möglich an diesem Prozess beteiligst. In dem Kapitel über das Gehirn habe ich Dir gezeigt, wie schnell die bewussten Verarbeitungsinstanzen schon alle viere von sich strecken, wenn sie eine zu große Zahl an zu verarbeitenden Chunks vorgesetzt bekommen. Das kannst Du hier, im Übergang zwischen Pacing und Lead, hervorragend nutzen.

Aber noch einmal zurück zum verbalen Pacing. Für den Beginn dieses Kommunikationsprozesses kannst Du zwischen zwei allgemeinen Kategorien unterscheiden:

Zum einen kannst Du das aktuell sichtbare und erfahrbare Erleben deines Gegenübers pacen. Das nennt man auch Utilisation. Dazu gleich nochmal mehr. Zum anderen kannst Du natürlich auch das aktuelle, nicht sichtbare Erleben deines Gegenübers für dein Pacing nutzen. Dazu ein Beispiel:

In der klassischen Arbeit mit Hypnose wird diese Form des Pacings in der Regel so erreicht, dass wir unser Gegenüber bitten, sich zuerst auf einen bestimmten Punkt zu konzentrieren und auf unsere Stimme zu achten. Wir beginnen dann damit, das aktuelle, sichtbare und erfahrbare Erleben zu beschreiben, zum Beispiel das Gefühl der Müdigkeit, das unser Gegenüber beim Anstarren auf einen Punkt mit der Zeit haben wird, die Veränderung in seiner Atmung und so weiter.

Diese Beschreibung erzeugt die gewünschte Feedbackschleife. Wir begegnen unserem Gegenüber sozusagen in seinem Modell der Wirklichkeit, schließen uns diesem an und nutzen es zum Zwecke der hypnotischen Trance.

In einem normalen Kommunikationsprozess wäre das zwar eine effektive Art, ans Ziel zu kommen, aber kaum realistisch. Zumindest nicht in dieser Art. Oder wolltest Du einen unbescholtenen Mitbürger zuerst dazu überreden, dämlich auf irgendeinen Punkt zu starren, von hundert rückwärts bis auf drei runterzuzählen, damit er abschließend, mit allerlei Hokuspokus-Ritualen, deine Suggestionen bereitwillig schluckt?

Dennoch, auch wenn ein klassisch therapeutisches Modell im Alltag nicht funktionieren wird, heißt dass aber noch lange nicht, dass es nicht trotzdem klappt. Nur eben nicht so. Erinnerst Du Dich daran bzw. kannst Du Dir vorstellen, über was bzw. WIE zum Beispiel ein Autoverkäufer spricht, wenn er einen Wagen präsentiert? Genau so geht das im Alltag. Schauen wir uns an, welchen Prinzipien diese Art der Alltagshypnose folgt:

Utilisation

Beginnen wir von vorne. Das Prinzip der Utilisation besagt, dass wir einfach alles nutzen können und sollen, was die Aufmerksamkeit unseres Gegenübers einfängt und auf eine bestimmte Erlebnisqualität fokussiert. Am besten geschieht dies auf indirekte Art und Weise. Tad James beschreibt dazu ein nettes Erlebnis aus seiner therapeutischen Praxis:

V

Er erzählt, dass er eines Abends noch spät mit einem Klienten arbeitete. Er hatte ihn in einen tiefen, entspannten Zustand geführt, als er plötzlich bemerkte, dass die nahestehende Standuhr bald losscheppern würde. Von innerlicher Panik getrieben, stellte sich Ted James vor, wie das monströse Gehämmere der Uhr seinen Klienten aus der Trance reißen würde. Als er hörte, wie das Seilwerk der Uhr langsam zu rotieren begann, fiel ihm gerade rechtzeitig ein: „Sie werden gleich eine tiefe Offenbarung erleben. Sie werden jetzt gleich sieben Dinge bemerken, die Ihnen zeigen, wie Sie sich verändert haben.“ Dann senkte sich der Hammer und der erste Gong ertönte. Tad James sagte: „Eins ...“, Gong, „Zwei ...“ ...

Gleich wie auch Erickson ein Meister der Utilisation war, so ist es nun an der Zeit, dass auch wir das werden. So wie Erickson es vermochte, einfach alles zu nutzen, was während einer Sitzung geschah, oder wie auch Tad James das mit seiner Uhr tat, so werden auch wir uns dieses mächtige Werkzeug jetzt aneignen.

Auch wenn es eher selten der Fall sein wird, dass Du Dich in einem Besprechungsraum neben einer riesigen Standuhr wiederfinden wirst, die auch noch just in dem Moment bimmelt, wenn Du es brauchst, so bietet dennoch jedes andere Setting genug Möglichkeiten und Gegebenheiten, das Prinzip der Utilisation zu nutzen.

Nehmen wir mal an, diesmal willst Du ein Auto verkaufen. Du weißt, dass fast alle Entscheidungen am Ende davon abhängen, was für ein Gefühl der potentielle Käufer (nicht nur) in Bezug auf das Objekt seiner Begierde haben wird. Nur anhand dieses Gefühls wird er sich letztendlich entweder für oder gegen den Wagen entscheiden. Auch vernunftbeseelt scheinende Argumente dienen am Ende nur diesem einen Zweck: Eine unbewusste Entscheidung als emotionales Feedback vorzubahnen, damit sich der Kunde abschließend in Sicherheit wiegen kann, absolut richtig entschieden zu haben.

Im Sinne eines verbalen und utilisierenden Pacings sollten wir also zuerst herausfinden, welches Leadsystem unser Gegenüber hat. Ebenso könnte interessant sein, wie er Zeit organisiert. Die Augen und seine Sprache werden ihn verraten. Nehmen wir einmal an, er bevorzugt das visuelle System und seine Zukunft liegt rechts.

Dann hast Du erst mal alle nötigen Informationen zusammen, um zu starten. Du weißt, wenn Du mit visuellen Vokabeln von seiner rechten Seite aus mit ihm kommunizierst, wirst Du aus seiner Zukunft sprechen. So beginnst Du, visuell wahrnehmbare Dinge zu formulieren, die idealerweise mit seiner Wunschrealität zusammenhängen, und prüfst währenddessen, ob die Beziehung zwischen euch an Tragkraft gewinnt.

„Was für ein sonniger Tag, nicht wahr? Der bringt diesen speziellen Lack auch noch so richtig zum Strahlen. Ein wirklicher Hingucker, oder? Das haben nur die Allerwenigsten. Aber nicht nur der Lack ist ein wirkliches Highlight an dieser Kiste. Aber was gefällt Ihnen denn am besten an diesem Modell?" und so weiter ...

Oder noch mal etwas anschaulicher als Tabelle:

Beispielkunde	Manipulateur
Wow. Das Auto sieht wirklich toll aus ...	Ja, das Auto strahlt einem förmlich entgegen. Es sieht nicht nur windschnittig aus, sondern hat auch eine wirklich sportliche, emotionale Form. Ein wirklicher Hingucker, der auffällt.
Ich weiß nicht, ob ich mir den leisten kann.	Ja, da haben Sie recht. Das ist eine wichtige Frage, wie sie den Wagen finanzieren können, dass er ihnen Monat für Monat auch viel Spaß macht. Aber Sie werden sehen, es gibt für alles Lösungen.
Hmm, ... ich weiß nicht!	Wenn Sie wollen, können Sie ihn gerne erst einmal probefahren. Hier sind die Schlüssel. Ich bereite Ihnen derweil einen klaren, übersichtlichen und attraktiven Finanzierungsvorschlag vor und Sie können sich das dann in Ruhe zu Hause überlegen.

Wird deutlich, was mit utilisierenden Feedbackschleifen gemeint ist?

Jedes verbale Angebot, das Dir dein potentieller Käufer macht, nimmst Du widerstandslos auf und wirfst es einfach ein wenig aufbereitet wieder zurück. So verwandelst Du ein „sieht aus“, das „leisten können“ und auch das „nicht wissen“ in eine perfekte Pacing-Strategie. Das evoziert in deinem Gesprächspartner das Gefühl, verstanden zu werden, mit seinen Bedenken ernst genommen zu werden und für Dich als Kunde wichtig zu sein. Immerhin engagierst Du Dich ja auch jetzt schon vor dem Kauf für ihn. In einem Satz: Dein Kunde wird versuchen, sein gutes Bauchgefühl – dem aktuellen Kontext entsprechend – in dieser oder jener Art zu begründen. Und genau das wollen wir ja mit so einer Art perfekten Pacings erreichen.

Wie man es eher nicht machen sollte, wäre dann in etwa wie folgt:

Beispielkunde	Manipulateur
Wow. Das Auto sieht wirklich toll aus...	Ja, die Kiste ist was für attraktive Menschen, nicht für jeden Hanswurst.
Ich weiß nicht, ob ich mir das leisten kann.	Ich auch nicht. Und dazu kommen ja noch die enormen Spritkosten, die extrem teure Versicherung und die Steuer. Das kann einem schon ein Loch in die Tasche fressen.
Hmm,...ich weiß nicht!	Na wenn Sie es nicht wissen, wer soll's dann wissen.

Um was geht es also beim verbalen und utilisierenden Pacing? Man könnte sagen, Pacing ist ein Teil deiner allgemeinen Strategie für den Umgang mit der dominanten Hemisphäre, um einen gewünschten Erlebniszustand zu induzieren. Wenn diese Pacing-Feedback-Schleife eingerichtet ist und Du eine stabile Beziehungsbasis aufgebaut hast, die idealerweise auf Vertrauen und Sympathie gründet, kannst Du zum nächsten Teil übergehen. Erickson würde ihn sinngemäß sicherlich wie folgt beschreiben:

„Der Zustand vorherrschender, automatischer und unbewusster Erlebniszustände ist die Stufe [...], die es deinem Gegenüber erlaubt, ohne Einmischung seines Bewusstseins auf unbewusster Ebene angemessen und direkt zu funktionieren."

Genau dies wird durch Pacing, mit dabei gleichzeitig einladendem Fokus auf unwillkürliche Erlebnisinhalte, erreicht. Mache Dir also die Modellbildungsprozesse deines Gegenübers zu eigen, um die enormen Ressourcen seiner unwillkürlichen Prozesse zu nutzen.

Bandler und Grinder stellten einmal fest, dass, mit zunehmendem Abtauchen in diese eher unbewussten Erlebnisräume, das bevorzugte Repräsentationssystem vorwiegend das visuelle sein wird.

Die Transformationslinguisten bestätigten diese Annahme. Für deine konkrete Kommunikation bedeutet dies, dass, auch wenn Dir beim Aufbau eines guten Rapports mit deinem Gegenüber beispielsweise ein kinästhetisches Sprachmuster begegnet ist, Du dennoch mit fortschreitendem Prozess darauf vertrauen kannst, auch die Bilderwelten deines Gegenübers alsbald nutzen zu können. Den Rapport wirst Du dabei nicht verlieren. Du musst also nicht zwanghaft nur noch gefühlsorientierte Formulierungen abarbeiten.

Eines der zuverlässigsten Anzeichen für einen dominanten und damit zufriedenstellenden, unbewussten Erlebnisraum ist das auf körperlicher Ebene koordinierte, gleichmäßige und ausgeglichene Auftreten von Bewegungen. Diese Körperkoordination wird nämlich durch die nichtdominante Hemisphäre kontrolliert. Wenn also etwas ruhig und fließend wird, dann beginnt das Unbewusste seinen Thron zu erklimmen.

Auch wichtig zu wissen ist, dass die Erfahrung, sich ein inneres Bild vorzustellen, grundsätzlich mit einem inneren Dialog assoziiert ist. Bei der Konstruktion eines Bildes muss dein Gegenüber sein Sprachsystem als Lead-System nutzen. Sieht er dann innerlich dieses Bild, so ist die nicht-dominante Hemisphäre am Ball. Techniken, die dein Gegenüber also dazu verleiten, lebhafte Visualisierungen zu gestalten, gehen mit dem Beenden seines inneren, bewussten Dialogs einher.

Ganz nebenbei werden auch Musik und Melodien in der nichtdominanten Hemisphäre repräsentiert. Wenn es Dir also möglich ist, irgendwelche zu deinem Kommunikationsziel passenden Ohrwürmer dudeln zu lassen, könntest Du Dir das auch noch als Möglichkeit zum Utilisieren offenhalten. Aber das erst mal nur so nebenbei.

Werden wir konkreter. Um ein gewünschtes Verhalten bei unserem Gesprächspartner zu erzielen, schöpfen wir jetzt nicht nur aus dem Erbe von Milton, sondern auch aus dem des NLP.

Wenn Du einen stabilen Rapport hast, dann beginne damit, einfach jede Pacing-Aussage mit einer Aussage zum gewünschten Verhaltensziel zu verknüpfen. Es spielt dabei keine Rolle, ob die Logik der Aussage stimmig ist oder nicht. Es geht darum, eine erfolgreiche Verknüpfung zwischen dem fortlaufenden Erleben deines Gegenübers und dem, was er als Nächstes erfahren soll, herzustellen.

Nochmal zur Erinnerung: Eine hervorragende Möglichkeit ist, hierbei die Modellbildungsprinzipien zu nutzen, mit denen man auch sein Erleben organisiert. Somit wirst Du ein bestehendes Reaktionsnetzwerk elegant um zieldienliche Erlebniswelten erweitern.

Milton-Modell

Wie schon erzählt, dampften Anfang der 1970er Jahre John Grinder und Richard Bandler die Methoden und Techniken Milton H. Ericksons in ein für alle einfach erlernbares, praktisches Modell zusammen. Das Milton-Modell gehört somit in jeder NLP-Grundausbildung zu den Standardwerkzeugen des Curriculum. Das hat auch seinen berechtigten Grund.

Man erzählt sich, dass Erickson in der Zeit von 1920 bis 1980 nahezu jeden Tag praktizierte und täglich zwischen zehn und vierzehn Klienten neu aufnahm. Durch die Behandlung von dieser Vielzahl von Fällen konnte Erickson sein herausragendes Modell, die sogenannte „indirekt-permissive" Hypnose entwickeln.

V

Ich fasse uns die wesentlichen Bestandteile des Milton-Modells jetzt mal zusammen. Dann wird Dir schnell auffallen, wie leicht es eigentlich ist, einen Gesprächspartner von seinem kritischen, willentlich behindernden Bewusstsein abzulenken und in eine Ziel- und Lösungsrealität einzuladen, in der die Wahrscheinlichkeit, ein bestimmtes Kommunikationsziel zu erreichen, extrem wächst.

Die Sprachsysteme, die wir verwenden, um unsere Modelle zur Verarbeitung von Erleben zu bilden, bedienen sich dreier universeller Musterbildungsprozesse: Tilgung, Verzerrung und Generalisierung, die ich Dir bereits im Meta-Modell vorgestellt habe.

Hypnotische Sprachmuster unterscheiden sich in diesem Punkt nicht. Auch sie bedienen sich dieser Prozesse, sogar in sehr effizienter Art und Weise. Nur geht es hier nicht um Informationsgewinnung verdeckter, in der Tiefenstruktur nicht bewusst zugänglicher Informationen, sondern um genau das Gegenteil. Man könnte sagen, es geht um das Mitgestalten dieser unbewussten Tiefenstruktur.

Wie wir gesehen haben, hat dieses Vorhaben nur einen Haken. Man muss irgendwie die Zäsur der bewussten Instanzen umgehen. Und das geht am besten, indem man sie beschäftigt.

Transderivationale Suche

Unter transformationalen Prozessen versteht man jede Tilgung, Verzerrung oder Generalisierung, die zwischen der vollen linguistischen Repräsentation in der Tiefenstruktur und der Oberflächenstruktur erfolgt ist. Eine transderivationale Suche[6] (geiles Wort, oder?) ist demnach ein Suchprozess, der verzweifelt darum ringt, auf dem Weg verlorengegangene Informationen wieder zu rekonstruieren. Dabei verläuft sich dieser Prozess gerne in nicht zieldienlichen Fragen, Analysen und Interpretationen. Und was tun wir in dieser Zeit? Richtig! Wir verpacken in einer hübsch aufbereiteten Oberflächenstruktur unsere Manipulationsangebote und vertrauen darauf, dass diese direkt in die Tiefe sinken. Und das tun sie auch.

Die Frage ist nun, wie muss eine Oberflächenstruktur gestaltet sein, damit sie diesen beiden Kriterien entspricht: (1) die bewussten Instanzen beschäftigt und (2) eine bestimmte Botschaft direkt in die Tiefe unserer Verarbeitungsroutinen pflanzt?

Dabei hilft uns nun das Milton-Modell. Milton hat eine Fülle an sprachlichen Raffinessen entwickelt, mit de-

6 Ich liebe dieses Wort. Das ist so abgefahren, man muss es einfach auswendig lernen.

nen genau dies möglich wird: Eine Botschaft indirekt zu formulieren, die unsere unwillkürlichen Prozesse direkt zum Glühen bringt.

Ich möchte Dir ein Beispiel geben, wie man mit dem ersten Kriterium, der Ablenkung umgehen kann. Schau Dir einmal die nächsten Satzgebilde an.

Oberflächenstruktur	Tiefenstruktur
Man sollte sich ausgiebig damit befassen, will man lernen, wie man in seiner Arbeit optimale Ergebnisse hinbekommt. Für jemanden, der sich damit beschäftigt, ist das das wichtigste Instrument, und doch versäumen viele, sich genau damit zu beschäftigen.	Na? Wer/Was ist gemeint?
Etwas ist gegeben worden.	Fritz gab Ute die Autoschlüssel.

In den Beispielsätzen wirst Du zwar nicht direkt erwähnt und auch in der Tiefenstruktur wird kein direkter Bezug zu Dir hergestellt, dennoch findet in Dir ein Suchprozess statt, der versucht, eine Beziehung zu dem Geschriebenen herzustellen. Der fehlende Bezugsindex wird von deinem Gehirn einfach dazuerfunden und Dir als mögliche Realität zur Verfügung gestellt. Damit verleiht dein Unbewusstes diesen Worten einfach die gleiche Bedeutung, genau so, als ob sie direkt an Dich gerichtet worden wären. Sind sie aber vielleicht gar nicht.

Dieses Phänomen nennt man, wie schon gesagt, transderivationale Suche. Dein Gehirn bemerkt die Verletzung der Wohlgeformtheit, sucht nach Möglichkeiten, diese auszugleichen, und tut dies in diesem Beispiel in der Art, dass es einfach Dich selbst als Bezugspunkt einsetzt. Damit haben wir genau das erreicht, was wir wollten: das Gehirn beschäftigen. Diese Suchprozesse können wir nun durch eine Vielzahl ganz spezifischer Oberflächenstrukturen bewusst auslösen. Schauen wir uns das an.

Generalisierter Bezugsindex

- *„Bestimmte Empfindungen, die man so haben kann, sind ganz schön stark."*
- *„Dir wird die passende Lösung schon bald einfallen."*
- *„Niemand weiß es genau."*

Allen diesen Beispielen ist gemein, dass ihnen ein Bezugsindex fehlt. Somit erlauben Formulierungen mit einem generalisierten Bezugsindex deinem Gegenüber, einfach den Index einzusetzen, der ihm aus eigener Erfahrung am relevantesten scheint. Damit ist er aber schon deutlich mehr in seiner unwillkürlichen Erlebniswelt, als dass er alles, was Du ihm sagst, einer bewussten, kritisch-kontrollierenden und sachlichen Prüfung unterziehen würde.

V

Gedankenlesen

(Mind Reading)

Beginnen wir mit der Lieblingsbeschäftigung von Beziehungspartnern: dem Gedankenlesen. Wollten wir Informationen gewinnen, dann würden wir mit dem Meta-Modell hier und jetzt (vielleicht zum Zwecke der Deeskalation) der Spur in die Tiefe folgen und die Tiefenstruktur wieder bewusst machen. Hier und jetzt wollen wir aber das Gegenteil. Wir nutzen das gleiche Muster, um zu behaupten, dass wir die Gefühle und Gedanken des anderen kennen. Selbstverständlich ohne zu erklären, wie man denn zu dieser Erkenntnis gelangt ist:

Du sagst: *„Ich weiß, dass Sie sich fragen ...“*, *„auch wenn Sie sich jetzt denken, dass ...“*, *„Ich verstehe, dass Sie sich jetzt soundso fühlen ...“* und so weiter.“

Diese kleinen Sätzchen kommen so unscheinbar, so bekannt daher, dass sie auf Anhieb gar nicht als manipulativ auffallen würden. Sind sie aber. Wie Du gerade gesehen hast, kommt dein Gehirn nicht damit zurecht, wenn es eine Dissonanz zwischen Tiefen- und Oberflächenstruktur entdeckt. Wenn ich Dir jetzt einfach sagen würde: „Ich weiß, wie Du Dich fühlst, wenn Du an deine wachsenden Fähigkeiten der Einflussnahme denkst, und Dir dabei vielleicht gerade jetzt dieser gewisse Ausdruck über dein Gesicht huscht ...“ – dann ist dieser Satz – sachlich gesehen – völliger Humbug. Alleine aber durch diese Formulierung, diese besondere Art der Oberflächenstruktur, musstest Du innerhalb deiner Welt schon etliche Schritte zurücklegen. Du musstest eine Antwort darauf finden, woher ich das wissen will bzw. was ich mir wohl denke, wenn ich glaube, es zu wissen. Ebenso musstest Du eine Repräsentation für „wachsende Fähigkeiten“ erzeugen, samt entsprechender Mimik und so weiter. Dabei bist Du aller Wahrscheinlichkeit nach in Gefühle, innere Bilder und erinnerte oder konstruierte Sequenzen eingetaucht, die von „ertappt!" über „Größenwahn", von „machtvoll" bis „auf die Schnauze fallen" gegangen sind. Stimmt's? Genau das ist das Ziel der Übung: ein bestimmtes inneres emotionales Erleben zu evozieren. Bedürfnisgesteuert. Musterbedingt. Vorherrschend.

Tilgung

(Lost Performative)

Einer der drei universellen Prozesse menschlicher Modellbildung ist ja bekanntlich der: Informationen einfach zu streichen. Das ist einfach und effektiv und läuft ganz natürlich. „Tilgen" nennt man das, und das kennst Du ja schon. Dieser Prozess findet auf allen denkbaren Ebenen statt: auf neurologischer, sozialer und individueller.

Beim bewussten „Tilgen" geschieht nun das Gleiche wie in einem natürlichen, unbewussten Verarbeitungsprozess. Tilgen wir nun einfach geschickt Teile einer möglichen, vollen linguistischen Repräsentation – also einer anzunehmenden Tiefenstruktur –, dann wird dein Gegenüber dazu gezwungen sein, eine eigene Tiefenstruktur neu zu erschaffen. Er muss die vollständige Bedeutung irgendwie zurückgewinnen, sonst müsste er damit leben, nichts davon verstanden zu haben, was Du ihm gesagt hast. Und das geht ja gar nicht! Damit wäre die dominante Hemisphäre aber erst mal vollständig beschäftigt. Und die Wahrscheinlichkeit, dass unsere Gegenüber in völliger „Selbstvergessenheit", bei dem Prozess der Wiedergewinnung aller getilgten Inhalte, seine eigenen Ressourcen einsetzen wird, liegt nahezu bei hundert Prozent.

Dann tilgen wir mal los ...

Ungrammatikalische Tilgung

Du sagst:	*„Deine sich verändernde Haltung deiner Einstellung führt ja dazu, dass...“*
Hier gelöscht:	Wie verändert sich bitteschön was?
Manipulation:	Fokussierung auf die Veränderung von Haltung und Einstellung.
Du sagst:	*„Es gibt so Phänomene im Leben, nach denen man plötzlich fragt: Wieso habe ich nicht schon längst“*
Hier gelöscht:	Welche Phänomene? Wessen Leben? Und WER ist überhaupt: man?
Manipulation:	Fokussierung auf überraschende Veränderungsprozesse in der eigenen Entscheidungsfindung.

V

Oder formuliere ein Werturteil, ohne zu erwähnen, um wessen Urteil es sich dabei handelt...

Du sagst:	*„Und es ist gut, manchmal Fragen zu stellen, damit man erkennt, wie viele bessere Alternativen es doch gibt...“*
Hier gelöscht:	Wer fragt sich was?
Manipulation:	Sich selbst in Frage stellen, um zu ....

Ursache-Wirkungs-Beziehung

Eine der häufigsten Formen der Verzerrung ist die Art und Weise, in der wir verschiedene Teile unseres Erlebens willkürlich auswählen, um diese dann in einen Ursache-Wirkungs-Zusammenhang zu stellen. Oder anders gesagt: In dieser Form der Verzerrung kombinieren wir in unserem Modell der Welt Erlebnissegmente auf so eine Art und Weise miteinander, dass wir beim Erleben des einen sofort das andere erwarten können.

Also behaupte oder impliziere in deinen Formulierungen ganz einfach, dass eine Sache eine andere verursacht hat oder sie auf jeden Fall kausal zusammenhängen, ganz logisch zusammengehören, und daran überhaupt kein Zweifel besteht und so weiter, und Du hast den Effekt, auf den Du abzielst.

Das kann beispielsweise so klingen ...

Sprachmuster	Technik
Sie sitzen auf dem Fahrersitz und sehen von Ihrer Körperhaltung so entspannt und zufrieden aus, als ob Sie und das Auto schon immer zusammengehört hätten...	einfache Konjunktion, unmittelbar überprüfbare Pacing-Aussage mit schwacher ‚Und'-Verknüpfung
Während Sie da so im Fahrersitz sitzen, gewinnt man mehr und mehr den Eindruck, dass sie einfach zusammengehören.	implizierter Kausativ, stärkere Verknüpfung von Pacing-Aussage mit dem zu erreichenden Verhalten durch: ‚während'
Wenn Sie noch länger so auf dem Fahrersitz sitzen bleiben, wird es ihnen bald unmöglich sein, ohne dieses Auto nach Hause zu fahren.	Ursache-Wirkungs-Beziehung, die stärkste Verknüpfung von Pacing-Aussage mit dem zu erreichenden Verhalten

Sprachmuster	Technik
Wenn sie sich noch mehr mit dem Auto beschäftigen, wird das dazu führen, dass Sie es sich nicht mehr vorstellen können, ohne es zu leben.	Kausal-Beziehung mit kausativem Prädikat

Man ist sich zwar etwas strittig darüber, was passiert, wenn man zu diesen Mustern noch die negative Form hinzufügt, aber eines ist sicher: komplexer werden sie dadurch allemal. Ob sie auch besser funktionieren, das dürfte individuell unterschiedlich sein.

In der Hypnoseforschung ist man sich darüber nicht so ganz einig. Die grundsätzliche Idee dabei ist, dass eine Negation erst einmal bedingt, dass man sich das Negierte vorstellen muss, um dann das Gegenteil als Erlebniswelt zu gestalten. Durch das Doppelt-Gemoppelte könnte es sein, dass das Angebot zur Umfokussierung tatsächlich wirkungsvoller einschlägt – das Gegenteil kann aber auch der Fall sein. Probiere es einfach aus. Schadet ja nicht.

Sprachmuster	Technik
Du wirst nicht in der Lage sein, mitzubekommen, wie schnell du entspannst, während du dich da in den Beifahrersitz lümmelst.	Kausal-Beziehung durch negative Verstärkung
Du wirst nicht verhindern können, dass eine bestimmte Lust in dir aufsteigt, während du das komplett sportliche Interieur genießt.	
Nicht zu reden, macht es so einfach, auf nichts anderes zu hören, als auf den tiefen Klang des Motors.	

Sprachmuster	Technik
Nicht darüber zu sprechen, was dich daran hindern könnte, nicht einfach vom Hof zu brausen, bewirkt nur, dass du diesen Wagen noch mehr willst, während du vom tiefen Brummen des Motors ...	Verdichtung der Ereignisse, verdichtetes Muster der Negation zu einem komplexen Ereignis

Komplexe Äquivalenz

Darunter versteht man, dass Du in deinen Formulierungen ganz einfach zwei Dinge gleichsetzt oder zumindest behauptest, dass sie gleichbedeutend seien, ohne allerdings irgendeinen Grund anzuführen, der das auch nur irgendwie belegen würde bzw. könnte.

Du sagst: *„Ihr Blick kann nur bedeuten, dass Sie sich in die Kiste unsterblich verliebt haben!“*

Hier gleichgesetzt: Irgendein Blick und die gewünschte Entscheidung...

Manipulation: Fokussierung auf einen unzertrennlichen Erlebniszusammenhang

V

Präsupposition

Noch so ein Fachwort, das man am besten auf dem stillen Örtchen aussprechen lernt. Präsuppositionen nutzen meint Formulierungen zu gestalten, in denen Du einfach irgendetwas annimmst ...

Du sagst: *„Sie erkennen, wie sicher dieses Auto ist."*

Annahme: ein Erkenntnisprozess

Manipulation: Fokussierung auf Einsicht

Universalquantifikatoren

Das sind Formulierungen, in denen du eine Wortfolge zusammensetzt, die sich durch Verallgemeinerung auf „alles" oder „nichts" bezieht.

Du sagst: *„All diese Merkmale zeigen Ihnen, was für eine gute Entscheidung es wäre, wenn..."*

Verallgemeinert: irgendwelche Merkmale

Manipulation: Fokussierung auf Entscheidungsgründe

V

Modaloperatoren

Eine umgangssprachlich sehr beliebte Art, sich nicht wirklich festzulegen, sondern sich immer ein Hintertürchen offen zu lassen, sind Formulierungen, die Modaloperatoren der Notwendigkeit oder Möglichkeit nutzen, wie zum Beispiel: kann, könnte, sollte, muss oder müsste. Diese implizieren entweder eine Notwendigkeit oder aber auch eine Möglichkeit, der man einfach nicht entkommen kann.

Du sagst: *„Sie können entscheiden, wie hoch ihre monatliche Rate sein soll"*

Operiert hier:	Unterstreichung einer Möglichkeit
Manipuliert:	Fokussierung auf die Freiheit der Entscheidung

Nominalisierungen

Nominalisierung nennt man die Verwandlung von Prozesswörtern (Verben) in Hauptwörter (Substantive). Im Englischen ist das ganz besonders einfach. Hier wird lediglich die Silbe „-ing" an ein Verb angehängt. Im Deutschen ist das nicht ganz so einfach, aber es klappt meistens auch irgendwie.

Auf „Linguistisch" kann man das auch so beschreiben: Mit einer Nominalisierung beschreibt man den sprachlichen Prozess, in dem ein Prozesswort oder Verb durch einen komplexen Transformationsprozess in ein Ereignis oder einen Gegenstand verwandelt wird. Das geschieht fast immer durch die vollständige Tilgung eines Bezugsindex. Das Ergebnis wie immer: ein sehr vereinnahmender, transderivationaler Suchprozess.

Sprachmuster	Technik
Es war offensichtlich, dass Martin von der Grammatik frustriert war.	„frustrieren" erscheint als Verb und drückt aus, dass die eine Person von etwas frustriert ist.
Es war offensichtlich, dass Martin frustriert war.	Hier fehlt die Information, die mit dem Verb assoziiert ist. Das ist also eine Tilgung.
Die Freude, des Kaufs	Durch den Prozess der Tilgung entstandene Nominalisierung

Sprachmuster	Technik
Die Frustration war offensichtlich.	Hier fehlen alle Informationen. Es ist nicht mehr möglich zu entscheiden, wer hier von wem/was frustriert wurde. Wenn in dieser Weise Informationen getilgt werden, und das Prädikat in ein Substantiv verwandet worden ist dann fehlt dem Resultat auch ein Bezugsindex.

Einer Nominalisierung fehlt also immer irgendwie der Bezugsindex. Das bedeutet in dem oben genannten Beispiel, dass das Wort „Frustration" einen Großteil unserer Erfahrung einfach nicht mehr wiedergeben kann. Da es keinen Bezug mehr hat, lädt ein solcher Nominalausdruck zu Projektion eigener Erfahrungsinhalte und zu Halluzinationen ein.

Nominalisierungen werden gerne als Instrument eingesetzt, um die komplexe Dekodierung der sprachlichen Prozesse in der dominanten Hemisphäre zu überlasten. Tilgungen müssen dringend wiedergewonnen werden, damit die Aussage innerlich im Gleichgewicht schwingt, und es müssen etliche Prozesse zur Wiederherstellung angeworfen werden, um den eigenen Seelenfrieden wiederzufinden. Oft entstehen dabei lustige Mehrdeutigkeiten bzw. Ambiguitäten, wie man sie auch auf Fachchinesisch nennt. Zu denen komme ich gleich.

Angehängte Frage

(Tag Question)

Aber machen wir zuerst einen kleinen Abstecher zu den sogenannten „Tag Questions". Diese dürftest Du aus der Umgangssprache eigentlich recht gut kennen. Österreicher und Schweizer haben diese angehängten Fragen sogar im Übermaß in ihre Mundart übernommen. „Tag Questions" sind ideal dazu geeignet, den möglichen Widerstand des Bewussten zu zerstreuen. So wird eine Aussage in der Art verschleiert, dass am Ende niemand mehr so richtig weiß, ob es nun eine Frage oder eine Behauptung war, die Du da gerade postuliert hast. Und bis dein Zuhörer das herausgefunden hat, bist Du längst am Ziel.

Du sagst:	*„Das wäre eine klasse Karre für Sie, oder nicht?"*
Verunsicherung:	Meint der Sprecher das jetzt oder fragt er danach?
Manipulation:	Fokussierung auf die Qualität der Karre

V

Fehlender Bezugsindex

Genauso nebulös wie die angehängten Fragen ist das radikale Tilgen des Bezugsindex. Bei einigen anderen Beispielen hatten wir das ja bereits und konnten sehen, wie rasch unser Gehirn plötzlich abtaucht, um den „Missing Link" wieder herzustellen. Auf „Linguistisch" bedeutet dies, dass man statt eines spezifisch benannten Subjekts einfach ein allgemeines wählt, aus dem heraus nicht mehr erkennbar wird, auf welche Person es sich beziehen soll. Signalworte sind hier beispielsweise: die Leute, das beliebte „man", sie, es, jene usw.

Du sagst: *„All jene, die genauso ein Modell fahren, wissen es meist besser als andere!“*

Radikal gelöscht: die ganz bestimmten Autoliebhaber

Manipulation: Fokussierung auf viele, die es besser wissen.

Komparative Tilgung

Natürlich kann man den Rotstift auch noch etwas charmanter über ein sprachliches Modell flitzen lassen, sodass der Suchprozess gegebenenfalls noch etwas intensiver ausfällt.

V

Wenn Du, statt den Bezugsindex zu löschen, einfach Vergleichswörter nutzt, ohne dabei aber zu sagen, auf wen oder was sich dieser Vergleich bezieht, dann hast Du, strukturell gesehen, das gleiche Ergebnis. Die Wirkung kann sich aber gravierend unterscheiden.

Du sagst: *„Es ist sehr viel einfacher, erst mal eine gesunde Finanzierung auf die Beine zu stellen. Dann erst würde ich die Ausstattung bestellen und ...“*

Hier gelöscht: einfacher als was?

Manipuliert: Fokussierung auf „viel einfacher“

Doppelte Bindungen

(Double Binds)

„Double Binds" sind derart populär, dass sie als etablierter Anglizismus im Deutschen kein Aufsehen mehr erregen. Die Therapieforschung hat den Gebrauch von „Double Binds" gegenüber Kindern bzw. innerhalb der Eltern-Kind-Beziehung sogar als „gefährlich" eingestuft, da diese dadurch seelisch erkranken können. „Double Binds" sind nicht kalt und nicht warm. Mit Konstruktionen, die diese Doppelbindungen nutzen, legt man eine bestimmte Richtung fest, und auch wieder nicht. „Double Binds" sind wie der vergebliche Versuch, einen glitschigen Fisch zu fangen. In freier Wildbahn ist es schlicht unerträglich, wenn Du einem Menschen begegnest, der von Natur aus mit Double Binds um sich wirft. Als strategische Waffe ist der Gebrauch von „Double Binds" aber ebenso spannend wie gefährlich.

„Double Binds" spielen dem Dialogpartner vor, eine Wahlmöglichkeit zu haben, wobei jede der vorgeschlagenen Alternativen deinen Beziehungspartner doch nur wieder dazu bringen wird, das zu tun, was Du von ihm willst.

Nehmen wir zur Abwechslung mal einen alltäglichen, pädagogischen, häuslichen Kontext.

Du sagst: *„Du kannst dir so viel Zeit lassen, wie du willst, das aufzuessen, bevor wir in sechs Minuten losgehen...",* oder

„Sie können den Vertrag gleich unterschreiben oder später; Sie können sich so viel Zeit lassen, wie sie

V

wollen, in zehn Minuten nehme ich ihn dann mit...“

Double Binds hier: Keine Chance, sich Zeit zu lassen.

Manipulation: Fokussierung auf sofortige Handlung

Ausführliche Zitate

Du kannst fast alles sagen, behaupten und suggerieren, wenn Du es einem anderen in den Mund legst. Das ist eine wirklich nette Manipulationstechnik, die ebenso hervorragend für den Alltagsgebrauch ist. Auch ganz ohne willentliche Absicht, Einfluss zu nehmen. Erickson hat Suggestionen oft in Form von Zitaten in seine Sätze integriert. Er vermied so Widerstände seiner Klienten. Wenn Du etwas sagen willst, Dich damit aber noch nicht ganz festzulegen traust und Dich lieber erst einmal vortasten willst, dann sind Zitate ein wunderbares Stilmittel.

V

Du sagst: *„Mein letzter Kunde, der dieses Auto gekauft hat, hat überall rumerzählt: Bei ‚Mäkkie Muhh‘ bekommst du die besten Angebote. Dann kann man nur „Ja“ sagen!“*

Zitiert hier: direkte Suggestion als Zitat getarnt

Manipuliert: Sag auf der Stelle „Ja“ zu diesem Angebot.

Verletzung der Selektionsbeschränkungen

Selektionsbeschränkungen sind ebenso Verletzungen der wohlgeformten Bedeutung, so wie ein Muttersprachler sie eben verstehen würde.

Du sagst: *„Mein Auto bekommt Flügel!“*

Für jeden Muttersprachler wird dieser Satz nicht sonderlich wohlgeformt klingen. Mit Verwunderung würde der Hörer wohl nachfragen müssen, was der Sprecher denn um alles in der Welt hier kommunizieren wollte. Zu viel ‚Red Bull‘ in den Tank gegossen, oder was?

Die Transformationslinguisten würden hingegen Folgendes anmerken: Jedes Prädikat eines Sprachsystems bezeichnet einen Prozess oder eine Beziehung. In der Welt unserer Erfahrungen unterliegen Prozesse und Beziehungen bestimmten Beschränkungen auf Klassen oder Sachen. So können nur Vögel fliegen, nicht aber Autos.

Somit unterliegt das Prädikat „Flügel bekommen“, linguistisch formuliert, einer Selektionsbeschränkung, nämlicher der, dass alles, auf das es sich bezieht, irgendwie zur Gattung der Flugtiere gehören muss.

Nimmt der Hörer die Verletzung dieser Selektionsbeschränkung wahr, muss er schnellstens eine eigene Bedeutung für die Aussage finden.

Du sagst: *„Dieser Preis wechselt gleich seinen Aggregatszustand.“*

Hier verletzt: na der Preis. Preise haben keinen Aggregatszustand.

Manipuliert: Der Preis wird so leicht und luftig

V

V

Ambiguitäten

Eine der berühmtesten und weltbekanntesten Sprachstrategien sind die sogenannten Ambiguitäten. Ambiguität bedeutet Mehrdeutigkeit. Eine Ambiguität verweist also auf eine mögliche Intuition, die man in seiner Muttersprache haben kann. Fällt Dir ein, wo Du in deinem Alltag am meisten auf Ambiguitäten triffst? Nicht? Ich sag es Dir gleich.

Das Besondere ist, dass manche Arten von Mehrdeutigkeit nur in bestimmten Repräsentationssystemen fortbestehen. Andere Arten sprachlicher Ambiguität bleiben auch dann noch bestehen, wenn man das Repräsentationssystem wechselt.

Im Alltag triffst Du auf Mehrdeutigkeit, auf das Angebot, Dich von deiner Intuition in die Irre treiben zu lassen, fast immer, wenn Dir die Pointe eines Witzes entgegen fliegt.

Syntaktische Ambiguitäten

Diese Art der Mehrdeutigkeiten macht mir einen Knoten ins Gehirn. Vielleicht geht es Dir dabei anders. Ich gebe Dir mal ein Beispiel, dann weißt Du, was ich meine.

Du sagst: *„Das Manipulieren von Manipulateuren kann folgenreich sein."*

Na! Wie hast Du den Satz verstanden? Wer manipuliert hier wen? Manipulierst Du die Manipulateure oder sind hier die Manipulateure gemeint, die folgenreich manipulieren?

Diese Art der Ambiguität haben Transformationslinguisten formalisiert und „syntaktische Ambiguität" genannt. Das soll heißen, dass beide der oben genannten Bedeutungen möglich sind. Es gibt also nicht nur die eine wirkliche Möglichkeit, es zu verstehen. Zudem ist es ganz egal dabei, ob dieser Satz laut gelesen wird, man ihn nur hört (auditiv repräsentiert) oder lediglich leise liest (innerer Dialog).

Sätze wie diese gelten also dann als mehrdeutig, wenn sie eine sprachliche Repräsentation von mehr als nur einer bestimmten Erfahrung darstellen können. Auf „linguistisch": Eine Oberflächenstruktur gilt als mehrdeutig, wenn sie eine sprachliche Repräsentation von mehr als einer Tiefenstruktur ist.

Im Meta-Modell werden Ambiguitäten als die Sorte von Fällen beschrieben, bei denen mehrere mögliche Tiefenstrukturen durch Transformationsprozesse mit nur einer Oberflächenstruktur verbunden sind.

Verdreht wurde:	Die Antwort, Wer denn nun Wem was macht.
Manipuliert:	Manipulieren ist so oder so erfolgreich.

V

Phonologische Ambiguitäten

Bleiben wir beim Mehrdeutigen. Selbstverständlich können Mehrdeutigkeiten nicht nur sachlich-inhaltlich viele Deutungen anbieten, sondern sie können auch alleine schon durch ihre Lautmalerei, sozusagen durch ihr phonetisches Abbild, vieldeutig sein.

Lassen wir mal für einen Moment den Film mit den Autos. Ich will Dir ein viel schöneres Beispiel geben:

Du sagst: *„Ob du kommen kannst, oder nicht..."*

Na, zumindest schmunzeln wird doch hier wohl jeder, oder? Verwendet man nämlich in einem Satz ein Wort, das zwei völlig unterschiedliche Bedeutungen haben kann, dann sprechen die Linguisten von einer phonologischen Ambiguität. Es klingt halt gleich – egal welche Bedeutung man diesem Wort nun gibt.

Im oben genannten Beispiel kann sich das faktive Prädikat „kommen" auf den sexuellen Prozess des Orgasmus beziehen, aber natürlich auch (für die dem männlichen Denken eher weniger zugeschriebene Interpretation) auf den physischen Akt, zu irgendjemandem oder überhaupt irgendwohin zu kommen bzw. sich dort hinzubewegen.

V

Verdreht wurde: „kommen können" – sexuell oder nicht?

Manipuliert: schlichte Irritation als Türöffner für eine folgende Suggestion

Bereichsmehrdeutigkeiten

Es hört nicht auf mit den Deutungsmöglichkeiten. Aber so ist es halt. Natürlich kann man neben inhaltlichen und phonetischen Varianten zumindest noch eine weitere ausmachen, die sich gleich über ganze Bereiche einer Aussage erstreckt. Die Linguisten haben solche Wortkonstruktionen als Bereichsmehrdeutigkeit klassifiziert. Aber was ist damit gemeint?

Das ist ganz einfach. Wenn Du in einem Satz etwas näher bestimmst oder diesem ein qualitatives Etikett verleihst, dann informierst Du deinen Hörer darüber, „wie" Dir was gefällt, „wie" sich was für Dich anfühlt und so weiter. Wenn diese Zuschreibung aber unpräzise ist, dann muss sich dein Gegenüber fragen, was Du denn genau damit gemeint haben könntest. Und im Zweifel macht er das, was wir alle machen, wir interpretieren einfach und legen unsere eigene Bedeutung hinein.

Du sagst: *„Diese störenden Geräusche und Gedanken..."*

Wenn Du also eine nähere Bestimmung von irgendwas nutzt, im Kontext aber unklar lässt, auf welchen Teil deiner Aussage sich diese Bestimmung bezieht, dann spricht man von einer Bereichsmehrdeutigkeit.

Im oben genannten Beispiel bleibt somit die Frage offen, ob denn nun nur die Geräusche oder auch die Gedanken oder beides störend sind. Und während dein Dialogpartner noch fleißig am Suchen ist, wie das gemeint sein könnte, kannst Du deinen Einfluss weiter und weiter unbemerkt ausdehnen.

Verdreht wurde: die qualitative Zuordnung der Aussage

Manipulation: egal was: Es stört!

Interpunktionsambiguitäten

(Run-on sentence)

Einen hab' ich noch. Nur noch einen! Versprochen. Das ist die letzte Art von Mehrdeutigkeit, die ich Dir vorstellen will. Diese hier kommt eher aus dem Labor der

Linguisten und klingt auch danach. Es gehört schon ein bisschen Übung dazu, mit einer Interpunktionsambiguität geschickt und zielführend umzugehen. Immerhin begegnet einem im Alltag so eine Interpunktionsambiguität eher selten. Also bleibt nur eines, damit es Dir von der Lippe flutscht: Du musst es halt üben! Wenn Du dann geschickter damit umgehen kannst, wirst Du sehen, wie dieser Run-on sentence deinen Hörer in den großen Strudel der Verwirrung ziehen wird.

Aber was ist denn nun diese letzte Ambiguität, diese Interpunktionsambiguität?

Du sagst: *„Ich möchte nicht, dass Sie sich vorschnell dazu entscheiden, sich das Auto jetzt zu kaufen, während Sie noch überlegen, welche Farbe Ihnen besser gefällt...“*

Benutzt Du das letzte Wort oder den letzten Teil eines Satzes als erstes Wort oder Satzteil eines folgenden Satzes, so steigt die Wahrscheinlichkeit, dass dein Dialogpartner den nachkommenden Inhalt nicht mehr bewusst aufnehmen wird. Sein Unbewusstes wird ihn brav weiterverfolgen.

Auf „Linguistisch“ erklärt man das so, dass, wenn eine Sequenz von Worten das Resultat einer Überlappung zweier wohlgeformter Oberflächenstrukturen ist, die ein Wort oder eine Wortgruppe gemeinsam haben, dann nennt man das Interpunktionsambiguität.

Jaja. Merke Dir das gut. Das ist prüfungsrelevant.

Eingebettete Befehle

(Embedded Commends)

Kommen wir zu was Neuem. In der Episode mit den Metaphern habe ich das schon kurz angedeutet. Jetzt will ich das noch einmal aufgreifen und ausführlicher darstellen. In der Welt sprachlicher Manipulation geht es nämlich nicht immer nur „indirekt“ zu. Es kann auch sehr „direkt“ zugehen. Sehr, sehr, sehr direkt ... – aber eben doch nicht ganz ...

Dieses Muster, schon deutlich direkterer Aufforderungen, funktioniert wunderbar, wenn man sie in einen unscheinbaren Kontext einbettet. So nennt sich dieses Sprachmuster auch „eingebettete Befehle“.

Diese Gruppe stellt ein Muster einer Oberflächenstruktur dar, in der Du deinem Gegenüber zwar eine Suggestion anbietest, diese aber so gut in einen anderen Kontext einbettest, dass es ihm schwerfallen wird, sich diesen Suggestionen zu entziehen. Dieses Einbetten von Befehlen geht ganz einfach. Finde einen Kontext, den Du als Tarnung missbrauchen kannst, und füge darin einfach deine Aufforderung ein. Das war es auch schon.

Du sagst: *„Wenn mein Sohn von etwas begeistert ist, sagt er immer voller Überzeugung: ‚Denk nicht lang rum, kauf es einfach jetzt!'“*

Wie ich es in diesem Beispiel gemacht habe, bevorzugte es auch Erickson, nämlich eingebettete Befehle in direkten oder indirekten Zitaten zu verstecken. Das fällt am wenigsten auf, klingt logisch und ist nachvollziehbar.

Wenn Du den eingebetteten Befehl in dieser Form dann zudem noch analog markierst, und Du – wenn möglich – deinem Zuhörer dabei auch noch direkt in die Augen schaust, entfaltet diese Form der verbalen Manipulation ihre größte Wirkung.[7]

Befohlen wurde: Kauf jetzt sofort.

Manipulation: das Setting: Begeisterung, Überzeugung, und der Befehl: sofortiger Kauf

Indirekte eingebettete Befehle

Das geht natürlich auch wieder auf die indirekte Art und Weise. Wenn man davon absieht, eine Aufforderung nicht in ein Zitat oder einen anderen Kontext einzubetten, dann kann man es auch indirekt tun, wie in diesem Beispiel:

V

Du sagst: *„Meine Kunden sagen immer, ich soll mich glücklich schätzen und entspannt sein, bei derart guten Autos, die ich hier stehen habe."*

Siehst du den kleinen, aber feinen Unterschied?

Befohlen wurde: glücklich sein, entspannen

Manipulation: Glück haben, an ein so gutes Auto geraten zu sein.

7 Vgl. dazu mal diverse Derren Brown Videos. Du findest sie im Mediaarchiv der Website www.handbuch-manipulation.de und natürlich ohne Ende auf youtube. Keiner zeigt es schöner – mit dieser Fülle an sprachlichen Manipulationstechniken – und für uns zum Studieren idealer als Derren Brown.

Zusammenfassung

Wichtiger, als jedes Programm, jedes Format und jede linguistisch modellierte Regel auswendig herunterbeten zu können, ist, dass Du in deinen Gesprächen ein Gespür dafür entwickelst, nach diesen Formen hypnotischer Formulierungen Ausschau zu halten.

Da sich der Linguist diese rhetorischen Regelverletzungen nicht irgendwann einmal aus den Finger gesogen hat, sondern diese besonderen Modellbildungsprinzipien eher einfach nur entdeckt und beschrieben hat, kannst Du davon ausgehen, dass all diese Modelle zu unserem ganz natürlichen Repertoire unserer sprachlichen Umgangsformen gehören. Wenn dem so ist, bedeutet das aber auch, dass die Wahrscheinlichkeit extrem hoch ist, dass dein Beziehungspartner genauso versuchen wird, Dich ganz natürlich zu „hypnotisieren". Er tut das dann sicher nicht bewusst, so wie Du ab jetzt. Aber er wird es tun. Er kann gar nicht anders. Und wenn dieser „er" noch zufälligerweise eine Frau sein sollte – dann ist das sogar untere Garantie so!

Verbale Einflussnahme geschieht ganz natürlich im Alltag. Und unterliegt gewissen Regeln. Diese Regeln haben kluge Linguisten formuliert, haben NLPler modelliert und Hypnosetherapeuten ausprobiert. Wenn Du Dich von nun an also mit dieser Art sprachlicher Einflussnahme anfreundest, wirst Du in allerbester Gesellschaft sein.

Seit Anbeginn dieses Kapitel habe ich Dir gezeigt, wie Du mit sprachlichen Strategien ein ebenso gutes Pacing hinbekommst wie mit nonverbalen Strategien. Vielleicht sogar noch ein besseres und tieferes. Wenn Du Aspekte wie die Submodalitäten, sprachliche Eigenheiten und das breite Spielfeld des Utilisierens für Dich nutzt, wirst Du schnell schon ganz weit kommen.

Mit dem Milton-Modell hast Du eine riesige Toolbox an der Hand, um in den Lead zu gehen. Du kannst deine Verhaltensaufforderungen elegant tarnen, sie indirekt postulieren oder sogar ganz ohne Inhalt, allein durch das Erzeugen eines bestimmten sprachlichen Settings platzieren. Dadurch, dass Du durch die unterschiedlichsten Verletzungen der Wohlgeformtheit das Gehirn deines Gegenübers im wahrsten Sinne rotieren sehen kannst, stehen Dir Tür und Tor offen, die Muster und Verarbeitungsprozesse deines Gegenübers direkt zu triggern, und so dein Kommunikationsziel zu erreichen.

Dort, wo Du mit dem Meta-Modell Tiefenstrukturen freilegst und Bewusstheit erzeugst, um beispielsweise Widerstand abzubauen, kannst Du Bahnungen und Musterprozesse nun auch selbständig erzeugen, kannst diese der Motivationsstruktur deines Gesprächspartners anpassen, sie anhand der Submodalitäten optimieren und mit dem Milton-Modell gekonnt ans Ziel bringen.

Das alles braucht natürlich ein bisschen Übung. Lass Dir ruhig so viel Zeit damit, wie Du brauchst, und setz Dich nicht unter Druck. Nachher, wenn Du deinem Partner oder einem Freund begegnen solltest, kannst Du Dich ja mit den Modellen, die Dir spontan liegen, schon mal ausprobieren.

Was sich zu lesen lohnt,...

Bandler, R. & Grinder, J. 1975. Patterns of the Hypnotic Techniques of Milton H. Erickson. s.l. : Meta Publications, 1975.

Bandler, Richard & Grinder, John. 1975. Pattern of the Hypnotic Techniques of Milton H. Erickson. s.l. : Junfermann Verlag, 1975.

Bandler, Richard, 2009. Kommunikation und Veränderung - Struktur der Magie II. s.l. : Junfermann, 9. Auflage, 2009.

—. 2005. Reframing - ein ökologischer Ansatz in der Psychotherapie. s.l. : Junfermann; 8. Auflage, 2005.

—. 1998. Struktur der Magie I. s.l. : Junfermann Verlag, 1998.

Bandler, R., Grinder, J. Patterns: Muster der hypnotischen Techniken Milton H. Ericksons. s.l.: Junfermann; 4. Auflage, 2005

Dutton, Kevin. 2010. Flipnosis. The Art of Spli-Second Persuasion. London : Wiliam Heinemann, 2010.

Dünnebier, Katrin. 2009. Urteilsverzerrungen in der schulischen Leistungsbeurteilung, Eine experimentelle Studie zu Ankereffekten. Bern : Zeitung für Pädagogische Psychologie, 23, Hogrefe, 2009.

Erickson, Milton H. 2007. Hypnotherapie. Aufbau. Beispiele. Forschung. s.l. Klett-Cotta; 9. Auflage, 2007.

—. Die Lehrgeschichten von Milton H. Erickson. s.l.: Iskopress, 2011.

—. Gesammelte Schriften 02. Indirekte Suggestion und Gefahren der Hypnose, s.l.: Carl-Auer-Systeme-Verlag; Auflage: Nachdruck, 1996

Gilligan, Stephen G. 2008. Therapeutische Trance: Das Prinzip Kooperation in der Ericksonschen Hypnotherapie. s.l. : Carl-Auer, 2008.

Grinder, John Thomas. 1976. On deletion phenomena in English. s.l. : Mouton de Gruyter, 1976.

Grochowiak, Klaus & Heiligtag, Stefan. 2002. Die Magie des Fragens: Warum es keine unschuldigen Fragen gibt. s.l. : Junfermann, 2002.

Grochowiak, Klaus. 2007. Das NLP - Practitioner Handbuch. s.l. : Junfermann, 2007.

Jonas, David & Daniels, Anja. 1993. Was Alltagsgespräche verraten. Verstehen Sie limbisch? s.l. : Hannibal Verlag GmbH, 1993.

Kossak, Hans-Christian. Hypnose: Lehrbuch für Psychotherapeuten und Ärzte. . 2013 : Beltz; 5. Auflage.

Mulzer, Chris. 2004. Metaprogramme. Berlin : Bibliothek des Verkaufswissens, 2004.

Schmidt, Gunther. 2006. Einführung in die hypnosystemische Therapie und Beratung. s.l. : Carl-Auer Verlag, 2006.

Weiterführendes ...

Auf dem ja schon ein paar Mal erwähnten youtube Kanal von meinem Buch, findest Du ein paar schöne Beispiele zu diesem Kapitel. Natürlich auch auf der WebSite selber in der Rubrik: Fachartikel. Hier habe ich eine Ansprache der Bundeskanzlerin Merkel in seine Bestandteile zerlegt, oder die StreetScam von Derren Brown, und Allerlei mehr.

Sprachlich wirst Du im Workbook Manipulation III, oder in einzelnen Arbeitsheften das Eine und Andere Format aus NLP und Hypnose finden.

Eine kleine Auswahl:

Eike Rappmund: Angela Merkel - aus der Perspektive des MetaModells. youtube/sprachliche Manipulation. 2014

Eike Rappmund: Mental-Magie erklärt (Mentalist Derren Brown - Street Scam). youtube/sprachliche Manipulation. 2014

Eike Rappmund: IKEA – The Time Travel Experiment No. 1 – Adam & Sofi. youtube/sprachliche Manipulation. 2014

Eike Rappmund: Sleight of Mouth. Arbeitsheft III.A.2 zum Handbuch Manipulation. 2014

V

V

TEIL VI - Systemisches

Systemische Einflussnahme

VI

VI

der vorletzte

Überblick

Systemische Manipulation

Grundlagen

Grundlagen

Wie wir in den vorangegangenen Kapiteln gesehen haben, ist jegliche automatisch ablaufende, ökonomische und musterbedingte Reizverarbeitung unseres Gehirns als unwillkürlicher Prozess, als Trance zu verstehen. Realität wird diesen Prozessen gemäß aus den zuvor gebildeten Mustern konstruiert. Dass diese Musterbildungen enorm schnell und jederzeit ziemlich einfach zu aktivieren sind, hat uns vor allem die Priming-Forschung gezeigt.

Aber auch Sozialpsychologen, Anthropologen, Sozialwissenschaftler, Soziologen und wie sie alle heißen haben, vor allem in den vergangenen 50 Jahren, vieles ans Licht bringen können, was da an grundsätzlichen „Musterbildungs-Prozessen" in uns Menschen so vor sich hinwerkelt. Immer mehr grundsätzlich funktionierende Automatismen wurden entdeckt, beschrieben und erforscht. Automatismen, die uns zwar auf der einen Seite wie gewohnt das Leben leichter machen, auf der anderen Seite aber auch enorm anfällig für „Fehler", für Einflussnahme und Manipulation.

Für erfolgreiche Einflussnahme sind diese Forschungsergebnisse von unschätzbarem Wert. Sie bieten die Chance, viele neue und elegante Strategien zur Einflussnahme zu entwickeln und diese gekonnt in die eigenen Kommunikationsstrategien zu integrieren.

Im Folgenden stelle ich Dir einige dieser hochwirksamen Musterbildungsprozesse vor, aus denen Du Dir mit Leichtigkeit eine Menge an Strategien selbst schnitzen kannst. So wird Dir der Angriff auf die Willfährigkeit deines Gegenübers einen erfolgreichen Einfluss ermöglichen.

Diese grundsätzlichen Zugangswege in den vergangenen Jahrzehnten zusammengefasst, geordnet und mit unzähligen sozialwissenschaftlichen Versuchen belegt, hat vor allem einer: Robert B. Cialdini (Cialdini, 2010). Er ist Professor für Psychologie an der Arizona State University und hat mit unzähligen eigenen Versuchen Ergebnisse aus über 30 Jahren psychologischer Forschung ergänzt, bestätigt und letztlich in sechs übersichtlichen Gruppen zusammengeführt. Auch diese werde ich Dir jetzt vorstellen.

Nachdem Du nun aus den ersten Teilen des Buches weißt, wie unser Gehirn funktioniert, was unserem Verhalten und Entscheiden Antrieb gibt, wie wir in unsere Umwelt eine Menge von unbewussten Signalen senden und wie wir diese für einen stabilen Beziehungsaufbau und sprachliche Einflussnahme nutzen können, weitet sich nun, in diesem letzten Teil des Buches, der Blick erneut, sich öffnend für das soziale System, in dem wir leben.

Da wir Menschen grundsätzlich Bedürfnisse haben, die befriedigt werden müssen, haben sich über die Jahrtausende hinweg, über so gut wie alle sozialen Schichten, ethnischen Gruppen, Gehaltsstufen und über ganze Länder hinweg, einheitlich Musterprozesse entwickelt, die man in Form von Verarbeitungsroutinen nahezu in jedem Gesprächspartner findet.

Diese Verarbeitungsroutinen unseres Sozialorgans, Gehirn, sichern vor allem unser Überleben in den Systemen, in denen wir leben. Sei es unsere Beziehung, unsere Familie oder das System Arbeitsstelle, Gemeinwesen oder

Kommune. Überall dort, wo wir Menschen uns in diesen Systemen bewegen, arbeitet unser Gehirn schon seit Hunderten von Generationen erfolgreich auf Automatik. Ein gefundenes Fressen, nicht nur für gezielte Forschung.

Diese Forschungsarbeit haben sich nun vor allem Sozialpsychologen, Soziologen und Anthropologen auf ihre Fahnen geschrieben. Und aus eben genau diesen Ecken beziehen wir nun auch das Futter für unsere Kanonen. (Nebenbei: Soweit öffentlich verfügbar, findest Du die meisten dieser Forschungsarbeiten im Downloadarchiv der Website zu diesem Buch.)

Im folgenden Teil des Praxishandbuchs stelle ich Dir nun Musterprozesse vor, die wir Menschen nahezu immer irgendwie zeigen, wenn wir uns in Systeme einbringen, um mit ihnen wechselwirkend zu interagieren.

Alle diese Prozesse werden Dir bekannt sein. Wie sehr sie jedoch Einfluss haben auf unser Miteinander, wie heftig sie unser Verhalten und unsere Entscheidungen prägen, darüber wirst Du gleich staunen. Wenn Du dieses Know-how dann gekonnt mit den Grundlagen aus den ersten Kapiteln verhäkelst, wirst Du in der Lage sein, Strategien zu entwickeln, gegen die kein Kraut mehr gewachsen ist.

Aber fangen wir an ...

Das System und ich

In Zeiten, als das Überleben des Individuums und das der Gruppe mehr oder weniger dasselbe bedeutete, war es nicht so sehr angezeigt, die eigene Individualität besonders auszuprägen. Es war eher erstrebenswert, nicht aus dem Rahmen zu fallen. Wer nicht besonders auffiel, war deutlich im Vorteil. Da in diesen Zeiten viele der neuronal bewährten Musterprozesse ihren Ursprung fanden, sollten wir nie vergessen, wie alt und daher auch mächtig diese Netzwerke in uns allen schon seit Jahrtausenden ihren Dienst verrichten.

Der Vater der Sozialpsychologie, der Dichter John Donne, schrieb einmal: „Kein Mensch ist eine Insel." Wie Recht er hatte. Seit diesen Zeiten ist unser individuelles Verhalten extrem eng mit dem Verhalten der Menschen verbunden, mit denen wir uns zusammen in einem System vernetzt haben. So üben wir ganz unbemerkt, dafür aber laufend, wechselseitig und rückbezüglich Einfluss aufeinander aus, und zwar einen ganz gewaltigen.

Bei aller Interaktion, allen Dialogen, allen zielgerichteten Angriffen auf die Willfährigkeit deines Gegenübers, solltest Du Dir eines immer bewusst machen: Wir Menschen sind von Grund auf soziale Rudelwesen. Auch wenn es in den letzten paar Hundert Jahren mehr und mehr hipp wurde, die eigene Individualität herauszuputzen, so bleiben wir in den Tiefen unseres Gehirns doch stets extrem anfällig, wenn es um das Gleichgewicht in der Gruppe geht, der wir uns zugehörig fühlen.

Wie mächtig dieser Einfluss ist – nämlich so, dass man es kaum für möglich halten will – konnte der kreative Gestaltpsychologe, Solomon Asch, im Jahre 1951 zeigen. Als „Asch-Experiment" oder besser als Konformitätsexperiment bekannt geworden, zeigte der polnischamerikanische Forscher, wie sehr die Meinung einer Gruppe die Entscheidung des Individuums beeinflusst.

In seinem Versuch setzte er einer Gruppe von neun Probanden (acht davon hatte er zuvor jedoch speziell instruiert) vor insgesamt achtzehn Aufgaben. Die Instruktion lautete, dass die „Verschwörer“ bei sechs der achtzehn Aufgaben eine falsche Antwort geben sollten. Solomon Asch wollte sehen, wie sich die eigentliche Versuchsperson verhalten würde. Ob er oder sie angesichts der stark abweichenden Gruppenmeinung bei der eigenen Meinung bleiben und weiterhin die korrekte Antwort geben würde oder nicht.

Aschs Ergebnisse waren ganz erstaunlich. 76 Prozent der Probanden gaben zumindest einmal im Verlauf des Experiments wissentlich eine falsche Antwort. Das muss man sich mal vorstellen. Der Drang von uns Menschen, konform mit einer Gruppe, konform mit dem System zu gehen, in dem wir leben, ist demnach derart groß, dass wir dazu bereit sind, uns bewusst gegen etwas zu entscheiden, was wir, direkt vor unserer Nase, bewusst als „falsch“ identifiziert haben. Die Meinung des Systems, die Meinung der Mehrheit im System ist demnach eine der mächtigsten Verbündeten, die wir uns für jegliche Einflussnahme zu eigen machen sollten.

Das, was da im Labor hervorragend funktionierte, wurde 1991 beim Wahlkampf zwischen Bush und Clinton auf beängstigende Weise belegt. In eine Gruppe von insgesamt dreißig Zuschauern wurden zehn „Manipulationsagenten“ eingeschleust. Deren Aufgabe war es, nichts anderes zu tun, als bei einem der Streitgespräche, nach wissenschaftlichem Regular, entweder den einen oder den anderen Kandidaten auszubuhen oder zu beklatschen. Natürlich gab es unter anderem auch eine Kontrollgruppe.

Den genauen Aufbau des Experiments kannst Du Dir ja denken. Viel wichtiger ist das Ergebnis.

Ganz entsprechend der Erwartung, die man auf Grundlage des Asch-Experiments hatte, entwickelten sich auch die Ergebnisse. Bei den Anhängern des einen Kandidaten wurde eine ganz klare Tendenz sichtbar, ihre Meinung bedingt zu relativieren, wenn die „Agenten" den jeweils anderen beklatschten. Superdeutlich schwenkte die Meinung der Masse hingegen um, wurde der eigene Kandidat ausgebuht. Dieses Experiment zeigt deutlich, dass es ganz offensichtlich nicht immer davon abhängt, wie wir selbst andere betrachten, sondern dass unsere Meinung meist von nichts anderem abhängt als davon, wie „andere" es sehen.

Seit den Tagen des Experiments von Solomon Asch spricht die Wissenschaft von der sogenannten „sozialen Bestätigung oder Rückversicherung". „Social proof" nennt man das auch im Englischen.

Nach genau diesem Prinzip funktioniert zum Beispiel auch die weltweit beliebte Plattform eBay. Die einfache Strategie hier lautet: Einen niedrigen Einstiegspreis festlegen, damit möglichst viele Leute sich einklinken, um zu steigern. Dadurch wird das zu versteigernde Produkt noch erstrebenswerter und zieht noch weitere Bieter an. Der Kreislauf beginnt sich zu drehen. So kommt es, dass jedweder Ramsch zu unglaublichen Bestpreisen den Besitzer wechselt.

Dieser Effekt, also wie die Meinung unserer „Bezugs-Gruppe" unsere eigene Entscheidungstendenz prägt, funktioniert natürlich nicht nur beim Ersteigern von irgendwelchem Plunder. In uns Menschen scheint irgendwo ganz tief und fest verdrahtet zu sein, dass es weniger darauf ankommt, wie wir uns selbst sehen, als darauf, wie andere dieses Systems uns sehen! Wir führen sozusagen laufend einen inneren Abgleich durch, ob unser Verhalten systemkonform und dadurch von dem Bezugssystem anerkannt ist oder eben nicht. Das reißt förmlich die Türen zur Einflussnahme auf.

Manchmal wirkt die machtvolle Dynamik einer Gruppe jedoch auch umgekehrt. Das haben wir seit dem Asch-Experiment gesehen. Wir beginnen plötzlich etwas zu glauben, was überhaupt nicht zu uns gehört. Entsprechend fällt dann auch unser Verhalten aus. Wir helfen denen, die uns eigentlich schaden, und mögen die, die wir eigentlich hassen.

Diesen recht seltsam anmutenden Prozess konnte man anschaulich an einem Vorfall im Jahre 1973 studieren. Am 23. August 1973 stürmte eine Gruppe maskierter Gangster in das Gebäude einer schwedischen Bank. Der Bankraub verlief jedoch nicht reibungslos, sondern auf geradezu fürchterliche Art und Weise. Über fünf Tage hinweg entwickelte sich ein Geisel-Gangster-Drama, wie es schlimmer nicht hätte sein können.

Im Verlauf dieser Geiselnahme zeigte sich jedoch etwas Phänomenales. Mit der Zeit entwickelten die Geiseln mehr Angst vor der Polizei als vor ihren Peinigern. Trotz Angst empfanden die Geiseln auch nach der Geiselnahme keinen Hass gegenüber ihren Geiselnehmern. Ganz im Gegenteil. Sie waren ihnen sogar noch dankbar dafür, freigelassen worden zu sein, und baten bei den entsprechenden Behörden um Gnade für die Täter und besuchten diese sogar später im Gefängnis.

Dieses Phänomen ging nicht nur in die wissenschaftliche, sondern in alle mögliche Literatur als das sogenannte „Stockholm-Syndrom“ ein. Auch wenn es kein Syndrom im eigentlichen Sinne ist, zeigt es doch die vielfachen Aspekte einer dämonisch wirkenden Manipulation.

Dies zu erklären, ist nicht ganz einfach. Auch das FBI hat sich daran versucht (FBI, 2007). Ich will es jetzt, auch mal aus dem Kontext des bisher Gesagten heraus, versuchen: Die tragenden Säulen dieses Syndroms sind ein teuflischer Mix aus Reziprozität und Homöostase. Die Schlüsselstelle dieses Syndroms ist die Inkongruenz, ist die kognitive Dissonanz in dem Machtgefälle zwischen Täter und Opfer. Diese entsteht genau dann, wenn der Täter ein freundliches, positiv bewertetes Verhalten gegenüber dem Opfer zeigt. So etwas kommt unerwartet. Überraschend. Damit kommt unser Gehirn nicht klar. Die eigentlichen, abwehrenden und negativ geprägten Gefühle können nicht mehr in Einklang zu dem positiven Verhalten des Gangsters gebracht werden. Weil zudem die Geisel keine Macht zu haben scheint, das Verhalten des Bösewichts zu beeinflussen, bleibt ihr nur ein Mittel, diese Dissonanz wieder ins Gleichgewicht zu bringen: Sie wird ihre Einstellung gegenüber dem Verhalten des Gangsters ändern. Ab jetzt läuft die Maschine wieder rund. Das Gesetz der Reziprozität (von dem Du gleich noch mehr lesen wirst) springt an und tut das Ihrige dazu.

Wie Du siehst, ist unser Bedürfnis, mit einem uns wichtigen Bezugssystem in Einklang zu sein, ein ganz elementares Bedürfnis. Diesem folgen die Verarbeitungsrituale in unserem Gehirn. Dissonanzen sind – wenn überhaupt – nur schlecht auszuhalten. Wir tun viel dafür, möglichst schnell aus derlei unangenehmen Situationen wieder herauszukommen. Koste es, was es wolle. Im Zweifel sogar den gesunden Menschenverstand.

Aber nicht nur die direkt erlebbare Dynamik der Gruppe beeinflusst unsere Entscheidungsprozesse, auch die indirekt wirkenden Glaubenssätze, Regeln und Vorannahmen, die man gegenüber seinem Bezugssystem hat, tun das. Mit welcher inneren Einstellung und Erwartung ich mich mit einem System verbinde, aber auch mit welcher inneren Einstellung und Erwartung ich mich mit meinen eigenen Fähigkeiten und Ressourcen verbunden fühle, prägt maßgeblich das Verhalten und die Herangehensweise, mit der man sich beispielsweise einer Aufgabe oder überhaupt einer Herausforderung nähert. Das nennt man dann auch „Attributionsstil".

Welchen Attributionsstil Du hast, ob Du Dich eher intern, also an Dir, oder vermehrt extern, d.h. an den anderen, orientierst, kannst Du im Workbook austesten. Ich habe da ein kleines Selbstexperiment für Dich vorbereitet.

Aber wenden wir uns nun den großen, mächtigen und vor allem meist unbewussten Verarbeitungssystemen unseres Gehirns zu. Diese machen uns nämlich, gerade wegen der sozialen Systeme, in denen wir leben, beeinflussbar und willfährig. Unsere Entscheidungsprozesse werden überhaupt erst aufgrund dieser, unserer Verbindungen zu einem Bezugsystem massiv beeinflussbar.

VI

„Wie du mir, so ich dir ...“ – die Regel der Reziprozität

Nach Erkenntnissen von Soziologen und Anthropologen ist einer der am meisten verbreiteten Verarbeitungsprozesse das sogenannte Verarbeitungsmuster der Reziprozität. Dieses ist in so vielen menschlichen Kulturen angelegt, dass man bereits von einer Norm sprechen kann. Selbst bei Ureinwohnern im tiefsten Dschungel können wir noch reziprokes Verhalten abrufen – wenn man weiß wie. Mehr als nur ein Grund, sich mit diesem musterbildenden Verarbeitungsprozess menschlichen Erlebens als Allererstes zu beschäftigen.

Die Regel der Reziprozität beschreibt, dass wir Menschen eigentlich immer irgendwie darum bemüht sind, anderen zurückzugeben, was wir von ihnen bekommen haben (man kann auch sagen, wir haben schnell so ein diffuses Gefühl des Verpflichtetseins). Soziologisch betrachtet, verfolgt dieses menschliche Verhalten den Zweck, ein ausgeglichenes, gerechtes Miteinander in einem System zu erhalten und zu stabilisieren. Das durch dieses Muster vermittelte Gefühl, etwas jemandem schuldig zu bleiben, jemandem verpflichtet zu sein, wenn man etwas bekommen hat, ist die Grundlage für verschiedenste (Umgangs-) Formen unseres Miteinanders. Von der Geburtstagseinladung bis zum Weihnachtsgeschenk achten wir – gemäß dieser massiv auf uns einwirkenden Regel – auf ein ausgeglichenes Verhältnis von Geben und Nehmen.

Man könnte sagen, diese Musterbildung ist so etwas wie eine „Angst- oder Vermeidungsstrategie“. Sie wirkt vor allem deshalb, damit wechselseitige (reziproke) Beziehungen überhaupt initiiert werden können, und das ohne einen Verlust befürchten zu müssen. Daher verlangt diese Regel, auf bestimmte Handlungen mit ähnlichen Handlungen zu reagieren. Das gilt sogar schon für Handlungstendenzen, zum Beispiel bei Zugeständnissen (Konzessionen). Auch auf Zugeständnisse reagieren wir in der Regel mit der Tendenz, ebenso Zugeständnisse zu machen.

Zu nehmen ohne dafür zu geben, könnte das Gleichgewicht eines Systems rasch zum Kippen bringen. Daher wäre bei einem solchen (ungerechten) Verhalten mit ernsthaften sozialen Konsequenzen zu rechnen. Damit man sich diesen Sanktionen nicht aussetzen muss, hat unser Gehirn über die Jahrtausende hinweg das Muster der Reziprozität entwickelt. Dieses Steuersystem ist uns Menschen derart wichtig, dass es uns immer noch von Kindheit an beigebracht wird. Und das nicht nur uns, sondern schon seit je her durch alle Gesellschaftsschichten und Kulturen dieser Welt hindurch (Gouldner, 1960).

„Was du willst, dass man dir tu'…"

Schauen wir uns das mal konkreter an. Nehmen wir als Testobjekt mal eine schlichte Bitte. Irgendjemand bittet Dich also um etwas. Mit dieser Bitte entfaltet sich nun langsam dieser Prozess. Nun, eine simple Bitte motiviert jetzt noch nicht so sehr, dass wir gleich alles stehen und liegen lassen. Das lässt sich noch optimieren. Die Sozialpsychologin Ellen Langer fand bereits 1978 heraus (Langer, 1978), dass, wenn wir einer Bitte noch irgendeine Begründung anhängen, diese Bitte eine deutlich höhere Chance auf Erfüllung findet. So wies sie einem Probanden an, sich in einer langen Schlange vor einem Kopierer mit der Begründung vorzudrängeln: „Entschuldigung, ich hab fünf Seiten zu kopieren. Kannst du mich bitte vorlassen, weil ich Kopien machen muss?" Erstaunlicherweise kamen 93 Prozent der Wartenden dieser absurd begründeten

Bitte nach. Noch erstaunlicher war, dass, wenn man das Wörtchen „weil“ ersatzlos aus der Frage strich, plötzlich nur noch 60 Prozent der Gebetenen dem vorgetragenen Wunsch nachkamen.

Wenn Du das Kapitel zu den hypnotischen Sprachmustern noch im Kopf hast, dann wird Dir sofort wieder das sprachliche Muster der Kausalbeziehungen in den Kopf schießen. Ein scheinbarer, einfach postulierter Ursache-Wirkungszusammenhang – in diesem Beispiel, durch das Wörtchen „weil“ markiert – reichte bei dem Versuch von Ellen Langer aus, das automatische Verarbeitungsmuster „Reziprozität“, inklusive allen Verhaltensregeln, anzuwerfen.

Doch nicht nur bei Ellen Langer funktionierte das. In neuerer Zeit versuchten sich einige Fernsehredaktionen an dem gleichen Experiment. Hier sollte sich ein Redakteur mit der Begründung: „... weil ich rote Turnschuhe anhabe ...“, an einem Würstchenstand nach vorne drängeln. Auch hier war das Ergebnis wieder dasselbe: Erfolg! Es funktionierte. Das ist kaum zu glauben, oder?

Jetzt könnte man natürlich mutmaßen, man hätte irgend so eine „Hochleistungs-Sympathische“ mit entsprechenden Rundungen und Maßen sich anstellen lassen und in der Schlange hätten nur hungrige Bauarbeiter gestanden. Aber so viele Klischees muss man zum Glück für eine Erklärung gar nicht bemühen. Lustigerweise zeigt sich nämlich, dass es überhaupt keine Rolle spielt, ob man den Bittenden sympathisch findet oder nicht (Regan, 1971). Willfährig reagierten neun von zehn trotz allem wie auf Automatik geschaltete Karnickel. Und das nur aufgrund eines einzigen Wörtchens (wenn ich das mal so zusammengedampft sagen darf).

Das Wissen darum, dass sich der Erfolg, eine Bitte erfüllt zu bekommen, leichter einstellen wird, wenn man seine Bitte nur irgendwie begründet, lässt sich aber noch weiter optimieren. Zum Beispiel, indem man, bevor man diese Zauberformel spricht, zuerst noch seinem Gegenüber einen kleinen Gefallen erweist! Dann nämlich entwickelt sich der ganze Komplex zu einer wirklichen „Manipulationsbombe".

Diesen Effekt machte sich in den 1970er Jahren die Hare-Krishna-Gemeinschaft zu Nutzen. Diese zogen (mit meist kahl rasierten Schädeln, schlecht sitzenden Gewändern und Gebetsketten bewaffnet) los, um Spenden für ihre Gemeinschaft einzutreiben. Die auf diese Art nicht sonderlich sympathisch wirkenden Mitbürger unseres kleinen, konservativen Planeten waren anfänglich auch nicht sonderlich erfolgreich.

Als sie nun aber begannen, Blümchen an die Passanten zu verteilen, bevor sie mit dem Klingelbeutel rasselten, explodierte ihre Erfolgssträhne förmlich. Die Krishna-Gemeinschaft wurde in kürzester Zeit so wohlhabend, dass sie es sich leisten konnte, weltweit über 321 Zentren aus dem Boden zu stampfen.

VI

Mit den Jahren unserer Kindheit und der anstrengenden „Schule unserer Sozialisation" haben wir gelernt, dass besonders kleineren Gefälligkeiten leider mit der Zeit viel weniger nachgekommen wird als bedeutenden Bitten. (Flynn, 2002) Will man also eine Strategie mit Langzeitwirkung stricken, sollte der Gefallen schon deutlich ausgewachsener sein, als ein halbverwelktes Blümchen zu verschenken. Dennoch, vor allem im Bereich der kleinen und schnellen Manipulationen, reicht auch das und der Musterprozess „Reziprozität" wird zu einer unheimlichen Waffe.

Aber warum nur funktioniert dieser irgendwann einmal in uns einprogrammierte Prozess so unglaublich gut? Wieso ist dieser ein so zuverlässiges Verarbeitungsritual?

Das liegt vor allem an drei wesentlichen Merkmalen:

Das Erste: Die reziproken Prozesse schalten den Einfluss anderer, die für unsere Entscheidungen normalerweise wichtigen Aspekte einfach aus.

Das kannst Du am besten nachvollziehen, wenn Du Dich an den heiligen Dreikönigstag erinnerst. In dieser Nacht verteilen wir bereitwillig, und das alle Jahre wieder, an eine Horde von Halbwüchsigen, die mit Kreide unsere Eingangstür mit schrägen Buchstaben bemalen, Tonnen von Süßigkeiten und Ähnlichem. Und dabei ist uns meistens weder an dem heiligen Segen von Kreidebuchstaben gelegen noch glauben wir an irgendetwas ähnlich Mystisches. Und vor allem, was denken wohl die Nachbarn? Irgendetwas in uns schaltet auf Automatik und Schluss ist mit einem vernunftbeseelten Verhalten.

Was uns hier genau reitet? Der Gedanke, dem lieben Gott etwas zu schulden? Der Kirche wohlmöglich? Der Gesellschaft an sich, die ja lieb zu unserem Nachwuchs sein soll? Oder schlicht den Halbwüchsigen selbst, die ja soeben so nett schräg (und ungebeten) etwas vorgeträllert haben? Ich schlage vor, das darf an dieser Stelle offen bleiben. Was aber letztlich bleiben mag, ist ein breites Schmunzeln über unsere eigenen musterbildenden Prozesse, die uns tanzen lassen wie Marionetten an den Fäden eines unbekannten Puppenspielers.

Zum Zweiten wirkt diese Regel, wie wir ja gerade bei den Krishna-Jüngern gesehen haben, auch bei ungebetenen Gefälligkeiten. Die Wirkung ist dabei genauso verheerend: Sobald der Musterprozess läuft, schränkt er unsere

Wahl, nämlich selbstgestaltend zu bestimmen, auf magische Weise extrem ein.

Die Segnung der „Heiligen Drei Königskinder" war ja auch so ein Beispiel dafür. Sicher wirst Du niemals und nirgendwo zuvor angerufen haben, um Dir den Haussegen zu bestellen.

Ein noch viel alltäglicheres Beispiel findest Du bei nahezu jedem Restaurantbesuch. Vor der Frage nach der Rechnung wird Dir – ohne dass Du es bestellt hättest – meist noch ein „Absacker aufs Haus" serviert. Was für ein Zufall! Hier haben die gewitzten Pächter die Regel der Reziprozität vollständig verinnerlicht. Das Gefühl des Verpflichtetseins stellt sich, wie gerade gezeigt, ja nicht erst dann ein, wenn wir um einen Gefallen bitten. Das Gefühl des Verpflichtetseins erwacht bereits in dem Moment, in dem andere uns einen Gefallen tun – auch wenn dieser nicht erwünscht war. (Paese, 2000)

Ganz raffinierte Kellnerinnen brauchen, um diesen Effekt zu erreichen, erst gar nicht den „Absacker". Sozialpsychologen konnten belegen, dass die Freigiebigkeit der Gäste bei ihrem Trinkgeld um bis zu 23 Prozent stieg, wenn sie vorher nur mit einer kleinen, dafür aber rituell überreichten Süßigkeit beschenkt wurden.

So resümiert der französische Anthropologe Marcel Mauss in seinem Buch „The Gift", dass es in unseren Gesellschaften eine extrem starke Verpflichtung zum Geben, eine Verpflichtung zum Annehmen und eine Verpflichtung zu Gegenleistungen gibt. Diese Haltungen sind darauf ausgerichtet, das Muster der Reziprozität in unseren Systemen als stabile Ordnungsgröße zu erhalten. (Mauss, 1954)

Die Ergebnisse modernen Marketings, die sich die Regel der Reziprozität zu eigen gemacht haben, finden wir heutzutage fast überall. Zum Beispiel initiierte der Brause-Gigant Coca-Cola in den vergangenen Jahren weltweit Dutzende Kampagnen, in denen Cola-Flaschen kostenfrei und unerschöpflich an ahnungslose Passanten, Studenten und sogar ethnisch unterschiedliche Gruppen zur Völkerverständigung verteilt wurden.[1] Der erhoffte Effekt: Markentreue, damit sich der Konzern nicht nur bei den direkten Konsumenten sicher sein konnte. Durch die virale Ausschlachtung solcher Aktionen dürfte Coca-Cola ebenso ein ganz anderes Muster massiv angesprochen und für sich nutzbar gemacht haben.[2] Dazu aber gleich mehr.

Zuvor noch Drittens: Allein nur der Drang, dieses unangenehme Gefühl, bei einem anderen in der Schuld zu stehen, wieder loszuwerden, führt nicht selten zum Austausch ungleicher Gefälligkeiten. Denke dabei doch einmal an die Wahl deiner Geburtstagsgeschenke. Oder bist Du da völlig unbeirrt von diesem Musterprozess? Ich zumindest konnte neulich mal wieder herzhaft über mich lachen, als ich zusammen mit meiner Partnerin nach einem passenden Geburtstagsgeschenk für eine gemeinsame Freundin Ausschau hielt. Hätte man den Gegenwert der beiden Geschenke - dem von ihrem mit dem unserer Freundin - verglichen, dürfte jedem schnell klar werden, was mit „ungleichen Gefälligkeiten" gemeint ist. Mein Geldbeutel hat es zumindest sofort bemerkt.

---

1 Vgl. Coca-Cola - The Happiness Machine, u.a. in der Videodatenbank auf http://handbuch-manipulation.de oder natürlich auf youtube.

2 Vgl. „Sympathie-Effekt", ein bisschen weiter hinten im Kapitel V.

Tendenzen Nutzen

„[...] Geschenke machen die Sehenden blind und verdrehen die Sache derer, die im Recht sind“ (2. Mose 23, 8), so heißt es in der Bibel.

Vor zigtausend Jahren wussten die Menschen also bereits sehr genau darüber Bescheid, wie mächtig dieses Verarbeitungsmuster auf unsere Tendenz, zu entscheiden und uns zu verhalten, einwirkt. Und dazu müssen ja noch nicht einmal Geschenke den Besitzer wechseln, teure Restaurantrechnungen beglichen oder schräge Ständchen vorgeträllert werden.

Allein schon die Tendenz, (unter Umständen) ein bestimmtes Verhalten zu zeigen, reicht bereits aus, dieses Muster zu triggern. Das nennt man dann „Konzession“, von lateinisch: „concedere“ – „zugestehen“.

Innerhalb des sozialen Miteinanders beginnt man ja nur äußert selten damit, den kleinsten aller möglichen Gefallen anzufordern. „Wenn schon, denn schon!“, heißt es wohl eher. Man beginnt also meist mit dem Maximalen. Daher werden vom Dialogpartner eher selten viele Forderungen und Ansprüche direkt und auf der Stelle erfüllt.

Doch will ein System im Gleichgewicht und damit stabil bleiben, muss es, der wünschenswerten Kooperation willen, noch ein anderes Regulativ besitzen als die sofortige Ablehnung. Kompromissbereitschaft nennen wir das im Alltagserleben. Das beschreibt aber nichts anderes als das gegenseitige Agreement, Zugeständnisse zu machen, eben Konzessionen einzugehen.

Diese Konzessionen wirken und funktionieren wie Gefallen. Derjenige, der als Erstes ein Zugeständnis macht, bringt sein Gegenüber dadurch in die unvorteilhafte Lage, dieses mit einer Gegenleistung beantworten zu müssen.

Daraus lassen sich nun wieder wunderbare Strategien entwickeln. Strategien zum Beispiel, die die Zurückweisung in einer Verhandlung bereits vorwegnehmen und sie dann gekonnt zu einer Konzession-Strategie weiterverarbeiten. Dazu aber mehr im Workbook.

Konzessionsstrategien haben auch noch zwei weitere Vorteile.

Zum einen haben Versuche gezeigt, dass Menschen, die in die Fänge einer solchen Strategie geraten sind, nicht nur häufiger auf die kleinere Forderung des Einflussnehmers eingegangen sind als zum Beispiel bei einer Reziprozitäts-Strategie, sondern sich auch in viel höherem Maße für den gemeinsamen „Kompromiss" verantwortlich fühlten, der letztlich zustande kam.

Zum anderen musst Du wissen, dass Opfer jener Strategie mit dem Ergebnis dieser scheinbar gleichberechtigten Aushandlungsprozesse deutlich zufriedener sind als andere, die sich nur mit der Reziprozität herumschlagen müssen. So zufrieden sogar, dass sie sich meist bereitwillig auch auf weitere, ähnliche Abmachungen einlassen. Das mag vor allem daran liegen, dass jene Opfer auch mehr das Gefühl haben, für das Erringen dieses scheinbaren Kompromisses verantwortlich zu sein. Dieses Gefühl der Verantwortung, gekonnt in Verkaufsprozesse installiert, bewirkt in den meisten Fällen wahre „Entscheidungs-Wunder". (Schindler, 1998)

„Kleinvieh macht auch Mist."

Bei Konzessionsstrategien sind aber noch mehrere Faktoren zusammen am Wirken, außer nur die gesellschaftlich anerkannte Norm der Reziprozität.

Ein Prinzip, welches Überzeugungsstrategien, die auf Konzessionen bauen, zum Strahlen bringt, ist das sogenannte Kontrastprinzip.

Das Kontrastprinzip beschreibt einen Musterbildungsprozess, der sich darauf bezieht, dass wir den Unterschied zwischen zwei Reizen stärker erleben, als er eigentlich ist. Dies geschieht aber nur dann, wenn uns diese Reize unmittelbar nacheinander angeboten werden.

Dieser Prozess eignet sich besonders dann, wenn Du die Wahrscheinlichkeit erhöhen willst, dass dein Kommunikationspartner ein von Dir zu unterbreitendes Angebot auch auf jeden Fall wahrnehmen wird. Bietest Du ihm zuerst etwas an, das noch viel größer, teurer oder unwahrscheinlicher ist als dein eigentliches Angebot (Kontrastprinzip), und verbindest dieses mit einer einfachen Konzessionsstrategie, dann kannst Du mit dem Kontrastprinzip noch ein paar Münzen mehr in deine Kasse spülen.

Erinnerst Du Dich beispielsweise noch an deinen letzten Autokauf? Dreißigtausend Euro für einen Wagen auszugeben, das ist schon ein Wort. Aber noch ein paar Hundert Euros hier und da für das Zubehör zu investieren, das ist dann nur noch ein Wörtchen. Habe ich Recht? Oder mit wie viel Zubehör hast Du deine Karre ausgestattet? Sicher, sicher ... das Ding lässt sich ja voll ausgestattet später einmal so viel besser verkaufen. Der Wert sinkt ja nicht rapide ins Bodenlose und so weiter. Schon klar!

So funktioniert eben unser Gehirn: Immer konsequent unbewusste Impulse negieren und absonderliche Rechtfertigungen für das eigene Verhalten erfinden, um ja das Gleichgewicht zu halten. Aber verstehst Du jetzt, wieso Dir beim Herrenausstatter meist zuerst die teuerste Klamotte angeboten wird, bevor Du Dich dann für das günstigere Beinkleid entscheidest? Und wieso dabei meist gleich noch ein paar zusätzliche Accessoires mit über den Ladentisch gehen?

Den Erfolg des Kontrastprinzips kannst Du noch steigern, indem Du ihn durch eine gewisse Bösartigkeit stark kontrastierst. Das führe ich jetzt mal nicht weiter aus. Wenn Du aber Beispiele suchst, dann lies mal das Handbuch der CIA für gelingende Verhöre aus dem Jahre 1963. Das aus manch einem Hollywoodstreifen bekannte Spiel „Böser Bulle – guter Bulle“ wird dort auf 131 Seiten ausführlich in seiner Wirkungsweise beschrieben (CIA, 1963).[3]

---

3 Das TOP-Secret-Handout der CIA findest Du natürlich auch in der Wissensdatenbank auf http://handbuch-manipulation.de als Original zum Download. Den Whistleblowern und „WikiLeaks“ sei Dank :-) ...

Zusammenfassung

Der Musterprozess der Reziprozität ist mehr als nur ein einfacher, kleiner Prozess, der irgendwo in den Tiefen unseres Unbewussten schlummert. Das haben wir gerade gesehen. Dieser Prozess ist schon so etwas wie ein Gesetz. Ein Gesetz deshalb, weil Du es nahezu überall auf diesem kleinen Planeten als gültige Handlungsrichtlinie für Menschen finden wirst, die auch nur ansatzweise irgendwie eine Sozialisation durchlaufen haben.

Gefallen beantwortet man mit einem Gegengefallen. So ist das nun mal. Für erfolgreiche Einflussnahme kann man also auf der Klaviatur der Reziprozität ganz wundervolle Symphonien anstimmen. Wir haben gesehen, dass es mehrere Steigerungen gibt, diesen Musterprozess zu optimieren. Vom einfachen Gefallen über Begründungen bis hin zu ungebetenen Gefallen, bis hin zu den Tendenzen, den Konzessionen.

Das Gesetz der Reziprozität ist damit ein enorm einfacher und damit auch sehr ökonomischer Baustein für die Strategie, Einfluss auf sein Gegenüber zu nehmen. Mit einer mehr oder weniger gekonnt formulierten Bitte und ein wenig Beiwerk wirst Du ziemlich sicher und noch dazu spielerisch an dein Ziel kommen. Für umfangreichere Manipulationsstrategien, deren Ergebnis nicht nur ein paar Groschen mehr in deinem Geldbeutel sein sollen, lässt sich dieses Gesetz auch als aufbauende Strategie über mehrere Monate hinweg nutzen. Wir haben gesehen, dass, wenn dein Gegenüber einmal in die Reziprozitätsfalle getappt ist, damit auch die Wahrscheinlichkeit der Wiederholung bei erneuten Anläufen extrem steigt.

Merke: Was du willst, das man dir tu', das füge zuerst 'nem anderen zu!

Wer A sagt, sagt auch B – das Konsistenzprinzip

Konsistenz oder wie wir es umgangssprachlich besser kennen: Konsequenz ist der rote Faden in unserem Leben. Wir Menschen haben das Bedürfnis, in unseren Worten, Überzeugungen und Taten konsistent bzw. konsequent zu sein und auch so zu wirken. Sobald wir eine Entscheidung getroffen oder uns einmal für irgendwas entschieden haben, entstehen intrapsychische und intrapersonelle Kräfte, die uns dazu drängen, uns auch zukünftig gemäß dieser Entscheidung konsistent zu verhalten. (Cialdini, 2010)

Diese Kräfte garantieren, dass wir so reagieren und uns auch so verhalten, dass sie unsere früheren Entscheidungen rechtfertigen. (Wo kämen wir denn sonst auch hin, wenn nicht!) Auf gewisse Art und Weise überzeugen wir uns so immer wieder davon, richtig entschieden zu haben. Das garantiert, dass wir uns wohler fühlen und in Harmonie mit uns leben können. (Fazio, 1992) Dadurch entwickeln wir mit der Zeit ein synaptisches Reaktionsmuster, das sich immer wieder automatisch selbst bestätigt und dafür sorgt, dass wir stets auf der Spur bleiben. Das ist wie immer extrem ökonomisch, öffnet aber auch ein neues, sehr attraktives Feld für effektive Einflussnahme.

Konsistent sein zu wollen, rührt vor allem daher, dass Konsistenz in unserer Gesellschaft ein großes Ansehen genießt. Zudem bewährt es sich ganz gut in unserem Alltag und zuletzt ist es für uns eine hervorragende Orientierung in der Komplexität unseres Lebens.

Indem man sich immer wieder konsequent an seinen früheren Entscheidungen orientiert, bedarf es für solch einen Entscheidungsprozess keiner erneuten Prüfung der vielen relevanten Informationen. Entscheidungen können ad hoc getroffen werden. Es genügt, sich einfach nur konsequent an einmal verabschiedete Marschrichtungen zu halten und eben immer wieder einfach das Gleiche zu tun.

Wird diese Haltung zu mechanisch, reden wir von Ignoranz oder Verbohrtheit. Diese Haltung kann uns zwar einen Zufluchtsort vor unserem Verstand bieten, wenn sie aber dem Aufbegehren der Vernunft zu unbeirrt standhält, wird sie zu einem Problem. Einem dicken. Für Manipulationsstrategien bietet dies hingegen die Chance, einfacher ans Ziel zu kommen.

Werden wir Menschen „zu einer Bindung an" bzw. „zu einer Festlegung auf" etwas gebracht (das nenn ich ab jetzt „Commitment"), entsteht die Voraussetzung dafür, dass sich ein solches Konsistenzmuster entwickeln kann. Damit wiederum wächst die Chance, dass wir auch zukünftig ohne lang zu überlegen, quasi ganz automatisch, in Einklang mit diesem einmal getroffenen Commitment, handeln werden.

Haben wir einmal einen Standpunkt eingenommen, besteht von da an eine ganz natürliche Tendenz, auch in Zukunft bei dieser Haltung zu bleiben. (Brownstein, 2003) Theoretiker wie Festinger, Heider oder Newcomb gehen sogar davon aus, dass das Streben nach Konsistenz nicht nur so etwas wie ein psychisches Hobby für den Menschen ist, sondern ein ganz zentrales psychologisches Motiv.

Ein Beispiel: 1975 bastelte Professor Thomas Moriarty (Moriarty, 1975) mit seinen Studenten am sonnigen New-Yorker Strand ein Experiment zusammen, welches den Effekt und die Wirkung des Konsistenzprinzips veranschaulichen sollte. In dieser Studie machte sich ein Darsteller neben zufällig ausgewählten Versuchspersonen am Strand breit. Strandtuch, Sonnenmilch und tragbares Radio wurden aufgestellt, um sich ein paar Minuten später, gemütlich den Strand entlang schlendernd, aus der Sichtweite der Probanden zu schieben. Einer der Versuchsleiter mimte nun kurz drauf den Stranddieb und bemächtigte sich des tragbaren Radios. Wie zu erwarten griffen im ersten Durchlauf nur etwa 20 Prozent aller unfreiwilligen Versuchspersonen in das diebische Treiben ein.

Als der Versuch dahingehend modifiziert wurde, dass der Darsteller zuvor die unfreiwilligen Testpersonen um ihre wachsames Auge bat und sich erst dann gemütlich schlendernd aus dem Sichtfeld davonmachte, ändert sich das Ergebnis schlagartig. Auf einmal griffen über 94 Prozent der unfreiwilligen Testpersonen in das Geschehen ein.

Wieso aber funktioniert das nun? Warum das Muster konsistenten Verhaltens so wirkungsvoll zu sein scheint, lässt sich wieder mal in unserer gesellschaftlichen Struktur entdecken. Konsistenz wird als Persönlichkeitsmerkmal und herausragende Charaktereigenschaft hoch angesehen. Und das ist auch nur zu gut zu verstehen. Inkonsistentes Verhalten hat in einem ebenso hohen Maße eine verunsichernde Wirkung und wird schnell als unzurechnungsfähig, als Verhalten ohne roten Faden angesehen. Konsistenz hingegen wird mit Stärke, Klarheit und intellektueller Leistungsfähigkeit in Verbindung gebracht. Zudem ist ein konsistentes Reagieren und Verarbeiten von komplexen Situationen und Erlebnissen schlicht auch eines, das wie schon gesagt am wenigsten Energie verbraucht und kaum Eigenengagement abverlangt.

Sozialwissenschaftler aber zeigen, dass wir konsistentes Verhalten unter dem Eindruck der Freiwilligkeit erleben müssen. Wir müssen konsistentes Verhalten also ohne besonderen Druck von außen, sozusagen auch freiwillig zeigen wollen. Werden wir gezwungen, sozusagen konsequent sein zu müssen, übernehmen wir für unser Verhalten nicht die volle Verantwortung.

Solch ein äußerer Druck kann durch Sanktionen wie auch durch Bestätigung entstehen. Beides erleben wir Menschen als nicht förderlich für die Entscheidung, konsistentes Verhalten zu zeigen. Beispielsweise könnte selbst ein bestätigendes Lob verhindern, dass wir später die volle Verantwortung für unser Verhalten übernehmen.

Aber lassen wir die Theorie mal für ein paar Augenblicke ruhen. Schauen wir uns ein paar konkrete Strategien an, die auf diesem Prinzip, dem Prinzip der Konsistenz, aufbauen.

Step-by-Step-Strategie

Mechanische Konsistenz ist ein idealer Ausgangspunkt, die Willfährigkeit eines Menschen auszunutzen. Eine der einfachsten Strategien ist die sogenannte „Fuß in der Tür"-Strategie. Hier nutzt Du aufeinander aufbauende Commitments. Du gehst strukturell und zielgerichtet vom Kleinen zum Großen vor (Freedman, 1966), so lange, bis Du deine große Bitte platzieren kannst. Das versteht man unter ‚aufbauenden Commitments'. Die Straße an positiven Commitments, die Du deinem Opfer entlockst, wirkt ebenso mächtig und magisch wie das einfache Yes-Set einer verbalen Attacke. Vergesse nie, ein Mensch, der sich mehrfach auf ein und die gleiche Linie commitet hat, wird Dir höchstwahrscheinlich auch bereitwillig bis zum Ende des Weges folgen.

Ein sehr amüsantes Beispiel dazu erzählt Kevin Dutton in seinem Buch. (Dutton, 2010) Er erzählt: Ein in die Tage gekommener – man könnte auch sagen, sich in Rente befindlicher – Trickbetrüger suchte nach einem neuen Betätigungsfeld. Strafbewehrt durfte es auf keinen Fall sein, das stand fest. So kam er auf die Idee, sich für die Kirchengemeinde zu engagieren, in deren Einzugsbereich er wohnte. Gut besucht war nämlich definitiv etwas anderes, wenn man sonntags in diese Kirche ging. So zog der alte Gauner durch die Straßen gut gekämmter Vorgärten und suchte sich ein Grundstück aus, vor dem ein nicht abgeschlossener Wagen stand. Nun tat er nichts anderes, als unbemerkt das Licht des Wagens einzuschalten, um daraufhin an der Haustür zu klingeln. Fürsorglich, wie er war, unterrichtete er den „Nachbarn" über das brennende Licht am Wagen. Erklärte blumig, warum er grad vorbei gekommen sei, und im Gehen bat er nebenbei noch um eine kleine Spende für die besagte Kirchengemeinde. Reziprozität sei Dank gewährten die meisten seiner Opfer ihm diesen „kleinen" Gefallen.

Niemand dachte sich etwas dabei, als kurze Zeit später in dem lokalen Käseblatt eine kleine Anzeige der eben besagten Kirchengemeinde zu finden war. Die ehemaligen Spender dachten bei sich wohl: „Naja, wenn ich schon mal was gespendet habe, dann kann ich mir die Gemeinde ja auch mal ansehen!" Und genau so erzählt man sich, dass kurze Zeit drauf der sonntägliche Gottesdienst bis auf den letzten Platz wieder besetzt war.

Nun, was war geschehen? Durch die kleine Spende hatten sich die Anwohner sozusagen symbolisch bereits zu dieser kleinen Gemeinde bekannt. Dieses erste, kleine Commitment wurde so zum Ankerpunkt für das nächstgrößeres: die Einladung im lokalen Käseblatt. Der Rest ist psychologischer Automatismus.

Generalisierte Selbstbilder nutzen

Wenn Du ein wenig Übung und Einfallsreichtum besitzt, dann wirst Du entdecken, dass Du mit einem ersten, kleinen Commitment ebenso Bedürfnisse und ein dazu passendes Selbstbild bei deinem Dialogpartner triggern kannst. Wird beispielsweise bei einem ersten Anlauf das Selbstbild eines „verantwortungsvollen und liebenden Vaters" angesprochen, werden alle folgenden Versuche, Commitments abzurufen, die ebenso auf dieser Haltung aufbauen, nicht minder erfolgreich sein. Selbst dann, wenn diese folgenden Versuche mit dem ersten Commitment scheinbar nichts mehr gemein haben. (Freedman, 1966)

Gelingt es zudem noch, ein Commitment für die Gründe der Entscheidung zu erreichen, wird dies die Wahrscheinlichkeit für eine spätere konsistente Entscheidung noch einmal um ein Vielfaches steigern. Denn wer sich einmal in der Art aktiv festlegt, ist gleich von zwei Seiten einem gewaltigen Konsistenzdruck ausgesetzt. Einmal fühlen wir uns von innen her getrieben, unser Selbstbild in Einklang mit unseren Handlungen zu bringen, und zum anderen wächst der Druck von außen, sich dem Fremdbild, das andere nun von uns haben, anzupassen. (Schlenker, 1994)

Zu wissen, was andere von uns denken (bzw. was wir glauben, dass andere von uns denken), hat einen ebenso enormen Einfluss darauf, was wir selbst von uns denken und wie wir uns selbst sehen und erleben wollen.

Willst Du also das Selbstkonzept deines Gesprächspartners in der Art manipulieren, dann achte darauf, dass Du beim Aufbau des ersten Commitments folgende Bausteine installiert bekommst:

- Achte darauf, dass das Commitment aus einer aktiven Haltung heraus erfolgt, wenn möglich,
- dass dieses Commitment auch öffentlich bekannt gegeben wird (denke mal an solche Spenden-Marathons im Radio oder Fernsehen),
- dass es mit einem gewissen Grad an

Anstrengung verbunden ist
- und freiwillig ist (zumindest so erscheint).

Erst dann wirkt so eine Konsistenzstrategie auch rückbezüglich verstärkend und wird als eigenes, neu gewonnenes Selbstbild mehr und mehr wahrgenommen und weiterentwickelt. Es ist nicht nötig, das gewünschte Verhalten bzw. das neu gewonnene Selbstbild ständig neu zu verstärken. Das übernimmt das Konsistenzmotiv dann schon von ganz alleine.

Ein kurzes Beispiel dazu: Die Eltern unter euch kennen das wahrscheinlich. Man fragt sich, wieso um alles in der Welt die Sprösslinge immer nur alles so hinsudeln müssen, wenn es um die Hausaufgaben geht? Ich glaube, weil sie seit ihrem ersten Schuljahr dazu gezwungen werden und ihnen kein anderer Ausweg bleibt, ihren stummen Protest in ihrer Handschrift auszudrücken.

Bei uns also geschah Folgendes: Meine Tochter verzweifelte neulich mal wieder an für sie angeblich unlösbaren Mathehausaufgaben. „Niemand könne sich so etwas merken!", behauptete sie steif und fest. Entsprechend „kreativ" flogen auch Zahlen, Bruchstriche und andere Zeichen wild auf das Papier. Nach kurzem Überlegen fragte ich: „Du hast doch ein ziemlich leistungsstarkes Gehirn da auf deinem Hals!?" Stummes Nicken. „Wenn es einen Trick gäbe, es deinem Gehirn ganz leicht zu machen, sich all das zu merken, würdest du es dann ausprobieren wollen?" Stummes Nicken. „Ok. Dann schreib doch mal in deiner allerschönsten Schönschrift die gleiche Rechenaufgabe nochmal neben deinen ersten Versuch! (...) Nun, was glaubst du, welche Variante kann sich dein Gehirn besser merken?"

„Wer schreibt, der bleibt" – das gilt auch für Commitments

Mit so einem schriftlichen Commitment erreichst Du eine weitere Steigerung für konsistentes Verhalten. Hierbei spielt es sogar noch nicht einmal mehr eine Rolle, in welchem Umfang der Schreiber selbst vom Inhalt überzeugt ist. Vielmehr gilt, dass auch kleine Änderungen am Selbstbild, die durch so einen schriftlichen Beleg erzeugt werden, auf jeden Fall ihre Wirksamkeit entfalten.

Das liegt vor allem daran, dass schon allein die Vorstellung, was andere über einen denken werden, würden sie denn das Geschriebene zu lesen bekommen (und sei es nur die Ehefrau, Mutter oder der beste Freund), den Druck zur Compliance (zur Befolgung der Regeln oder schlicht: Willfährigkeit) extrem verstärkt.

Überlege Dir doch mal, wie und wo Du ein schriftliches Commitment in deine Überzeugungsstrategie mit aufnehmen könntest. Denke dabei nicht zu sehr in linear-kausalen Rahmen auf einer viel zu kurzen Zeitlinie. Baue Dir lieber eine Strategie in mehreren Etappen auf, zwischen denen Du auch ruhig erst einmal etwas anderes passieren lassen darfst. Wenn Du viel Zeit hast, lasse Wochen verstreichen, bevor Du auf den fahrenden Zug wieder aufspringst. Das könnte zum Beispiel eine harmlos scheinende Umfrage auf der Straße zu einem bestimmten Wert/Thema sein. Oder eine Unterschriftenliste (wie z.B. bei: avaaz.org) oder sonst etwas, bei dem das Zielobjekt mit seiner Handschrift irgendeine bestimmte (gewünschte) Stellung bezieht.

Die „Low Ball"-Strategie

Wie wir gesehen haben, gehören Commitments, die unser Selbstbild verändern, zu den ökonomischsten, die uns begegnen. Einmal eine Entscheidung gefällt, sorgt man sich in der Regel selbst darum, entsprechende Folgeentscheidungen zu treffen, um das neu erworbene Selbstbild zu stärken. Diese Tendenz lässt sich hervorragend zur Manipulation nutzen. Besonders gut bei Menschen über 50 Jahre. Diese scheinen die größte Vorliebe dafür zu entwickeln, sich konsistent verhalten zu wollen. Zumindest sagen das die Statistiken der Sozialpsychologen.

Eine Strategie, die sich das zu Nutzen macht, nennt man in Fachkreisen: „Low Ball". Die Low-Ball-Strategie ist mittlerweile sogar so berühmt geworden, dass sie einen eigenen Eintrag auf Wikipedia[4] bekommen hat.

Strukturell gesehen funktioniert die Low-Ball-Strategie so, dass der Einstieg für den Kommunikationspartner relativ niederschwellig gestaltet wird und er so leicht zuschnappen kann. Ein Einstieg eben, zu dem er unmöglich Nein sagen kann. Hat er erst einmal diese erste Entscheidung getroffen, kommt dein ‚tiefer Wurf'. In einem nächsten Schritt häkelt man einen negativen Aspekt hinzu oder nimmt ihm einen positiven Aspekt einfach weg. Das Interessante dabei ist, dass die Wahrscheinlichkeit, dass er weiterhin konsistent zu seiner ersten Entscheidung stehen wird, in den meisten Fällen genauso hoch bzw. davon unberührt bleibt.

Machen wir das mal schnell an einem Beispiel fest. Das war jetzt selbst mir etwas zu theoretisch. Nehmen wir zum Beispiel an, Du hast das Ziel, deine Kinder dazu zu bewegen, endlich mal ihren Saustall aufzuräumen. Dann

4 http://en.wikipedia.org/wiki/Low-ball

könntest Du in einem ersten Schritt mit einer einfachen Bemerkung ihre Zustimmung gewinnen. Zum Beispiel könntest Du in den Raum stellen, dass sie eine Party feiern dürfen oder irgendwas in der Art. Dazu wirst Du wahrscheinlich schnell ein einfaches Commitment bekommen. Steht dieses erste Ja, kannst Du deinen Low Ball werfen. Jetzt kannst Du den weniger erfreulichen Aspekt anfügen: Dass es in einem solchen Chaos womöglich schwer für die Gäste wird, sich wohlzufühlen, und man eigentlich erst mal aufräumen müsste ... Dann lass einfach entspannt Zeit vergehen. Zeit, in der sich die Kinder aufgrund des Commitments eigene, weitere Gründe suchen können, um plötzlich die ordentliche Seite in sich wiederzubeleben.

Zumindest ist das eine gute Strategie für den Saustall vor der Party. Nach der Party besorge Dir lieber gleich eine Putzfrau. Das ist wahrscheinlich einfacher und geht schneller.

Zusammenfassung

Das Wirkprinzip der Konsistenz ist mehr als nur ein synaptisches Knistern. Sozialpsychologen sehen es als ein zentrales psychologisches Motiv. Menschen wollen konsistent wahrgenommen werden. Dafür müssen sie sich auch so verhalten. In konsistentem Verhalten schimmern uns so herausragende Charakterzüge wie Stärke, Klarheit, Leistungsfähigkeit und Vertrauenswürdigkeit entgegen. Logisch. Was für unser Gehirn berechenbar scheint, ist für uns per se schon ein Freund. All die lästigen, anstrengenden Neubewertungen müssen erst gar nicht angegangen werden und man kann sofort zur Tagesordnung übergehen. Wie entspannt.

Die Entscheidung zu konsistentem Verhalten muss aber als freiwillig und völlig ohne Zwang erlebt werden, sonst übernimmt der Mensch nicht die volle Verantwortung dafür. Ist das Commitment zudem aktiv, öffentlich, freiwillig und mit einem gewissen Grad an Anstrengung verbunden, hat man mit dieser Strategie einen Volltreffer gelandet.

Mit unterschriebenen oder aufbauenden Commitments oder mit Commitments, die ein bestimmtes Selbstbild installieren, lassen sich derartige Strategien nicht nur kreativ optimieren, sondern auch wunderbar mit anderen Wirkprinzipien kombinieren.

Merke: Wer einmal ‚A' sagt, der sagt auch ‚B'!

Das attraktivste Bild ist ein Vorbild – das Prinzip der sozialen Bewährtheit

Was glaubst Du: Wie viel Prozent der Menschen sind Nachmacher und wie viele Vormacher? Und ist es nicht so, dass, umso mehr Nachmacher den Ideen solcher Vormacher folgen, desto geneigter auch der Einzelne letztlich ist, diese Ideen für wahr und richtig zu erachten? Entdeckst Du da die eine oder andere Analogie in deinem Alltag? Vielleicht in der U-Bahn, mit der Du morgens zur Arbeit fährst, in welcher Du stumm, mit der Zeitung in der Hand, in das kollektive Schweigen eintauchst (oder stehst Du da etwa laut singend im Wagon)? Oder wirst Du vielleicht innerhalb deines Familiensystems fündig? Oder in der Gemeinde, in der Du lebst? Oder der Stadt, dem Land, der Politik? Im Spiegel dessen, was sich da vor deiner Nase so alltäglich ereignet, bekommst Du schnell eine Ahnung, wie dieses Modellbildungsprinzip in unseren Gehirnen arbeitet, oder etwa nicht?

Das Prinzip der sozialen Bewährtheit springt vor allem in Situationen an, in denen wir das Gefühl bekommen, den Überblick zu verlieren. Wenn wir das Gefühl haben, eine Situation könnte uns überfordern. Wenn vieles mehrdeutig oder unklar scheint und wir unsicher werden, nach welchem Konzept wir uns verhalten sollen, dann übernimmt diese Automatik. Dann springt das Modellbildungsprinzip der „Sozialen Bewährtheit" gar mächtig und kraftvoll an und bewahrt uns vor voreiligen bewussten Verhaltensexperimenten. Damit wir uns wieder schnell stabil, sicher, zugehörig, klar und orientiert fühlen können – im Übrigen alles Grundbedürfnisse im Kontext von Beziehungssystemen – gehen wir daher nur allzu gern den Vorschlägen dieses Prinzips nach, das uns dazu anhält, unser eigenes Verhalten am Verhalten anderer auszurichten.

Aber was passiert wohl, wenn all diese anderen im gleichen Moment überfordert sind und sich auch auf die Suche nach einem passenden Reaktionsmodell machen? Wenn diese selbst nach links und rechts schauen, um sich zu orientieren, um ein Handlungskonzept zu finden? Auf jeden Fall ist dann erst einmal der Nährboden geschaffen, auf dem sich das Phänomen des „kollektiven Nicht-Sehen-Wollens" frisch und fröhlich entwickeln kann. (Latané, 1981) Diesem Phänomen haben wir es überhaupt erst zu verdanken, das Prinzip der sozialen Bewährtheit in den Tiefen unserer unbewussten Verarbeitungsmuster entdecken zu können.

Das Spannende an diesem kollektiven Wegschauen ist nämlich: Umso mehr „Andere" es gibt, desto schneller entwickelt sich dieses Phänomen auch. So wie sich mit jedem neu hinzukommenden Zuschauer das persönliche Gefühl der Eigenverantwortlichkeit verringert, so steigt – proportional dazu – die kollektive Orientierungsstarre. Die Wahrscheinlichkeit, dass irgendwann einmal einer kommt und diese durchbricht, sinkt[5].

Nun, dieses Phänomen bringt uns auf den ersten Blick nicht wirklich weiter. Der Wirkmechanismus, der hingegen zu diesem kollektiven Stelldichein führt, ist für unser Lernziel von größter Bedeutung.

Wir haben gesehen, dass wir Menschen uns – wenn wir uns in neuen Situationen zurechtfinden sollen – gerne am Beispiel Anderer orientieren. Aus der sozialpsychologischen Forschung wissen wir nun, dass umso ähnlicher uns diese „Anderen" sind, umso mehr wir uns also mit

5 Nicht auf null, aber doch diesem Nullpunkt entgegen. In einem Versuch, der in England durchgeführt wurde (s. WebSite: handbuch-manipulation.de), verging unendlich Zeit, bis endlich ein Passant die kollektive Starre durchbrach und einen um Hilfe bittenden, sich am Boden vor Schmerz krümmenden Schauspieler ansprach und ihm half.

diesen identifizieren können, desto extremer steigt auch unsere Beeinflussbarkeit. Die Faktoren „Unsicherheit“ und „Ähnlichkeit“ verstärken dieses Modellbildungsprinzip. Erfolgreiche Angriffe auf die Willfährigkeit von Menschen lassen diese beiden Faktoren niemals außer Acht!

Unsicherheit und Ähnlichkeit

Ein Beispiel: In der Fernsehwerbung finden wir eine riesige Menge an Beispielen dafür, wie man, aufbauend auf dem Prinzip der sozialen Bewährtheit, eine Manipulationsstrategie entwickeln kann. Denke einmal an die vielen Otto-Normalverbraucher, die scheinbar so spontan auf der Straße um ein Statement zu einem Produkt gebeten werden. Ihre völlig neutrale Meinung zu einem bestimmten Hersteller oder Produkt wirkt doch ziemlich glaubwürdig, oder? Beispiel: „Fielmann-Brillen“. Oder denke einmal an die stelzenden, rumzappelnden Pseudo-Singles der gehobenen Einkommensschicht. Gleich, wie gestellt uns diese Schauspieler auch entgegenflimmern, der Sog der Überzeugung, der sich dabei so einfach über uns ergießt, ist schon beachtlich.

Lass uns einmal schauen, aus was sich so eine Strategie zusammensetzt, um all die kleinen und großen Bausteine kennenzulernen, aus denen sie besteht.

Also, schmeißen wir zuerst die „Unsicherheit“ in unseren Zaubertrank teuflisch guter Manipulation. Wir wissen, dass unser Kommunikationspartner grundsätzlich vor der quälenden Frage steht, ob er sich nun von dem stabil laufenden und extrem bequemen Automatikprogramm seiner altvertrauten Trance trennen sollte oder nicht. Würde er sich dafür entscheiden (was er natürlich gerne darf), steht er vor dem nächsten Problem: Er muss seine „Desorientierung“ eigenständig wieder ins Gleichgewicht bringen. Dazu müssten dann natürlich überzeugende Informationen gesammelt werden. Am besten von Fachkräften, da man denen ja vertrauen kann. So kann dann eine eigene, selbstgestaltete Entscheidung irgendwie herbeigeführt werden.

Entscheidet er sich aber dagegen, dann hat die Falle sowieso schon zugeschnappt. Unsere Orientierungsfigur wird unseren Kommunikationspartner an die Hand nehmen und ihm Schritt für Schritt vormachen, welches Verhalten das wohl Klügste für ihn sei.

Dennoch - den Aufwand auf sich zu nehmen, nur um das Gefühl der Autonomie wieder einmal genießen zu können, das werden sicherlich auch nicht wenige tun. Aber keine Angst! Auch das dient uns zum Vorteil. Selbstverständlich liefern wir jede gewünschte Information gleich mit. Und was es da nicht alles Schönes gibt, um genau das anzubieten, was der andere gerade braucht: Da haben wir zum Beispiel Fachartikel, dicke Stempel, Zertifikate, Laborberichte (die keiner versteht), ein paar Titel oder auch andere, denen wir ihr ‚Fachmensch-Dasein' abnehmen. Oder es ist im Idealfall der Erfahrungsbericht oder die Empfehlung des Nachbarn oder einer anderen vertrauten Person, die uns zeigen kann, wo es lang geht. Irgendwas davon wird sicherlich in der Art wirken, dass sich unser Gesprächspartner völlig autonom in seiner Entscheidungsfindung fühlt. Dass er das nicht ist, weißt in diesem Moment nur Du.

Aus diesem Strickmuster gewachsen, strahlt uns auch allabendlich die Frau aus der Nachbarschaft mit ihren unglaublich weißen Zähnen entgegen, damit uns kurz darauf eine Vogelscheuche im Laborkittel die Gründe erklären kann, was dieser Dame zu so unglaublich guten und gesunden Zähnen verholfen hat. Aber dazu komm ich später noch.

Nun gilt es erst einmal, alle Zutaten gut miteinander zu vermischen, und fertig ist eine Realitätskonstruktion, die in ihrer suggestiven Wirkung mindestens so vereinnahmend ist wie das warme Federkleid einer Glucke, das sich fürsorglich über ihren Nachwuchs ausbreitet.

Aber nicht nur die ‚Zahnbürstenindustrie' weiß mit der Unsicherheit und den Fragen potentiell williger Kaufinteressenten umzugehen. In deinem Alltag kannst Du nahezu an jeder Ecke erleben, wie Menschen versuchen, dieses Prinzip für sich zu nutzen. Ob es der Straßenmusikant oder Bettler ist, der seine Mütze wie selbstverständlich zuallererst selbst befüllt. Oder der Barkeeper, der ein paar Scheine in das Glas für sein Trinkgeld stopft. Oder geschickte Club- oder Discobetreiber, die die lange Schlange vor ihrem Eingang künstlich erzeugen. All diese machen es wie Sylvan Goldman es 1934 machte. Den kennst Du nicht? Doch, sicher kennst Du den. Naja, zumindest indirekt. Seine Erfindung kennst Du. Goldman war nämlich der Erfinder des Einkaufswagens. Nur sein Problem war, dass seine ursprüngliche, stahlgeschweißte Konstruktion derart seltsam anmutete, dass sie einfach niemand nutzen wollte. Und was tat er? Der findige Unternehmer engagierte sich flugs ein paar professionelle Einkaufswagenschieber aus der Nachbarschaft, die fortan nichts anderes taten, als die Stahlkarosse durch den Laden zu schieben. So begann der Siegeszug des Einkaufswagens.

Aber selbstverständlich hat mittlerweile auch die Wissenschaft diesen Effekt für sich entdeckt. In den späten 1960er Jahren entdeckte einer der weltweit anerkanntesten Psychologen, der Kanadier Albert Bandura, einen ganz erstaunlichen Effekt. Er fand heraus, dass Kinder ihre ausgesprochen große Angst vor Hunden verlieren konnten, wenn man sie eine halbe Stunde am Tag durch eine Glasscheibe hindurch beobachten ließ, wie ein anderes Kind fröhlich mit dem Vierbeiner spielte. Das war's auch schon. (Bandura, 1967) Ein paar Jahre später versuchten sich andere am gleichen Experiment, nur dieses Mal nutzten sie nicht die Realität, sondern einen Film (Hill, 1968). Das Ergebnis war das Gleiche. Das Interessante dabei aber war, dass die Effektivität des Experiments damit stieg oder fiel, inwieweit sich die Versuchsperson mit dem Hauptdarsteller der präsentierten Lösungstrance identifizieren konnte. Das funktioniert nun dummerweise nicht nur beim Erlangen gewünschten Verhaltens, sondern auch bei unerwünschtem. Hierfür ließen die Forscher im Jahre 1991 Jugendliche Filme anschauen, die gewalttätiges Verhalten zeigten. In fast 30 Experimenten konnte überdeutlich nachgewiesen werden, dass sich die Versuchspersonen auch hier von dem gezeigten Verhalten anstecken ließen. Umso stärker sie sich also mit den Darstellern identifizierten, desto mehr zeigte sich nachher auch gewalttätiges Verhalten.

Wenn diese Jugendlichen sich dann auch noch in einer Clique mit Gleichaltrigen befanden, konnte man nahezu garantieren, dass bald schon die ganze Gruppe das präsentierte Verhaltenskonzept übernahm.

Daraus kann man allgemeiner gesagt ableiten: Umso mehr Menschen eine bestimmte Idee für richtig und gut halten, desto mehr wird auch das einzelne Gruppenmitglied jene Idee für gut und wahr befinden und für sich adaptieren. Vor allem dann, wenn sich der Einzelne sich in einer Situation befindet, die er als unsicher, unklar oder mehrdeutig erlebt. Dabei sein ist eben doch alles!

Wenn man bedenkt, dass solch eine Situation womöglich nicht nur individuell, gemeint ist von einer Person, sondern auch von anderen Beteiligten, in diesem Moment, als ebenso unsicher erlebt wird und diese gleichfalls Ausschau nach einem passenden Verhaltenskonzept halten, dann kommen wir wieder zurück zu der eingangs erwähnten ‚kollektiven Bewegungsstarre'.

Dieses Phänomen entdeckte man in den Iden des März, im Jahre 1964. Noch gar nicht so lange her also. Ein Reporter der New York Times, Martin Gansberg hieß er, berichtete am 27. dieses Monats fassungslos darüber, wie 38 unbescholtene Bürger im Stadtteil Queens über eine halbe Stunde lang teilnahmslos dem Missbrauch und der anschließenden Tötung der 28-jährigen Catherine Genovese beiwohnten. Keiner griff zum Telefon. Niemand durchbrach die kollektive Starre des Nichtstuns. Dieser Mordfall wäre sicher nicht in die Annalen der Sozialpsychologie eingegangen, hätte man in den Jahren danach nicht rauf und runter diskutiert, lamentiert und recherchiert, wie es nur dazu hatte kommen können. So viele Menschen, die alle auf einmal untätig jegliche Hilfeleistung verweigerten ... das war und ist einfach schockierend.

Erst 1968 hoben die beiden New-Yorker Psychologieprofessoren Bibb Latané und John Darley den ganzen Schrecken auf ein wissenschaftlich fundiertes Niveau. Mit ihrer Begründung war das sozialpsychologische Prinzip der sozialen Bewährtheit geboren. Aus diesem heraus ließ sich nun auch das Phänomen der kollektiven Starre ableiten.

Um dieses Prinzip zu erforschen, führten sie in der darauffolgenden Zeit eine Menge an gemeinsamen Experimenten durch. Es galt herauszufinden, bei welcher Art Ernstfall und bei welcher Gruppengröße das Phänomen der Starre aufzutreten beginnt bzw. bis wann ein Hilfesuchender noch die Chance hätte, dass ihm geholfen wird. (Latané, 1981)

Ich will das Phänomen der kollektiven Starre – so spannend und interessant das auch sein mag – hier nun nicht weiter ausbreiten. Weitere Informationen dazu findest Du bei den bekannten Quellen. Im Folgenden will ich unseren Blick mehr darauf fokussieren, welche weiteren Bausteine und Effekte uns die soziale Bewährtheit für das Bilden von Überzeugungsstrategien noch bringen kann.

Bewährte Lösungstrancen

Wir haben gesehen, dass Menschen im Zustand der Desorientierung gerne nach Vorbildern und Beispielverhalten bei unmittelbar Anwesenden suchen. Im Schnellverfahren wird dann ein Konzept für „richtiges Verhalten" aus dem Boden gestampft. Dieser Effekt lässt sich auch noch ausweiten. Sogar so weit, dass es überhaupt kein räumlich präsentes Beispiel mehr geben muss, das als Vorbild dient. Lass mich das erklären.

Als vor über zweihundert Jahren Johann Wolfgang von Goethe eines seiner Bücher veröffentlichte, passierte etwas ganz Unglaubliches. Nicht nur, dass ihn dieses Buch weltberühmt machte, nein, auch, dass nach der Verbreitung seiner Zeilen eine Welle von Suiziden über ganz Europa schwappte, was letztlich dazu führte, dass das Buch in vielen Ländern verboten wurde. Dieses Buch hieß: „Die Leiden des jungen Werther".

Wenn Du es nicht gelesen haben solltest, ganz kurz zum Inhalt: Goethe erzählt von einem jungen Mann namens Werther, der sich, in markantem Zwirn gekleidet, das Leben nimmt (für diese Kurzzusammenfassung hätte ich damals, in meinem Deutsch-Leistungskurs, sicherlich kaum die volle Punktzahl bekommen – aber es umreißt das Wesentliche). Nun aber wird es spannend. In den frühen 1980er Jahren kam ein Soziologe namens David Phillips daher, der belegen konnte, dass es einen Zusammenhang zwischen den Suizidraten einer Region und den in der Tagespresse berichteten Selbsttötungen gibt. Er konnte aufzeigen, dass die Zahl der Selbsttötungen nach einem Pressebericht für zwei Monate deutlich anstieg.

Zu einem ähnlichen Ergebnis kam auch ein anderes Forschungsprojekt, das den Zusammenhang zwischen den in der Presse berichteten Suiziden und Verkehrsunfällen aufzeigte. (Phillips, 1980)

Dank dieser beiden Berichte haben wir eine Menge über die Macht und Kraft des Prinzips der sozialen Bewährtheit gelernt. Anhand dieser Ergebnisse kann man unzweifelhaft feststellen, dass über Massenmedien verbreitete Berichte, wie sozial bewährte Lösungsstrategien, auf die Gruppe von Menschen Einfluss nehmen können, die sich in einer desorientierten Situation befinden. So wird aus einem in der Tagespresse berichteten Selbstmord unglücklicherweise für diejenigen Menschen ein Vorbild, die selbst mit ihrem problembeladenen Leben hadern.

Etwas allgemeiner formuliert scheint es völlig auszureichen, wenn das konkrete Verhalten bzw. das erwünschte Entscheidungsverhalten als mögliche und sozial bewährte Antwort, beispielsweise über Medien wie die Zeitung, virale Kanäle oder ähnliches, publiziert wird. Stimmt die Reichweite des gewählten Mediums, wird man ganz sicher auch eine signifikante Zahl an Personen treffen, die darauf reagieren. Die Wirkung, die ‚sozial bewährte Musterprozesse' auf unser Denken, Verhalten und Entscheiden haben, ist auf jeden Fall völlig unstrittig.

Zielgerichtete Bewährtheitsbeweise

Dieser Effekt ist allerdings kein Phänomen der Neuzeit. Schon vor Hunderten von Jahren war sich der Mensch über die Wirkung eingesetzter und sozial bewährter Verhaltensvorbilder mehr als bewusst. So war bereits 1820 die Stunde für Sauton und Porcher gekommen. Diese beiden waren begeisterte Besucher des Pariser Opernhauses. Nur kamen sie nicht als einfache Besucher. Sie waren so etwas wie moderne Dienstleister ihrer Zeit. Sie standen einer Unternehmung vor, die sie „L'Assurance des Succès Dramatiques" nannten. Und ihr Produkt war: Beifall. Sie verstanden es derart gekonnt, die Massen durch ihren gekünstelten Zuspruch mitzureißen, dass die sogenannten und bald allseits bekannten Claqueure schon schnell zum festen Bild der Oper gehörten. Wenn Du jetzt glaubst, mit der Moderne sei dieser Beruf längst ausgestorben, hast Du Dich getäuscht.

Eventagenturen, die moderne Hand-Klapperei heute Neudeutsch „Event-Performance" oder „Flashmob-Marketing" nennen, vermieten vom einfachen Stimmungsmacher bis hin zum kompletten Publikum einfach alles, was Veranstalter für ihre Bewährtheitsstrategien eben so brauchen. Um die 150 Euro kosten derzeit zwei Fans – allerdings nur für fünfzehn Minuten. Für ganze Fanclubs gibt es natürlich Mengenrabatte. In Bangkok vermietet eine Agentur sogar schluchzende Trauergäste, falls man Sorge haben sollte, dass keiner zu seiner Beerdigung kommt.[6]

VI

Auch alle modernen Daily-Soaps, die über den großen Teich in unsere Wohnzimmer schwappen, funktionieren nach genau diesem Prinzip. Der Klassiker unter ihnen, „Two And A Half Man", wäre ohne gekünsteltes Lachen aus dem Hintergrund wahrscheinlich nur halb so berühmt geworden. Das Lustige dabei ist, dass, auch wenn nun wirklich jeder Mensch weiß, dass es da einfach kein Pub-

---

6 Diese sehr spezielle Agentur findest Du im Internet unter www.108-1900idea.com. Hoffentlich sind die Seiten noch aktuell, wenn Du nachschauen gehst. Bei der Schnelllebigkeit des WWW kann man ja nie wissen. Falls sie weg sein sollten, es gibt auch in Deutschland solche Agenturen. Links zu diesen findest Du im OnlineTraining. Da dann auch stets aktuell.

likum gibt, das für unsere Wahrnehmung und Bewertung keine absolute Rolle spielt.

Dass man diesen Effekt auch in der Politik zu nutzen weiß, habe ich ja schon mit dem Beispiel aus dem Wahlkampf 1992, zwischen Bush und Clinton, gezeigt.

Wie der Effekt der Claqueure auch einmal ganz ungewollt umschlagen kann, zeigt ein weiteres Beispiel aus Fernost. In Singapur soll es sich zugetragen haben, dass viele Kunden einer renommierten Bank von einem Tag auf den anderen plötzlich dazu übergingen, ihre Konten aufzulösen und ihre gesamten Einlagen abzuheben. Das hätte die Bank fast Kopf und Kragen gekostet. Erst ein Forscherteam konnte durch direkte Befragung in den Wochen darauf herausfinden, was geschehen war. Ein überraschend ausgerufener Streik der Busfahrer hatte dazu geführt. Dieser hatte zur Folge, dass sich vor der Bank, an der Haltestation, ein großer Menschenauflauf gebildet hatte. Passanten, die ahnungslos vorbeikamen, mutmaßten nun, es müsse sich um Kunden der Bank handeln, die aufgrund einer drohenden Bankenkrise ihr Guthaben in Sicherheit bringen wollten. Und schon nahm die Misere ihren Lauf.

Zusammenfassung

Soziale Bewährtheit ist ein spannendes Prinzip für zielführende Manipulation von Menschen. Es setzt sich - ganz einfach gesagt - aus einer Situation von Unsicherheit und modellhaftem Vorbildverhalten zusammen. Das war's auch schon. Umso ähnlicher sich Menschen dem angebotenem Modell empfinden, desto geneigter sind sie, diesen Vorbildern ohne großes Nachfragen zu folgen.

Diese Modelle müssen aber nicht - auch wenn es hilft - in Fleisch und Blut gegenwärtig sein. Es reicht, wenn man auf eine verunsichernde Fragestellung oder eine als solche wirkende, selbst konstruierte Situation, modellhafte Beispiele über Medien anbietet.

Merke: Vorbilder sind die mächtigsten Bilder!

Strahlemann & Söhne – das Prinzip der Sympathie

Attraktivität macht sympathisch! Und Sympathie macht gefügig! So heißt es nicht nur, so ist es auch. Definitiv. Warum sonst setzen Kneipen und Wirtschaften besonders attraktive Kellnerinnen und Kellner ein oder stöckeln in teuren Boutiquen fleischgewordene Traumbilder umher? Oder warum sehen Verkäuferinnern und Verkäufer meist so unglaublich adrett aus und wirken so sympathisch? Ganz einfach, wir Menschen lassen uns eben viel lieber von einem attraktiven Gegenüber bereitwillig beeinflussen als von einer Vogelscheuche. Und nochmal: Attraktivität macht sympathisch. Nicht in allen Fällen, aber es hilft auf jeden Fall in den meisten.

Nun sind ja nicht jedem Menschen von Natur aus Körpermerkmale mitgegeben, wie sie einem nur aus einer Hochglanzillustrierten, aus der früheren Cola-Werbung oder dank des sich in den Fluten wälzenden Davidoff-Mannes bekannt sind.

Attraktiv werden für uns Menschen auch aus ganz anderen Gründen. Zum Beispiel, wenn sie mit unseren Freunden bekannt sind. Alleine nur deshalb. Irgendwie gehören sie ja dann sowieso schon über ein paar Ecken zu unserem Freundeskreis. Das ist auch der Grund, warum sich manch ein Verkäufer ein paar Namen deiner Freunde als Referenz geben lässt, wenn ihr erfolgreich ein Geschäft miteinander abgeschlossen habt. Referenzen oder Empfehlungen nennen die das dann. Seine Verkaufsstrategie wird dann auch genau diesen Effekt als Türöffner nutzen. Nur bist dann dieses Mal eben Du das bindende Glied. Empfehlungsmarketing nennt man das im Fachdeutsch. Man könnte es auch treffender ‚Sympathie-Ausschlachtungs-Strategie' nennen.

Diese Strategie findest Du aber nicht nur bei Verkäufern. Auch die virale Welt strotzt nur so davon. Angefangen hat damals alles mit dem heutigen Netzwerk XING. Einem Business-Netzwerk, das bildhaft darstellen konnte, dass wir alle mehr oder weniger, aber spätestens über sieben Ecken einander kennen. Das machte nicht nur neugierig, sondern auch sympathisch. So sympathisch, dass viele diesem Netzwerk noch lange vor facebook und Co beitraten (und welches nach neusten Umfragen auch immer noch sympathischer sein soll als google+).

Attraktivität und Ähnlichkeit

Wenn das also mit der rein biologisch veranlagten Attraktivität nicht so ganz hinhaut und Du auch nicht direkt in den Freundeskreis deiner Zielperson gehörst, dann lass Dich nicht entmutigen. Casanova hat das auch nicht gestört. Es gibt noch eine Menge mehr Wirkfaktoren, die aus dieser Gruppe der Einfluss nehmenden Strategien ihre Wirkung nicht weniger durchschlagend entfalten können.

Nicht nur wohlgeformte Muskelpartien, lange Beine oder eine große Oberweite machen attraktiv. Es gibt noch eine Menge mehr Merkmale. Und nur ein einziges davon brauchen wir. Zum Beispiel mögen wir Leute, die uns in irgendeiner Art und Weise ähnlich sind. (Burger, 2004) Mit diesem Prinzip haben wir diesen Exkurs ja auch begonnen (im Zweifel lese nochmal das Kapitel über „Rapport"). Eine Ähnlichkeit, die zum Beispiel auf der Verwendung gleicher Submodalitäten beruht oder auf einer ähnlichen Körperhaltung oder auf ähnlichen Charaktereigenschaften – all das macht schon sympathisch. Ganz egal, um welche Ähnlichkeit es sich auch immer drehen mag, verfehlt sie in der Regel nicht ihre Wirkung. Selbst beim Manipulieren des Namens und Angleichen an den des „Opfers" konnte in Studien gezeigt werden, dass Post an eine „Cynthia

Johnston" von einer „Cindy Johanson" mit einer über doppelt so hohen Wahrscheinlichkeit beantwortet wurde wie ohne diese zufällige Ähnlichkeit.

Du siehst, es reicht schon ein einziges Merkmal, welches bei deinem Gegenüber als besonders positiv ankommen muss, um die Tür zu seiner Willfährigkeit aufzustoßen. Sozialwissenschaftler sprechen dann von dem sogenannten „Halo-Effekt". Das kann ein markanter Duft sein, besonders schicke Kleidung (Cho, 2001) oder wie bei dem Schauspieler Dwayne „The Rock" Johnson das extreme Strahlen seiner auf Hochglanz polierten Futterluke.

Menschen, die wir aus irgendeinem unbewussten Grund plötzlich irgendwie attraktiv und sympathisch finden, denen schreiben wir auch gerne eine ganze Menge positive Eigenschaften zu. Für uns sind attraktive Menschen gleich gebildeter, ehrlicher oder intelligenter als der gewöhnliche Durchschnitt. (Langlois, 2000) [7]Spannenderweise gilt dieser Effekt auch für die Entscheidung an der Wahlurne (womöglich nicht in Deutschland), bei Bewerbungsgesprächen oder selbst bei der Rechtsprechung. Experimente haben auch gezeigt, dass attraktiv gekleideten Menschen deutlich schneller und öfter geholfen wird als solchen, deren Modebewusstsein nicht über eine Trainingshose[8] hinausreicht.[9]

---

7 Eine vollständigere Liste dieser positiven Zuschreibungen findest Du im Fachartikel von Judith Langlois aus dem Jahre 2000 – s. Downloadarchiv.

8 Oder wie Carl Lagerfeld einmal sagte: „Menschen, die in Trainingshosen herumlaufen, haben die Kontrolle über sich selbst verloren!"

9 Ach ja, schau Dir doch dazu auch mal die Kurzreportage: „Bystander-Effect (3)" ab Min. 3:00 im Videoarchiv an. Ich habe die wichtigstens Passagen übersetzt und im Film markiert. Also keine Angst vor englischen Reportagen.

Das Kompliment

Ein weiteres Wirkprinzip aus der Gattung der „Sympathie“ lässt sich ebenso leicht zünden wie das mit der Ähnlichkeit. Nämlich das Kompliment.

Wir Menschen haben eine enorme Schwäche für Schmeicheleien und Komplimente. Das Lustige dabei ist: Komplimente machen nicht nur den sympathisch, der sie abfeuert, sondern sie müssen noch nicht einmal unbedingt zutreffend sein, damit sie ihre Wirkung entfalten. (Drachmann, 1978) Bei ein paar netten Worten öffnen wir uns bereitwillig und heißen jegliche Einflussnahme willkommen. Da reicht es schon zu sagen: „Ich mag Sie ...“ oder eine freundschaftliche Berührung an der Schulter, und diese Automatik läuft los.

Warum das so ist? Ganz einfach. Komplimente erzeugen einen schwelgerischen Zustand in unserem Gehirn, der nur mit wirklich großem Aufwand aufrechtzuerhalten ist. Dieser Zustand bedeutet eine große Kraftanstrengung für unser ökonomisch orientiertes Gehirn. Diese erhöhte kognitive Belastung verbraucht derart viele Ressourcen, dass für ein bewusstes, logisch-kritisches Denken nur noch wenige Ressourcen übrig bleiben. Die einfache Faustraugel heißt daher: Umso mehr Anlass man dem Gegenüber zum Nachdenken, Ordnen und Sortieren gibt, desto mehr muss dessen Gehirn auch verarbeiten. Und da unser Gehirn nur begrenzte bewusste Ressourcen zur Verfügung hat, stehen schon bald alle Türen zu den unbewussten und automatisierten Aktionspotentialen, fernab einer willentlichen und rationalen Kontrolle, offen.

Vertrautheit

Letztlich wäre es nicht unser Gehirn, wenn es nicht das lieben würde, was es kennt. Damit kommen wir zum nächsten Wirkprinzip: Vertrautheit. Auch Vertrautheit lässt unser Sympathie-Programm loslaufen. Was uns vertraut ist, mögen wir. Allgemeiner kann man auch sagen: Was wir kennen, mögen wir. Zu allem, zu dem wir schon mal Kontakt hatten, haben wir eine grundlegendere Form von Vertrautheit; es ist uns einfach sympathischer. Das trifft allerdings nur zu, wenn dieser Kontakt nicht mit negativen Erlebnissen verbunden ist. Logisch, oder?

Das kann man aber noch toppen. Wenn nämlich der Grad des Vertrauens, den wir zu einem „Kontakt" entwickeln, von so einer Qualität ist, dass wir diesen Kontakt als Team erleben, als Zweckgemeinschaft zum Erreichen eines gemeinsamen Ziels, dann wird dieses Wirkprinzip zur wahren Bombe.

Dummerweise funktioniert das aber auch bei gemeinsamen Feindbildern. Nicht nur, dass sich zerstrittene Ehepartner rasch wieder zusammenfinden, wenn sie sich gemeinsam gegen ein gemeinsames Feindbild aufstellen, auch ganze Nationen sind rasch vereint, wenn es gilt, zusammen in den Krieg zu ziehen – wenn sie sich denn auf ein gemeinsames Feindbild einigen können. Das haben Politiker und Staatsführer über Jahrtausende hinweg leider bereits viel zu oft für sich erkannt und schonungslos ausgenutzt. Auch ein anderes Staatsorgan, wie zum Beispiel die geheime Exekutive der USA, bediente sich dieser Prinzipien. In einem in den 1980er Jahren veröffentlichten Dokument zur Strategieführung bei Verhören beschreibt die CIA, wie sie mit dem aus Film und Fernsehen bekannten Spiel „Guter Bulle, böser Bulle" die Kooperationsbereitschaft ihrer Zielperson knackt. (CIA, 1963)

Dass es auch umgekehrt funktionieren kann, hat Coca-Cola gezeigt. In einer äußerst sympathischen Marketingkampagne versuchten sie sich an diesem umgekehrten Effekt. Mit der „Small World Machine" startete der Brausegigant den Versuch, den sich nicht sonderlich sympathischen Ländern Indien und Pakistan die Chance zu bieten, sich ein Stückchen näherzukommen. Selbstverständlich war das auch eine Marketingtour und nicht nur „Gutmensch-Gehabe". Daher gibt es darüber leider auch keine wissenschaftliche Auswertung. Zumindest keine, die mir bekannt wäre. Dennoch, es war ein spannendes Experiment, das gezeigt hat, wie leicht Assoziationsketten über den Effekt der Sympathie aufzubauen und zu etablieren sind.

Das Assoziationsprinzip

Ein weiteres spannendes Modellbildungsprinzip aus dieser Gattung der Sympathie-Muster nennt man: Assoziationsprinzip. Dieses Prinzip beschreibt, jetzt mal an einem Negativbeispiel erklärt, die elementare menschliche Abneigung gegenüber einer Person, die schlechte Nachrichten verbreitet – selbst wenn sie überhaupt nichts dafür kann. So erschlug man beispielsweise im alten Persien kurzerhand die kaiserlichen Boten, sollten sie nicht gute Kunde zu berichten haben.

Das Assoziationsprinzip zeigt auf, wie Botschaft und Überbringer auf magische Weise miteinander verschmelzen. Im oben genanntem Beispiel dummerweise auf unheilvolle Art.

Das Ganze funktioniert selbstverständlich auch umgekehrt. Wenn Du darauf achtest, ausschließlich gute Botschaften zu überbringen, wird Dir die Sympathie deines Gegenübers gewiss sein. (Lott, 1965) Wenn Du hingegen lieber erschlagen wirst, dann kannst Du diesen Hinweis natürlich auch ignorieren.

Wenn Du lieber gar nicht direkt kommunizieren willst, dann verkaufe deine Kommunikationsbotschaft eben in Verbindung mit Dingen oder Personen, die deine Zielperson lieben wird. Zumindest ist das ein Standardprozedere im Marketing. Die Automobilindustrie verkauft so Autos mit hübschen Frauen (Smith, 1968), Fielmann mit dem sympathischen Nachbarn von Gegenüber und Bier sowie alle anderen Alkoholika werden gerne mit kumpelhaften Sympathikos angepriesen, denen Freundschaft scheinbar über alles geht.

Ganz aktuell, im Jahr 2013, strahlte uns ein Felix Baumgartner von nahezu jeder Red-Bull-Dose entgegen. Auch eine Gebrauchtwagenlawine in der Wüste schmückte sich mit dem teuersten Bartträger der Welt. Die Industrie lässt nichts unversucht, alle möglichen Assoziationen zu erzeugen, und sei es (in den meisten Fällen) auch an den Haaren herbeigezogen.

Wie wir bei den Komplimenten ja schon gesehen haben, spielt es keine große Rolle, inwieweit diese Assoziationen auch matchen oder nicht. Gut zu matchen scheinen – einem Experiment zufolge – zum Beispiel die Verbindung von geschickt positionierten Logos von Master Card, Visa, PayPal & Co mit der Bereitschaft, mehr Geld auszugeben oder mehr Geld zu spenden (Hafalir, 2011) als ursprünglich einmal geplant (Feinberg, 1986).

Die magische Verbindung von Symbolen und dem Impuls, die Kaufbereitschaft loszutreten, erleben wir im Laufe eines Jahres relativ oft. Meist dekoriert der Einzelhandel seine Schaufenster mit farblich immer gleich gestalteten, riesigen, rot-weißen »Sale«-Schildern. Die Farbkomposition in Kombination mit dem dicken Anglizismus weckt im ahnungslosen, vor sich hin schlurfenden Passanten mehr oder minder mächtig den Impuls, jetzt ein Schnäppchen machen zu können. Jetzt auf der Stelle. Jetzt oder nie. (Naylor, 2006)

Des gleichen Effekts bedienen sich Fernsehsender, die nichts anderes machen, als Verkaufs-Shows auszustrahlen. Ein B- bis C-Promi bietet, illustriert vor einer unübersehbar auslaufenden Uhr (oder Zählwerk) allerlei Produkte an, die selbstverständlich nur jetzt und heute, einmalig, super-schnäppchenmäßig, hier und sofort zu beziehen sind.

Aber auch Politiker haben seit Neuestem diesen Effekt als hilfreich für die eigene Sympathie entdeckt. So zeigten sich bei US-Präsidentschaftswahlen die weltberühmte Oprah Winfrey und der damals noch nicht gewählte Barack Obama oder die deutsche Bundeskanzlerin vor Wahlen immer wieder gerne im Kreise von Nachwuchs- und/oder bereits etablierten und allseits bekannten Künstlern.

Das funktioniert nun aber auch für uns weniger Prominente. Selbst der etwas bessere Pizzabäcker von der Ecke versteht sich darin, dieses Prinzip für sich zu nutzen. So findet man beispielsweise in einschlägigen Restaurants nicht selten irgendeine Art von Ahnenwand, auf der alle möglichen prominenten Besucher verewigt wurden.[10] Gemäß dem Assoziationsprinzip wirkt man einfach selbst erfolgreicher, angesehener und begehrter, wenn man sich einfach nur mit der entsprechenden Gruppe umgibt.

VI

10 Ganz beeindruckend zu sehen im Kartoffelhaus in Hamburg, irgendwo am Rande der Reeperbahn. Neben der beeindruckenden Ahnenwand gibt es da übrigens hervorragende Hausmannskost. Ich war da zwar schon einige Jahre nicht mehr, doch bin ich mir sicher, dass sich an und in dem Lokal nicht viel verändert haben wird.

Neben den magischen Verallgemeinerungen wie „uns Männern“ oder „uns Frauen“, „uns Gewinnern“, „wir Attraktive“, „uns Wissenden“ oder „uns Sportlichen“ möchte ich Dir noch abschließend eine wirkungsvolle Assoziationskette anbieten, die ich schon einmal ziemlich früh in diesem Buch angedeutet hatte. Erinnerst Du Dich noch an meinen Hinweis, schwierige Verhandlungen am besten auf weichen Stühlen, bei einem guten Essen und einem heißen Getränk zu führen? Auch das gehört in so eine Sympathiestrategie, die darauf abzielt, solch geartete Musterprogramme auf Hochtouren laufen zu lassen. (vgl. Imbisstechnik (Razran, 1938)) Weich gesessen, von innen gewärmt oder lecker gespeist sind Assoziationspartner, die man sich einfach nicht entgehen lassen und wirkungsvoll in die eigene Kommunikationsstrategie einbinden sollte.

Zusammenfassung

Sympathisch geht einfach besser. Das ist kurz gesagt die Quintessenz aus diesem Kapitel. Wir haben gesehen, dass es eine Menge an Stellschrauben gibt, die diesen Effekt erzeugen können. Dazu gehört nicht nur die optische Attraktivität, sondern auch die Ähnlichkeit mit der Zielperson selbst, die Bekanntheit mit dem Freundeskreis oder andere Aspekte, die der Zielperson als vertraut erscheinen, dienen hervorragend dazu, sympathisch zu wirken.

Wenn das alles nicht funktioniert, dann ist bei diesem Muster noch lange nichts verloren. Wie ich dargestellt habe, reicht es auch völlig aus, irgendwelche anderen Sympathieträger für die eigenen Zwecke zu missbrauchen. Wie die Automobilindustrie Boxenluder neben ihre F1-Wagen stellt, Brillenhersteller einen potentiellen ‚Möchtegern-Nachbarn' bemühen oder ein Energy-Drink mit einem mutigen Basejumper wirbt.

Merke, es bleibt und gilt der Grundsatz: Alles, was sympathisch macht – gewinnt!

VI

„Kleider machen Leute.“ - das Ding mit der Autorität

Dass wir vor Uniformierten etwas strammer stehen oder vor Laborkitteln innerlich einen Hofknicks machen oder beim Anblick eines langen, schwarzen Talars innerlich vor Demut erzittern, ist schon keine wirkliche Erkenntnis mehr. Wie weit diese wortlose und bereitwillige Willfährigkeit allerdings geht, ist eine ganz andere Sache. Schauen wir uns das mal an.

Wenn es um die Entschlüsselung dessen geht, weswegen wir Menschen vollautomatisch auf Autoritäten zu reagieren scheinen, kommt man nicht umhin, einen Namen ganz besonders hervorzuheben. Den Berühmtesten. Diesen Einen, der auf eindrucksvolle Art und Weise demonstrieren konnte, wie machtvoll ein bisschen Stoff und ein aufgeblasenes, autoritäres Gehabe auf uns Menschen wirkt. Der Mann, von dem ich spreche, war ein Psychologieprofessor. Er hieß Stanley Milgram. (Milgram, 1974)

Milgram wollte ursprünglich eigentlich nur begreifen, wieso sich ein ganzes Volk, „einfach so“, an der Ermordung von Millionen unschuldiger Juden beteiligen konnte, ohne dabei „nennenswerten Widerstand“ zu zeigen. Um das zu begreifen, entwickelte Milgram ein Experiment, welches das „Sich-Gehorsam-Verhalten“ von Menschen unter die Lupe nehmen sollte. Bereits nach der ersten Durchführung seines Versuchs, damals in New Haven, Connecticut, zeigte sich aber, dass er sich das Geld für den geplanten, teuren Auslandsaufenthalt sparen konnte. Denn bereits bei der ersten Durchführung stieß Milgram (bei seinen amerikanischen Probanden) auf so derart viel Gehorsam, dass er es plötzlich für überflüssig hielt, seine Versuchsreihe auch bei den Deutschen zu wiederholen.

Diese Arbeit übernahmen später dann andere für ihn. Aber auch diesen Forschern ging es wie Milgram. Am Ende der Versuchsreihe starrten sie fassungslos auf die Ergebnisse, die dieses Experiment ans Licht spülte. Rund um den Erdball, in Deutschland, Holland, Spanien, Italien, Australien und Jordanien wurden sie immer und immer wieder bestätigt. Es schien keinen Unterschied zu machen, in welchem Land oder mit welchem Volk dieser Erde man experimentierte. Das Ergebnis war stets das Gleiche.

Aber nicht nur der Blick auf die vielen unterschiedlichen Völker dieser Erde, auch der Blick auf die zeitlich unterschiedlichen Epochen schien für das Ergebnis dieses Experiments keinerlei Rolle zu spielen. Selbst über fünf Jahrzehnte später zeigte sich bei den Menschen immer noch dieselbe automatische Reaktionsfreudigkeit, mit nahezu blindem Gehorsam auf Autorität zu reagieren. (Burger, 2009)

Das Milgram-Experiment

Doch um was geht es in diesem weltberühmten Experiment?

Ich gehe jetzt einfach mal davon aus, dass Du als informierter und interessierter Leser die Grundzüge des Milgram-Experiments schon lange kennst. Zum Auffrischen findest Du online eine Menge an Fachartikeln und Videos, die ich Dir auf der Website zu diesem Buch zusammengetragen habe. Daher jetzt nur nochmal kurz die beeindruckenden Eckdaten des Milgram-Experiments. Im Folgenden wollen wir uns dann aber mehr damit beschäftigen, was wir aus diesen Ergebnissen für unsere Zwecke lernen können, anstatt uns, mit aller empirischer Betroffenheit, in eine nächste Besprechung des Experiments einzureihen.

Also, nochmal kurz die Eckdaten zu diesem Experiment:

Milgram inszenierte eine Laborumgebung, in der ahnungslose Versuchspersonen auf das Geheiß eines Versuchsleiters hin einem Pseudo-Probanden Stromstöße für falsche Antworten auf Testfragen verabreichen sollten. Die Stärke der angeblichen Stromstöße wuchs im Laufe dieses inszenierten Versuchs von 15 Volt auf maximal 450 Volt. Die verdrahteten Schauspieler, die sich je nach Stromstärke lauter und lauter bis hin zu flehendem Geschrei bettelnd an die eigentliche Versuchsperson wandten, das Experiment doch abzubrechen, stieß unter dem massiven Einfluss einer Autorität im weißen Kittel – dem eigentlichen Versuchsleiter – in aller Regel auf taube Ohren.

Es zeigte sich, dass weder Alter noch Geschlecht noch soziale Schicht oder Ausbildungsstand, noch nicht einmal ein vorgetäuschtes Herzleiden des Pseudo-Probanden einen größeren Einfluss auf den Gehorsam der eigentlichen Versuchspersonen hatte. Mehr als 65 Prozent malträtierten den Schauspieler bis zu der theoretisch tödlichen Stromstärke von 450 Volt. Okay – aus den Berichten weiß man, dass keine der Versuchspersonen mehr wirklich fröhlich war, als sich die Stromstöße im Laufe des Experiments mehr und mehr steigerten. Aber das ist jetzt nicht wirklich von Belang.

Nun, was können wir aus diesen beeindruckenden Ergebnissen von Milgrams Experiment lernen? Was genau sagen diese Ergebnisse darüber aus, dass wir Menschen uns durch Autorität derart beeinflussen und manipulieren lassen? Wieso ist das überhaupt möglich?

Eines zumindest scheint schon mal sicher: Wir Menschen haben eine extrem tief verwurzelte Autoritätshörigkeit. Es scheint uns unmöglich zu sein bzw. zumindest unendlich schwer zu fallen, sich gegen Autorität wirklich aufzulehnen. Ein bisschen „Befehlston" hatte bei Milgram schon gereicht, um das anfliegende Aufbegehren der Versuchspersonen, das Experiment abzubrechen, im Keim zu ersticken. Es zeigte beeindruckend, wie erwachsene Menschen eine extrem hohe Bereitschaft an den Tag legen, fast alles zu tun, was eine Autoritätsperson von ihnen verlangt.

Doch warum ist das so? Wie kann man sich diesen enorm effektiven Musterprozess erklären, der uns wider jede Vernunft wie ferngesteuert an den Fäden unserer unbewussten Steuerungsinstanzen zappeln lässt?

Auch das können wir uns – wie so vieles – über unsere gesellschaftliche Organisation und unsere damit verbundene Sozialisation gut erklären.

Eine Gesellschaft profitiert enorm vom Gehorsam seiner Glieder. Die Akzeptanz von Autorität ist ein wesentlicher Pfeiler für die Entwicklung differenzierter Strukturen von Gütern, für Handel, Verteidigung, Expansion und sozialer Kontrolle. (Cialdini, 2010) So ist es nur zu verständlich, dass uns Menschen schon von klein auf eingetrichtert wird, dass Gehorsam gegenüber Autorität gut und Ungehorsam etwas ganz Böses sei. Diese Regel zieht sich wie ein roter Faden durch alle Instanzen unserer Sozialisation. Vom Elternhaus über den Kindergarten, die Schule, Ausbildung und Arbeitsstelle bis hin zu den religiösen, politischen, rechtlichen und exekutiven Systemen.

Als Kind macht das ja auch irgendwie noch eine ganze Menge Sinn. Erwachsene Autoritätspersonen sollten ja – zumindest theoretisch – ein wenig mehr über das Überleben wissen, als es für uns als Dreijährige zumutbar wäre. Doch dass sich diese Regel, statt sich irgendwann einmal zu relativieren, immer und immer wieder zu verstärken scheint, ist doch bemerkenswert. Auch als Erwachsene entkommen wir diesem Wirkmechanismus nicht. Irgendetwas in uns glaubt felsenfest, dass Autoritäten – zumindest scheinbar – einen besseren Zugang zu überlebenswichtigen Ressourcen haben, als dass wir uns diesen selbst zutrauen würden.

Aus diesem Prinzip, dass es sich für uns lohnend zeigt, Autoritäten gegenüber gehorsam zu zeigen, lassen sich eine Menge Strategien zur Einflussnahme ableiten. Schauen wir uns davon einmal eine Auswahl an.

Bist Du zum Beispiel Arzt, wird es Dir nicht schwerfallen, die eine oder andere Leistung ohne großen Widerstand zu verkaufen oder ein paar Pillen zu viel zu verordnen. Ich will damit nun keinem Arzt unterstellen, dass er das täte. Ich will nur dies als Möglichkeit für einfache Einflussnahme auch in Betracht ziehen. So geht zum Beispiel das „Institute of Medicine" in Amerika davon aus, dass ein stationär aufgenommener Patient mit mindestens einer Fehlmedikation pro Tag zu rechnen hat. (Szabo, 2007)[11] (Und das nicht, weil der Arzt sich vergriffen hat.)

Das zeigt wieder einmal mehr, wie unwichtig Dinge plötzlich werden können bzw. ausgeblendet werden können, die wir normalerweise für unsere Entscheidungsfindung heranziehen würden, taucht nur von irgendwoher ein Mensch im weißen Kittel auf. Sobald so ein Musterprozess startet, hier losgetreten von einer Autoritätsperson mit einem Titel (aber auch eine Robe oder ein Talar erfüllt den gleichen Zweck), scheint uns ein Großteil an Ressourcen plötzlich nicht mehr zur Verfügung zu stehen. Wer würde auch schon die Entscheidung über eine Medikation in Frage stellen? Sobald eine Autoritätsperson zugegen ist, hören wir urplötzlich auf, die Situation als Ganzes zu beurteilen. Wir fokussieren uns einzig und allein auf den Aspekt, gehorsam und brav zu reagieren.

Selbstverständlich hat sich die Werbung diesen Effekt schon lange zu eigen gemacht. Schauspieler mimen in serös wirkenden Clips beispielsweise den Arzt – ganz gleich, ob der Zuschauer seine Approbation eindeutig auf das Drehbuch einer Daily-Soap zurückführen wird. Die Wirkung entfaltet sich dennoch.

Nebenbei gesagt, als ‚Sideeffect' sozusagen, auch Attraktivität wirkt als Autoritätsmerkmal und wird als solche auch allgemein anerkannt. (Hogue, 2012)

Von einer kleinen Ausnahme sei an dieser Stelle doch noch schnell erzählt. Die weltbekannte Marke für „klügere Zahnbürsten, die nachgeben", die Dr. Best-Zahnbürste,

---

11 Den Artikel findest Du unter: „Patient protect thyself" im Downloadarchiv

ließen die findigen Werber tatsächlich von einem niedergelassenen Zahnarzt in den Markt treiben. Dr. Earl James Best hieß er und bohrte eigentlich tagein tagaus in Chicago. James Best wurde durch die weltweit ausgestrahlten Spots zu einer Werbeikone für ein Wegwerfprodukt und verschaffte so dem Konzern Glaxo-Smithkline einen explosionsartigen Anstieg ihres Marktanteils von ursprünglich sechs auf mehr als vierzig Prozent. 2002 starb der Zahnarzt James Best im Alter von 78 Jahren an Krebs. Seine Rolle wurde neu besetzt. Diesmal jedoch von einem Schauspieler.

Der Effekt mit den Titeln

Diese Beispiele aus der alltäglichen Werbung verweisen noch auf einen anderen Aspekt, der das Muster „Autoritätshörigkeit" in unserem Gesprächspartner anwirft. Nämlich: Titel.

Titel sind Autoritätssymbole schlechthin. Diese Symbole beeinflussen unsere zwischenmenschlichen Interaktionen meist deutlich mehr als der Charakter einer Person oder das, was sie zu sagen hat.

Als sich mein Erstgeborener ein gutes halbes Jahr nach seiner Geburt durch einen unglücklichen Zufall seinen Brustkorb mit heißem Wasser verbrühte, lernte ich mit Staunen und Schrecken zugleich, wie machtvoll solch ein Titel wirken kann. Dafür muss ich kurz ein wenig ausholen.

Unfälle dieser Art werden in Deutschland mehr oder weniger umgehend an die örtlichen Polizeidienststellen bzw. an das Sozialamt weitergeleitet. Eigentlich eine tolle Sache. So ein organisierter, deutscher Workflow soll ja wirksam unseren Nachwuchs vor schweren Übergriffen schützen. Und ich denke, in vielen Fällen funktioniert das auch. Wie auch in meinem, als die Maschinerie anlief.

Kaum einen Tag nach dem Unglück meldete sich ein besorgter Polizeibeamter am Telefon, um sich nach den Umständen des Unfalls sowie dem Wohlergehen meines Sohnes zu erkundigen. Ein wirklich nettes, einfühlsames Gespräch – so erinnere ich mich. Als am Tag drauf nochmals das Telefon klingelte und das nächsthöher angesiedelte Staatsorgan sich bei mir meldete, war ich dann doch etwas verwundert. Nun hatte ich irgendeinen Beamten der Kriminalpolizei am Ohr, der sich unsere Geschichte nochmal von vorne anhören wollte. Bereitwillig und noch unter dem positiven Eindruck des Gesprächs vom Vortag, erzählte ich ihm, was sich zugetragen hatte. Doch dieser hatte entweder einen schlechten Tag oder war einfach begriffsstutzig. Bohrend, pampig und immer wieder seine einzigen drei Fragen monoton wiederholend, begann er mächtig auf die Tube zu drücken. Ein paar Minuten hielt ich dieses nicht sonderlich kreative Spiel aus, bis mir schließlich der Kragen platze. Ich pampte ungebremst und in deutlich gehobener Lautstärke in den Hörer, dass er mir nichts zum Thema Pädagogik und Kindererziehung zu erklären brauche, immerhin hätte ich das selbst studiert und mir mein staatliches Diplom dafür auch nicht beim Nasebohren verdient.

Nun geschah etwas Erstaunliches. Hätte ich damals schon von diesen Forschungsergebnissen gewusst, hätte ich mich ja mit den Lorbeeren einer perfekten Autoritätsstrategie schmücken können. Dummerweise wusste ich aber damals von alledem noch nichts. Das so unfreundlich vor sich hin rumpelnde Gespräch änderte sich nun auf einmal schlagartig! Plötzlich säuselte mir eine süßfreundliche Stimme sinngemäß entgegen: „Ja, wenn sie studiert haben (Zitat!), dann will ich Sie natürlich auch nicht länger aufhalten und noch gute Genesung für ihren Sohn wünschen ..."

Völlig verdattert legte ich den Hörer auf. Ich wusste jetzt wirklich nicht mehr, ob ich erleichtert drüber sein sollte, den unfreundlichen Beamtenflegel losgeworden zu sein, oder erschreckt, wie einfach es doch gewesen war, wieder meine Ruhe zu haben.

Ich weiß noch, wie lange mich dieses Erlebnis innerlich beschäftigt hat. Sollte es wirklich so leicht sein? Einfach mit ein paar Titeln um sich schmeißen, die Stimme erheben und resolut auftreten, und schon bekomme ich selbst von einem Kriminalbeamten, was ich will?

Das wären ja schlechte Vorzeichen für die Strafverfolgung in Deutschland. Was würde denn passieren, wenn sich nun zukünftig alle mittelmäßigen Kleinkriminellen einen Titel zulegen? Würden wir dann Vollzugsanstalten als Wellnesstempel nützen? Was um alles in der Welt war da nur im Kopf dieses Beamten vor sich gegangen? Also begann ich, in meinen gesammelten Werken über Forschungsergebnisse der letzten Jahre und Jahrzehnte zu wühlen und wurde schließlich fündig.

Untersuchungen haben gezeigt, dass Autoritätspersonen, die sich mit einem Titel schmücken können, lustigerweise in der Wahrnehmung von Menschen sogar als größer eingeschätzt werden. Körpergröße und Status scheinen, egal wieherum man es dreht, immer irgendwie zusammenhängend wahrgenommen zu werden.

Dass dem so ist, belegt auch ein ganz erstaunliches Faktum der Geschichte. Seit dem Jahre 1900 gingen nämlich insgesamt 20 von 23 amerikanischen Präsidentschaftswahlen zu Gunsten von ... wem nun wohl aus?

Richtig! Zu Gunsten desjenigen Kandidaten, der dem anderen in der Körpergröße überlegen war.

Dieser Effekt funktioniert übrigens auch beim Werben um Frauen. Untersuchungen zeigen auch hier, dass derjenige einen deutlichen Vorteil beim Werben um eine Frau hat, der schlicht einfach größer ist als sein Konkurrent. Bei Frauen ist es jedoch genau umgekehrt. Es bekommen meist diejenigen Frauen mehr Aufmerksamkeit und Interesse, die kleiner und leichter sind. (Lynn, 1984) Das gilt jetzt nicht für jedes Land auf dieser Erde, aber für ein paar Milliarden Erdlinge trifft dieses Forschungsergebnis schon zu.

Klamotten, Glitzer, Luxus...

Eingangs ja schon ein paar Mal erwähnt, ist der Nutzen von Kleidern als Autoritätssymbol ein ganz spezielles Kapitel. Experimente haben hier zum Beispiel gezeigt, dass harmlose Passanten der Aufforderung eines Uniformierten zur Entsorgung von Müll deutlich häufiger nachkamen als der Aufforderung eines normal Gekleideten. Das gilt aber nicht nur für Berufskleidung.

Auch der feine Zwirn kann einen ähnlichen Effekt auslösen. In einer texanischen Studie ließ man einen „Dressman“ über eine rote Fußgängerampel laufen und zählte seine Gefolgschaft. Es zeigte sich, dass einem gut Gekleideten dreieinhalb mal mehr Menschen über die rote Ampel folgten, als wenn sich derselbe Mann in Trainingshose und Schlabbershirt anschickte, das Gesetz zu brechen.

Dieser Effekt lässt sich nun weiterverfolgen, mit dem Ergebnis, dass auch andere Luxusartikel, wie teurer Schmuck, teure Autos, Markenuhren und dergleichen, einen ähnliche Wirkung wie der Anzug des Dressmans erzielen.

Der Schein von Glaubwürdigkeit

Aber nicht nur materielle Güter können unseren Gehorsam stärken. Alleine der Eindruck von Kongruenz und Unparteilichkeit reichen schon, um ähnlich zu wirken wie Luxusgüter. Diese „Charaktereigenschaften" wirken sogar so stark, dass sich beispielsweise Marken wie L'Oreal mit dem Slogan: „Ein kleines bisschen teurer ..." oder Avis mit: „Wir sind die Nummer zwei, aber wir geben uns mehr Mühe" erfolgreich platzieren konnten.

Ein Kellner, der dem Gast beispielsweise empfiehlt, besser nicht das gewählte Gericht zu bestellen, da die Qualität der gelieferten Produkte heute nicht ganz den Ansprüchen des Hauses entspricht, dafür aber das Nächstgünstigere (!) seinem Anspruch sicher gerecht wird – startet damit eine extrem erfolgsversprechende Manipulationsstrategie. Entkommen? Aussichtlos! Wenn dieser besagte Kellner dann nämlich im zweiten Anlauf einen teuren Wein zu dem Gericht empfiehlt, wird es aus genau diesen Gründen kaum noch ein Gast wagen, ‚Nein' zu sagen.

In solch einer Strategie kommen aber noch eine ganze Menge weiterer Wirkmuster zusammen. Nicht nur das Prinzip der Autoritätshörigkeit (dank Klamotte und glaubwürdiger Kongruenz), sondern auch die Regel der Reziprozität, dem „Low Ball" usw. finden hier ihren Einsatz. All das findet in diesem kurzen Intermezzo seine brillante Vollendung. Hast Du es bemerkt?

Zusammenfassung

Autorität hat für uns Menschen einmal eine überlebenswichtige Rolle gespielt. Wenn man genau hinschaut, dann hat sich diese Art der sozialen Positionierung auch bis heute nicht wirklich verflüchtigt. Als wir noch in Sippen über die Steppe zogen und das Wohl der Gemeinschaft mit dem eigenen Überleben verbunden war, da hatte Autoritätshörigkeit also direkt etwas mit dem eigenen Überleben zu tun.

Autorität war zu diesen Zeiten leicht erkennbar. Das Gesetz des Stärkeren spülte schon den richtigen Rudelführer an die Spitze der Gruppe. Mit den Jahren, Jahrhunderten und Jahrtausenden ist dieses eindeutige Merkmal jedoch mehr und mehr verwaschen. Wir Menschen mussten uns neue Referenzen schaffen, um Autorität zu erkennen. Und so kommt es, dass wir heute auf Reichtum, Attraktivität oder Amtskleidung, als eindeutige Merkmale für Autorität, nahezu willenlos reagieren.

Der Sinn und Zweck dieser Automatik liegt dabei klar auf der Hand. Auch wenn heute Autorität nicht in jedem Fall und direkt etwas mit dem eigenen Überleben zu tun hat, so doch auf jeden Fall mit der persönlichen Ökobilanz. Es ist und bleibt schlicht bequemer, die Verantwortung für gewisse Entscheidungen an eine Autorität zu delegieren, als sich selbst mühevoll alle nötigen Daten und Fakten zusammenzutragen. Es ist und bleibt also so, wie unser Gehirn das will: möglichst effizient!

Diese „Autoritätsautomatik" ist ein hervorragender Musterprozess, den man sich für seine Manipulationsstrategien zu eigen machen kann. Eine etwas übertriebene Empfehlung wäre demnach: Kaufe Dir einen Titel, kleide Dich sorgfältig, lege Dir eine teure Uhr um und fahre in einem entsprechenden Auto vor – dann hast Du schon einmal die halbe Miete. Aber Achtung: Nicht für jede Gesellschaftsschicht und Peergroup zählen die gleichen Autoritätsmerkmale. Im Club der Milliardäre solltest Du Dir schon etwas anderes einfallen lassen als beim Auftreten vor einer Studentenorganisation oder im Haushalt einer gutbürgerlichen Großstadtfamilie.

VI

Gibt's nicht, geht nicht! – der Effekt der Verknappung

In dem Städtchen, in dem ich hier in Deutschland seit Ende der 1990er Jahre lebe, gibt es einen Teppichladen. Ein Teppichgeschäft müsste man fairerweise sagen. Es ist schon ein deutlich größeres als nur ein kleiner Laden. Egal. Also – dieser Teppichriese liegt direkt an der am meisten befahrenen Straßenkreuzung, die wir in unserer Stadt haben. Von allen Seiten umschwirrt dieses Geschäft täglich eine Blechlawine, die es in der Art sonst nirgends mehr im Umkreis geben dürfte.

Nun, ich beobachte dieses Teppichgeschäft schon seit Jahren. Immer und immer wieder, in fast schon regelmäßig garantierten Zeitabständen schmückt dann plötzlich eine riesige Werbebotschaft diesen Einkaufstempel: „Räumungsverkauf! Alles muss raus.", steht da dann. Ich weiß nicht, wie oft die schon geräumt haben, seitdem ich hier lebe, aber auf magische Weise muss sich dieser Teppichtempel auf jeden Fall immer wieder gefüllt haben. Zumindest gibt es ihn noch heute, obwohl erst letztens wieder einmal so eine Monsterbotschaft in den blauen Himmel ragte.

Das Spannende dabei ist, dass ich dann – ebenso plötzlich wie das Plakat erscheint – an mir selbst bemerke, also an einem Menschen, der ausschließlich auf Fußböden mit naturbelassenen Holzdielen steht, wie sich in mir Gedanken regen, vielleicht doch auch mal so einen Teppich zu kaufen. Vielleicht so einen Klitzekleinen für den Anfang. Einen, der gar nicht auffällt. Immerhin könnte es ja morgen schon zu spät sein. Dann ist es vorbei mit Schnäppchenjagd und Co. Oder der Teppichpalast ist plötzlich tatsächlich mal leer geräumt! Und falls ich dann je wieder einen Teppich kaufen will, dann ...

Irgendwann fällt es mir dann zum Glück auf, was da wie so in mir denkt. Mir dieser Falle bewusst, beende ich dann willentlich und schnell das in mir entstandene Muster mit einem breiten Grinsen. Ebenso plötzlich, wie es angefangen hat in mir zu denken, findet es dann auch wieder sein Ende. Zum Glück.

Das Spannende dabei ist, daran immer wieder aufs Neue zu lernen, dass, egal um welch neue Erfahrung es sich handeln mag, es immer dasselbe Muster ist, das in mir anzuspringen scheint. In der Sozialpsychologie ist dieses mittlerweile als „Knappheitsprinzip" bekannt. Es besagt, dass uns Möglichkeiten umso attraktiver erscheinen, je schlechter sie uns zugänglich sind oder werden[12].

Das ist ein Effekt, für den wir nicht erst das „Sale, Sale!" oder eine übergroße Werbebotschaft mit „Räumungsverkauf" brauchen. Das Knappheitsprinzip wütet bereits, in nahezu 99,99 Prozent, bei all denen, die ein Handy besitzen (die 0,01 Prozent Ausnahme bin übrigens ich). Kaum scheppert das Ding in der Tasche und kündigt entweder einen Anruf an, eine SMS oder viel schlimmer noch eine „WhatsApp"-Nachricht, wird wie selbstverständlich alles stehen und liegen gelassen. Ein Gespräch, in das man gerade noch vertieft war, wird unterbrochen, es wird routiniert in die Tasche gegriffen, um umgehend zu sehen, was man unter Umständen im nächsten Moment schon verpasst haben könnte. Unwiederbringlich verpasst. Also auf immer und ewig. Getrieben von der Angst vor diesem furchtbaren Verlust, ist es fast schon zur Norm geworden, selbstverständlich anzuerkennen, dass ein per-

12 Umgekehrt gilt dieser Grundsatz natürlich auch. Versuchungen sind für uns Menschen um so weniger verlockend, je verfügbarer sie scheinen/sind. Wenn wir dazu noch damit beschäftigt sind, irgendein bestimmtes Ziel zu erreichen, dann hat dieser Effekt sogar noch eine Folge: Das erstrebte Ziel wird noch attraktiver. Zumindest fand dies eine Forschergruppe um Kristian Myrseth heraus. Sie nannten dieses Konzept die „gegenläufige Selbstkontrolle".

sönliches Gespräch bei Weitem nicht so wichtig sein kann wie eine Textnachricht.

Ganz allgemein gesagt: Das Gefühl, etwas verlieren zu können, prägt uns in einem viel intensiveren Maße als die Möglichkeit, etwas Gleichwertiges gewinnen zu können. (Hobfoll, 2001) Die Angst vor Verlust spielt in Entscheidungsprozessen eine enorme Rolle. Unser Gehirn scheint von Natur aus darauf programmiert zu sein, uns vor Verlusten, gleich welcher Art, schützen zu wollen.

Versuche haben gezeigt, dass wir in den Prozessen deutlich anfälliger für Störungen von außen sind, in denen es darum geht, etwas zu gewinnen, als wenn es um das Vermeiden des Risikos geht, einen Verlust in Kauf nehmen zu müssen. Da haben wir einfach keinen Platz dafür. (Weller, 2007)

Erinnere Dich nochmal an das Beispiel aus dem Telemarketing. Neben dem Einsatz von – für den Verkauf – attraktiven Sympathieträgern erwähnte ich auch den Ticker, der die verbleibende Restmenge der Ware anzeigt. Auch und vor allem hier findest Du ein klassisches Beispiel für das angewandte Knappheitsprinzip. (Offen bleibt hingegen die Frage, wo um alles in der Welt die nur immer so schnell einen neuen Laster herbekommen, der dann auf so überraschende Weise regelmäßig für Nachschub sorgt.)

Zeitlimits

Ob das nun eine der allerletzten Paletten mit Waren war oder der Begriff „Räumungsverkauf" wie in meinem eingangs erzählten Beispiel, beide Fälle verweisen auf eine endliche Ressource: nämlich die Zeit – und das wirkt. Fristen wecken Interesse und machen ein bestimmtes Verhalten noch wahrscheinlicher. Man kann so ein Limit natürlich auch auf null setzen. „Jetzt oder nie", hieße dann die Verkaufsstrategie, die es dann gelten würde, in den Schädel seines Gegenübers zu klopfen. Wenn sich eine riesige, kaufwütige Menschenmenge über die begehrte Ressource hermacht, dann ist das vielleicht nachzuvollziehen. Eine durch das Prinzip der sozialen Bewährtheit nicht gestützte Variante hingegen ist manchmal eher ein Spiel mit dem Feuer und kann auch leicht nach hinten losgehen.

Wenn man es mit der Verknappung übertreibt und den Druck auf sein Gegenüber zu sehr erhöht, kann die ganze Strategie im Extremfall auch umschlagen.

Reaktanz

Reaktanz ist ein innerlicher Prozess, der einem – wenn er reden könnte – so etwas wie: „Leck mich am Arsch! Jetzt erst recht!" entgegenpfeift. Wenn es ab einem gewissen Punkt so scheint, als würden gerade noch erreichbare Möglichkeiten nun plötzlich unerreichbar werden, dann assoziieren wir Menschen das in der Regel mit der Angst, ein Stück Freiheit zu verlieren. Und etwas zu verlieren, das wir gerade noch hatten, darauf reagieren wir alle und in aller Regel ziemlich biestig.

Einmal errungene Freiheiten um jeden Preis zu erhalten, ist die Kernaussage der Reaktanz-Theorie, die der Psychologe Jack Brehm irgendwann einmal aufgestellt hat. (Brehm, 1966) Gemäß Brehm bewirkt das Bedürfnis, dass wir das, was wir wollen, dann noch viel mehr wollen werden, wenn unser Zugang dazu eingeschränkt wird. Verknappt irgendwer oder irgendetwas unseren Zugang oder allgemein unsere Wahlfreiheit, dann setzt sich nach Brehm in uns eine Gegenbewegung in Gang, die eine Intensivierung unseres Interesses an der Sache verursacht. „Jetzt erst recht!" ist dann das Motto, unter dem wir zum

Kampf blasen. Und wer kennt dieses bockige Verhalten nicht? Richtig, es setzt in der Regel bei Kindern ab dem dritten Lebensjahr ein. „Trotzphase" nennt man das dann auch.

Die Erklärung für dieses Verhalten ist – mit ein bisschen Überlegen – schon fast offensichtlich. Mit der Individuation erkennt ein kleiner Mensch plötzlich, dass er ein einzigartiges, unverkennbares Wesen ist. Dieses Autonomiekonzept führt dann ganz automatisch zu einem anderen, nämlich dem Konzept der Freiheit. Und ein autonomes Wesen muss ja schließlich auch autonome Entscheidungen treffen können. Und das tun trotzige Kinder. Andauernd und ohne Ende.

Rund zehn Jahre später bricht die Trotzphase in einem nächsten Schub des Individuationsprozesses wieder durch. Pubertät nennt man es diesmal. Jetzt geht es um das Herauswachsen aus der Kinderrolle. Eben ums Erwachsenwerden. Dazu scheint es unbedingt auch gehören zu müssen, alle möglichen Kontroll- und Entscheidungsmöglichkeiten auf einmal übernehmen und austesten zu müssen. Wir kennen das ja alle mehr oder weniger. Eine Zeit, in der sich das Verhältnis zwischen Pflichten und Rechten eindeutig zu Lasten der Pflichten entwickelt. Verzweifelt rotieren die Erziehungsberechtigten dann um den Nachwuchs und versuchen das Schlimmste zu verhindern. Gehen diese „Verhindereien" jedoch zu weit, kann das ganze Reaktanz-Spiel erst recht losbrechen. Man könnte es dann auch liebevoll den „Romeo-und-Julia-Effekt" nennen (den Begriff gibt es wirklich!). Leider ist die Realität nicht ganz so romantisch. Aber darüber lasse ich mich besser in einem anderen Buch aus.

Es gibt auch ganz lustige Anekdoten zu reaktantem Verhalten. So wollte beispielsweise die Stadt Kennesaw, im US-Bundestaat Georgia, alle Einwohner dazu verpflichten, eine Schusswaffe inklusive Munition besitzen zu müssen. Jetzt könnte man denken: Pustekuchen! Auch bei den so waffenverliebten Amerikanern bricht jetzt bestimmt ein Reaktanzverhalten durch. Doch was passierte? Das Gegenteil passierte. Denn kurz drauf boomte in dieser Stadt der Verkauf von Schießgeräten. Also doch keine Reaktanz? Zu früh geschlussfolgert. Als man nämlich genauer hinsah, stellte man fest, dass sich aufgrund des öffentlichen Wirbels um dieses Gesetz viele Touristen davon angezogen fühlten, ihre erste Waffe in diesem Kaff zu kaufen. Wie erwartet kamen Einheimische diesem Gesetz praktisch nicht nach.

Zensur

Eine andere Art der Verknappung ist natürlich die Zensur. Niemand weiß besser als der Mensch von heute, dass mit einhergehender Zensur reaktantes Verhalten recht einfach provoziert werden kann. Niemals zuvor in der Geschichte der Menschheit konnte man so unbeschränkt auf nahezu alle Informationen zugreifen, die Menschen jemals gedacht und in den Computer gehackt haben. Unter all diesen Informationen gibt es auch welche, die nur schwerlich für uns zugänglich sind. Diese gewinnen – nicht nur theoretisch, sondern auch ganz praktisch messbar – an Attraktivität, allein nur deshalb, weil sie der „Hauch des Besonderen" umweht (s. z.B. das große Interesse der Menschen an Wikileaks u.ä.m.).

Du glaubst gar nicht, wie hochgradig motiviert ich plötzlich war, als ich von diesem bereits mehrfach erwähnten Kubark-Protokoll (CIA, 1963) gelesen hatte. Selbstverständlich musste ich dieses ursprünglich geheime Dokument, das angeblich so schwer zu bekommen sein sollte, unbedingt haben. Allein, um es überhaupt erst einmal zu haben, und dann natürlich auch, um es wieder an Dich weitergeben zu können.

Genau so ist das mit knappen oder schwer zugänglichen Informationen. Der Anreiz, sie unbedingt haben zu müssen, wächst und wächst (das erklärt natürlich auch dein Interesse am Tagebuch deiner Frau). Das Erstaunliche daran ist noch nicht einmal nur das wachsende Interesse. Viel erstaunlicher ist, dass man diese Informationen auch ungelesen für wertvoller und glaubwürdiger hält.

Darin kann schon eine Menge Pulver für Manipulationsstrategien liegen. Im Medienarchiv der Website wirst Du auch einige Videos finden, die das Attribut „verbannt", „verboten" usw. tragen. Irgendwer hat eben irgendwann einmal zum Beispiel aus den Botschaften von Commercials einen eigenen Clip gemacht, dann aber auch dafür gesorgt, dass irgendein anderer ihn verbietet. Genau diese Information der Zensur hat man dann veröffentlicht. Und so entstehet dann meist ein brillanter Marketingstreich für die virale Welt.

Meine Kinder sind im Übrigen auch sehr empfänglich für diese Art von provozierten Reaktanzstrategien. Alles, was in ihrem Alter aus welchen Gründen auch immer noch verboten ist, hat eine derartige Attraktivität, dass es besser ist, diese Sachen gleich zu verschenken, anstatt es darauf anzulegen, sinnlose Pädagogikdiskussionen mit Halbwüchsigen zu führen.

Das Wissen darum, dass uns auch Informationen, die in irgendeiner Art und Weise beschränkt sind, glaubwürdiger erscheinen und von uns höher bewertet werden, ermöglicht den äußerst effektvollen Einsatz des Knappheitsprinzips für alle möglichen Manipulationsstrategien. Vor allem bei Dingen, die nicht sachlicher, sondern eher rein informeller Natur sind. Dafür muss man diese Informationen nicht erst zensieren, es reicht völlig aus, sie als selten, schwer erreichbar, verboten, geheim oder einfach knapp zu titulieren.

Doch kommen wir noch ein letztes Mal zurück zu dem Telesales-Beispiel (QVC & Co.). Noch ein weiterer, sehr beeindruckender Aspekt kommt bei diesen TV-Formaten nämlich hinzu.

Du erinnerst Dich an den Ticker, der die verbleibenden Stückzahlen unaufhörlich runterzählt? Wissenschaftler haben zeigen können, dass nicht nur Knappheit allein gut wirkt, sondern dass der Wechsel von Überfluss zu Knappheit eine noch stärkere Wirkung auf die Bewertung des begehrten Produkts entfaltet. Ist etwas von Anfang an knapp, scheint es zwar attraktiv, aber noch lange nicht so, wie wenn sich der Verlust direkt vor den Augen zu ereignen droht.

Diesen Effekt nutzt man auch gerne im Marketing. Große Vertriebsstätten von Elektronikartikeln, wie zum Beispiel Saturn, Media-Markt oder wie sie alle heißen, nutzen genau diesen Effekt. In regelmäßigen Abständen flattern so die Postwurfsendungen ins Haus, in denen spezielle Waren zu Schnäppchenpreisen angeboten werden. Diese Lockartikel werden logischerweise direkt im vorderen Bereich der Einkaufshalle positioniert. Auch bei der Einführung des neuen iPhones oder anderer Luxus-Elektronikartikel erinnert man sich noch gut an die Menschentraube, die frühmorgens pünktlich zur Öffnungszeit in einem riesen Pulk die Verkaufsstände plünderte. Genau auf diese beiden Effekte legen es die Marketingexperten an. Der Cocktail: Sichtbar, erlebbar steigende Knappheit und eine Lawine an sozialer Bewährtheit, die alles mit sich reißt, was nicht angegurtet ist. Ein Cocktail, der wunderbar zu enormen Absatzzahlen und leeren Regalen führt. Ganz gleich, was da nun reduziert war und was nicht.

Noch einmal allgemeiner zusammengefasst kann man sagen, dass Menschen sehr geneigt sind, den Verstand völlig auszuschalten, wenn sie direkt vor ihren Augen miterleben, wie etwas langsam immer unerreichbarer wird. Dies gilt ganz besonders für Fälle, in denen wir in direktem Wettbewerb mit anderen stehen. Der durch unser Gehirn erzeugte Erregungszustand wächst dann gerne so schnell an, dass unsere kognitive, rationale Seite dabei völlig in den Wogen unterzugehen droht. (Teuscher, 2005)

Das Paradoxe an dem Gieren nach knappen Gütern ist dabei nicht die Vorfreude, sie endlich benutzen zu können und sich damit einen lang ersehnten Wunsch zu erfüllen, sondern sie schlicht zu besitzen. Genauso ging es mir auch auf meiner Jagd nach dem geheimen Kubark-Protokoll. Bis heute habe ich es nicht geschafft, es vollständig zu lesen. Aber ich habe es ! Und Werbung damit machen kann ich, dass es nur so raucht!

Geschickte Manipulateure richten es sich daher nach Möglichkeit so ein, dass ein zu verkaufendes Produkt oder eine anzupreisende Dienstleistung direkt zwischen mehreren konkurrierenden Zielpersonen platziert wird. Diesen Effekt nutzt beispielweise auch Groupon.[13] In dieser Spannung gilt es jetzt nur noch, der Ressource allmählich den Hahn zuzudrehen und das auf eine Weise, die auf jeden Fall auch jeder mitbekommt.

13 Schau mal bei www.groupon.de vorbei. Dieses System funktioniert nahezu ausschließlich nach diesem Effekt. Sehr spannendes Praxisbeispiel.

Zusammenfassung

Das Prinzip der Knappheit ist eine mächtige Waffe bei der Konstruktion von Manipulationsstrategien. Alleine die Tatsache, dass wir Menschen Gelegenheiten, die für uns schlechter erreichbar scheinen, einen höheren Wert beimessen und diese dann ungesehen auch meist als noch wertvoller betrachten, öffnet wieder mal Tür und Tor für zielgerichtete Einflussnahme.

Dank dieser übermächtigen Verarbeitungs- und Reaktionsmuster unseres Gehirns funktioniert das Knappheitsprinzip nicht nur bei Gütern, sondern auch bei Dienstleistungen oder zeitabhängigen Ressourcen. Zu der Anregung, diese noch mehr haben zu wollen, allein nur um des Habenwollens wegen, streuen diese unbewussten Steuerungsinstanzen als Krönung noch die Reaktanz hinzu. Reaktanz blüht vor allem dann auf, wenn eine Ressource nicht nur per se knapp ist. Reaktanz erwacht vor allem dann, wenn eine Ressource vor unseren Augen beginnt, immer knapper zu werden. Von der Angst, einer wirklich bewusst-kritischen Prüfung des Verlangens kann der geschickte Einflussnehmer entspannt Abstand nehmen.

Was sich zu lesen lohnt, ...

Bandler, Richard & Grinder, John. 1975. Pattern of the Hypnotic Techniques of Milton H. Erickson. s.l. : Junfermann Verlag, 1975.

Bandler, Richard, 2009. Kommunikation und Veränderung - Struktur der Magie II. s.l. : Junfermann, 9. Auflage, 2009.

Braid, James. 1853. Hypnotic therapeutics, illustrated by cases. With an appendix on table-moving and spirit-rapping, . London : The Monthly Journal of Medical Science, 20ff, 1853.

—. 1843. Neurypnology; or the rationale of nervous sleep, considered in relation with animal magnetism. Illustrated by numerous cases of its successful applications in the relief and cure of disease. London : John Churchill, 1843.

Brown, Derren. 2010. The Giveaway Experiment. [youtube] s.l. : Derren Brown, 2010.

CIA. 1963. Kubark Counterintelligence Interrogation. s.l. : CIA, 1963.

Cialdini, Robert B. 2010. Die Psychologie des Überzeugens. Bern : Verlag Hans Huber, 2010.

Dilts, Robert. 2001. Die Magie der Sprache. s.l. : Junfermann Verlag, 2001.

—. 1999. Modelling mit NLP. s.l. : Junfermann Verlag, 1999.

—. 1998. Von der Vision zur Aktion. s.l. : Junfermann Verlag, 1998.

Dutton, Kevin. 2010. Flipnsis. The Art of Spli-Second Persuasion. London : Wiliam Heinemann, 2010.

Erickson, Milton H. 2007. Hypnotherapie. Aufbau. Beispiele. Forschung. s.l. Klett-Cotta; 9. Auflage, 2007.

FBI. **2007.** Understanding Stockholm Syndrom. s.l. : FBI Law Enforcement Bulletin, 76, 10ff, 2007.

Feinberg, R. A. 1986. Credit Cards as spending facilitating stimuli. s.l. : Journal of Consumer Research, 1986.

Fisher, Helen. 2011. Die Macht des Unbewussten. s.l. : ARD, 2011.

Gilligan, Stephen G. 2008. Therapeutische Trance: Das Prinzip Kooperation in der Ericksonschen Hypnotherapie. s.l. : Carl-Auer, 2008.

Goldstein, Noah J. 2009. Yes! Andere überzeugen - 50 wissenschaftlich gesicherte Geheimrezepte. s.l. : Huber, 2009.

Gouldner, Alvin. The Norm of Reciprocity. s.l. : University of Kansas, 1960.

Havener, Thorsten. 2011. Denk doch was du willst! s.l. : Wunderlich, 2011.

Hogue, Katly. 2012. The Effect of High Attractiveness on Perceived Intelligence. s.l. : Hannover College, 2012.

Hull, Clark L. Ph.D. 1933. Hypnosis and Suggestibility - an experimental approach. Wales : Crown House Publishing Ltd., 1933.

Jonas, David & Daniels, Anja. 1993. Was Alltagsgespräche verraten. Verstehen Sie limbisch? s.l. : Hannibal Verlag GmbH, 1993.

Langer, Ellen J. 1978. The mindlessness of ostensibly thoughtful action: The role of „placebic" information in interpersonal interaction. s.l. :

VI

Journal of Personality and Social Psychology, Vol 36(6), Jun 1978, 635-642, 1978.

Langlois, Judith H. & Andere. 2000. Maxims or Myths of Beauty? A Meta-Analytic and Theoretical Review. s.l. : Psychological Bulletin, 126, 390ff, 2000.

Latané, B. & Nida, S. 1981. Ten years of research on group size and helping. s.l. : Psychological Bulletin, 89, 308ff, 1981.

Mauss, Marcel. 1954. the guft. London : Cohen and West / in dt.: Suhrkamp, 1954.

Milgram, S. 1974. Obedience to authority. New York : Harper & Row, 1974.

Mulzer, Chris. 2004. Metaprogramme. Berlin : Bibliothek des Verkaufswissens, 2004

Paese, P. W. & Gilin, D.A. 2000. When an adversary is caught telling the truth. s.l. : Personality and Social Psychology Bulletin, 26, 75-90, 2000.

Regan, R. T. 1971. Effects of favor and liking on compliance. s.l. : Journal of Experimental Social Psychology, 7, 627-639, 1971.

Schmidt, Gunther Dr. 2013. Liebesaffären zwischen Problem und Lösung. Hypnosystemisches Arbeiten in schwierigen Kontexten. s.l. : Carl-Auer; 5. Auflage, 2013.

Wissenschaft, Bild der. 2005. Menschen im Groß- und Kleinformat. online : Bild der Wissenschaft online, Ausg. 4, 2005.

Weiterführendes ...

Auf dem youtube Kanal von meinem Buch, habe ich den einen und anderen Effekt systemischer Manipulation einfangen können. Es gibt zum Glück das eine und andere Video im Netz, das ganz wunderbar derlei Effekte demonstriert.

Wenn Du Dich also mal nach youtube verirren solltest, schau doch mal hier vorbei: youtube.de/user/MrSuggestio. In der Rubrik „Klimabestimmende Manipulation findest Du zum Beispiel einen Film zum Bystander-Effekt. Ich habe meine Meta-Kommentare links in einer Spalte eingeblendet, so dass Du der ganzen Wirkmechanik gut folgen können wirst.

Ähnliche Effekte findest Du natürlich auch in anderen Videos. Ein ganz beeindruckendes ist die Vorstellung von Derren Brown, unter dem Titel: „Street Scam". Hier findest Du eine bunte Mischung aus nonverbalen, verbalen und systemischen Komponenten, die Derren Brown schlussendlich zum Ziel bringen. Zumindest meistens. Wenn Du in youtube ein wenig stöberst, findest Du auch die „Fails!".

Hauptakteure manipulativer Attacken nutzen immer auch systemische Einflussfaktoren um an ihr Ziel zu kommen. Rein „verbal", oder nur „nonverbal" gibt es so gut wie nicht. Schau es Dir einfach selber an.

Wenn Du diese Variante von Einflussfaktoren ein Wenig mehr magst als alle Anderen, dann wirst Du ab Workbook III, bzw. schon vorher in dem einen oder anderen Arbeitsheft fündig. Schau einfach ab und zu auf der WebSite oder auf facebook vorbei.

Aber hier noch schnell die erwähnte Auswahl an youtube Filmchen:

Eike Rappmund: Bystander Effect (erklärt, deutsch). youtube/Klimabestimmende Manipulation. 2014

Eike Rappmund: Asch Experiment (erklärt, deutsch). youtube/Klimabestimmende Manipulation. 2014

Eike Rappmund: Musterbildung & -nutzung durch soziale Wirkmechanik. youtube/Klimabestimmende Manipulation. 2014

Eike Rappmund: Mental-Magie erklärt (Mentalist Derren Brown - Street Scam). youtube/sprachliche Manipulation. 2014

VI

VI

TEIL VII - Mein Nachwort

Ganz ohne Einflussnahme

VII

VII

… und der letzte
Überblick

Rückblick
Die vier magischen Schritte zum Ziel

Ausblick
Weiter geht´s mit Onlinetraining und Workbook

Danke
Diese Menschen sind einfach klasse

Quellen
Was sich auf jeden Fall zu lesen lohnt

Nachwort

Nun, was gibt es noch zu sagen? Wir sind am Ende unseres kleinen Exkurses angelangt. Ein für dich hoffentlich spannender Exkurs, von der Evolution unseres Gehirns über die Brücken unserer uns motivierenden Impulsgeber bis hin zu den sich dadurch öffnenden Türen für Einflussnahme in Körpersprache, Sprache und Systemen. So sind wir erst einmal an einem Schlusspunkt angekommen und deine eigentliche Reise kann jetzt also beginnen.

Rückblick

Nach ein paar Hundert Seiten intensiver Auseinandersetzung mit der menschlichen Psyche und ihren spannenden Eigenheiten, hast du nun einen ziemlich guten Überblick. Doch was wirst du damit anfangen? Zu welchem Zweck wirst du ihn nutzen? Wenn du Lehrer bist, wird jetzt womöglich dein Unterricht besser? Wenn du Polizist bist, deine Verhandlungsführung? Wenn du Politiker bist, wirst du jetzt vielleicht bessere Reden halten? Oder wenn du im Verkauf tätig bist, wirst du jetzt möglicherweise besser verkaufen? Wie wirst du all das Wissen, die Beispiele und Ideen für dich umsetzen? Wie werden sie dir dienen?

Wenn wir noch einmal die goldene „Vier-Schritt-Regel" von den ersten Seiten dieses kleinen Handbuches nehmen, fällt mir Folgendes auf:

Ich hatte dargestellt, dass eigentlich jeder Entwicklungsprozess mehr oder weniger immer diesen vier Schritten: Wahrnehmen, Verstehen, Entscheiden und Tun, folgt.

Aus Perspektive dieser vier Schritte kannst du vielleicht im ersten Schritt wahrnehmen, dass alles, was ich dir angeboten habe, immer auch eine Aussage über dich selbst (und mich und alle) ist. Wir sind immer gleichzeitig Manipulateure und Manipulierte. Nicht nur das Gehirn unseres Gegenübers funktioniert so, sondern auch unser eigenes. Nicht nur unser Gegenüber ist von seinen Bedürfnissen getrieben, auch wir sind das. Wir können gar nicht anders, als uns immer auch als Teil dieser unendlich wechselwirkenden und rückbezüglichen Schlaufen zu begreifen. Der einzige Unterschied, den es in diesem Spiel gibt, mag der sein, dass wir – als Manipulateure – ein kleines bisschen besser wahrnehmen und verstehen können, was da wie und wieso gerade vor unseren Augen passiert.

Aber wenn du dich daran erinnern magst, hast du irgendwo gelesen, dass bewusste Verarbeitungsrituale immer langsamer und Energie verschwendender sind als unbewusste. Somit hätte dein Gegenüber immer einen klaren Vorteil. Zumindest so lange, so lange in dir nicht ein neues, vielleicht etwas aufgeweckteres Muster entstanden ist, das automatisch losrennt, die passende innere Haltung einnimmt, die richtigen Lämpchen der Wahrnehmung anschaltet und dir die richtigen Strategien aus dem Bücherschrank holt.

Wenn man all das Gesagte nun ernst nimmt, dann hat das Konsequenzen. Die (wie ich finde wichtigste) Konsequenz daraus ist, anzunehmen und zu verstehen, dass dieses kleine Handbuch eigentlich auch eine Landkarte der eigenen Psyche gezeichnet hat. Wenn du also nun die Kapitel Stück um Stück dazu nutzt, dir selber auf die Schliche zu kommen, dich selber wahrzunehmen, nämlich wie dein Gehirn automatisch für dich entscheidet, welche Bedürfnisse dich steuern und wie sich das Ganze in deiner Körpersprache, Sprache und in deinem sozialen Verhalten ausdrückt, dann wirst du auch riesige Schritte in deiner persönlichen Entwicklung machen. Du wirst bemerken, dass du freier, klarer und damit auch autonomer wirst, alleine dadurch, dass du deine inneren Prozesse nun wahrnimmst und sie verstehen kannst. Dann – und eigentlich nur dann – wenn du für dich selber diese ersten beiden Schritte gegangen sein wirst – wirst du mehr als nur einen kleinen Vorteil gegenüber deinen Sozialkontakten und Gesprächspartnern haben. Dann bist du es, der sich immer wieder und wieder mit Leichtigkeit selbst führen wird und dies nicht den Hunderten und Tausenden von unreflektierten und unbewussten Musterprozessen überlässt. Dann wirst du loslassen können, von dem, was dich bisher gesteuert und getrieben hat und selbst das Ruder in der Hand halten.

Wenn du das trainiert hast, sodass diese Perspektiven von differenzierter Selbstwahrnehmung und Selbstverständnis so

natürlich für dich werden, dass sie schon zu soetwas wie einer „unbewussten Haltung“ gegenüber Leben und Erleben geworden sind, dann hast du dich selber in perfekter Manier manipuliert.

Das kleine Wunder, das dann geschieht, ist etwas ganz Erstaunliches. Plötzlich werden dir deine Ressourcen- um ein vielfaches mehr – einfach so zur Verfügung stehen. Du musst dafür nichts mehr auswendig lernen, nichts einüben und auch nicht um Strategien ringen. Es wird dir einfach alles zur Verfügung stehen.

Für was du dich dann im dritten Schritt entscheidest, um diese Ressourcen zu verwenden, wird die einzige Herausforderung sein, die du zu bewältigen hast. Worauf du deine Energie auch richten magst, es wird dir gelingen. Dessen bin ich mir sicher. Es sei denn, du bleibst bei diesem dritten Schritt stehen und kommst nicht ins Tun, nicht ins spielerisch leichte Ausprobieren. Nicht ins Entdecken, Testen, Prüfen, Erschaffen, Kreieren und Knobeln usw.

Mit diesem letzten Schritt schließt sich der Kreis dann wieder. Mit dem aktiven „Tun“ wirst du dich selber wieder als Gegenüber in einem systemischen Wechselspiel erleben. Du wirst zum Gesprächspartner, zum Sozialkontakt oder zum Redner, und in all diesen besonderen Rollen wirst du auf der dir altbekannten Haltung aufbauen, dich jederzeit klar und bewusst wahrnehmen, verstehen, bewusst entscheiden und spielerisch leicht Tun können. In einem Satz: Dich führen.

Die wahre Meisterschaft besteht somit nicht darin, eine oder mehrere bestimmte Manipulationsstrategien wahrhaft perfekt inszenieren zu können. Nein! Die wahre Meisterschaft besteht darin, sich selbst, und das in jeder Lage, klar und bewusst führen zu können. Es gibt kein direktes Ziel, das du erreichen könntest, aber es gibt einen „Haltungs-Prozess“, den du perfektionieren kannst. Dazu wünsche ich dir aus ganzem Herzen viel Freude, viele tolle Erfahrungen und vor allem eine ganze Menge Spaß.

Nochmal, aber diesmal ganz praktisch:

Mit deiner Neugier, deiner Lust auf mehr und deinen Fragen will ich dich natürlich nicht alleine stehen lassen. Immerhin haben wir ja jetzt schon etliche Stunden gemeinsam verbracht und ich könnte mir vorstellen, dass du gerne noch bei dem einen oder anderen Thema weitermachen würdest und mehr wissen willst.

Ausblick

Das Workbook

Vieles von dem, was ich in diesem Buch – vor allem theoretisch – aufgezeigt habe, findet seine ganz praktische Erweiterung im Workbook. Ich habe ja an vielen Stellen schon darauf hingewiesen, dass es das gibt. Im Workbook findest du kaum noch Theorie und Grundlagen; dafür eine ganze Menge an praktischen Beispielen, spannende Versuchen aus der Sozialpsychologie und Impulse für eigene rhetorische oder systemische Strategien. Das Workbook ergänzt das Handbuch sozusagen. Analog und zu fast jedem einzelnen Kapitel hier.

Wenn du also merkst, dass du Zugang zu einem Mehr an eigenen Ressourcen gewinnst bzw. gewonnen hast, dann kann dir das Workbook viele nette, kleine und große, einfache und extrem komplizierte Ideen liefern, diese Ressourcen auch in konkretes „Tun“ umzusetzen. Übungsangebote, die ich dir da vorschlage, folgen auch konsequent dieser „Vier-Schritt-Regel“. Im Workbook schauen wir uns konkrete Situationen an, arbeiten an einem passenden Verständnis, entscheiden uns für eine konkrete Strategie, setzen diese um und reflektieren diese dann anschließend wieder. Einige Artikel diesbezüglich findest du bereits schon auf der Website. Regelmäßig werden es mehr. Viele davon kannst du kostenfrei downloaden und als Loseblattsammlung abheften.

Weil das in der passiven Form eines Buches manchmal nicht ganz so rund läuft, habe ich mir, wie eingangs ja schon beschrieben, noch etwas Zweites überlegt:

Das Online-Training

Auf der Webseite (http://www.handbuch-manipulation.de) gibt es noch viel mehr Möglichkeiten. Hier findest du zum Beispiel nahezu alle Quellen zum Download, eine Menge an Illustrationen, Beispielen und Videos im Media-Archiv und stets frische und aktuelle Forschungsberichte aus unterschiedlichen Bereichen der Psychologie und Sozialpsychologie.

Gleich vorweg: Die Nutzung des Onlinesystems wird nicht kostenfrei sein. Irgendwie muss ich den Betrieb diese Systems ja auch finanzieren. Einen kleinen Unkostenbeitrag wirst du dafür leider berappen müssen.

Wenn du mir allerdings ein Bild von Dir, auf dem Du mit diesem Buch zu sehen bist, samt einem netten Kommentar oder Erfahrungsbericht zur Veröffentlichung zur Verfügung stellst, dann schenke ich dir einen „lebenslangen" Zugang. Maile mir einfach beides zu und du erhältst einen 100 Prozent Rabatt. Ich freue mich über dein Feedback.

VII

Danke

Als letzten Gedanken möchte ich dir, lieber Leser, für deine Aufmerksamkeit, dein Interesse und deine Neugier danken, die du ja mit Kauf und Lesen dieses Buchs gezeigt hast. Ich freue mich darüber, sollte es für Dich zu einer Quelle, einem Fundus werden, um deine eigene Entwicklung voran zu treiben, deine Arbeit zu optimieren oder dich als Sozialpartner zu stärken. Dann hat dieses Handbuch seinen ganzen Sinn und Zweck erfüllt. Ich freue mich jetzt schon darauf, dich gegebenfalls im Workbook oder gar online wieder zu sehen.

Dieses ganze Projekt: Buch, Workbook und Online-Training, wäre sicherlich nicht zustande gekommen, wäre da damals nicht diese ganz besondere Workshop-Anfrage ins Haus geflattert. Hätten die Sondereinsatzkräfte der Polizei des Landes Nordrheinwestfalen mich nicht engagiert, einmal fernab jeder therapeutischen Moral und Ethik zu diesem Thema, ihre Verhandlungsgruppen zu schulen, dann wären meine Aufschriebe, Schulungskonzepte und Handouts wohl sicherlich weiterhin in der Schublade vergammelt.

Ein ganz besonderer Dank gilt demnach dem lieben Ralph vom LAFP, der durch sein unerschütterliches Engagement, seine Neugier und seinen Wissensdurst viel zu den Themen und deren inhaltlichen Ausgestaltung beigetragen hat. Ich wünsche dir von Herzen deinen wohlverdienten Ruhestand.

Aber von der Konzeptidee bis zu der gesamten Ausarbeitung dieses Buch war es auch ein weiter Weg. Unzählige Forschungsberichte galt es zu aktualisieren, zu sichten und aufzuarbeiten, an jedem Kapitel musste gefeilt werden und oftmals zogen die Nächte nur so an mir vorbei. Diese ganze Anstrengung hätte ich sicher nicht bis zum Ende verfolgt, wäre da nicht meine liebevolle Partnerin gewesen, die mich dafür freigegeben und immer wieder dazu motiviert hat. Daher möchte ich der Frau an meiner Seite, meiner lieben CoCo, einen noch besonderen Dank widmen. Ohne sie wäre sicherlich das ganze Projekt niemals entstanden, geschweige denn je fertig geworden. Sicherlich hätte es sich still und heimlich zu den anderen, nicht veröffentlichten Skripten gesellt und wäre verstaubt. Ich verspreche dir, liebe CoCo, für deine liebevolle Begleitung lade ich dich mit dem ersten Verkaufsgewinn des Buches zu einem Wellness-Wochenende deiner Wahl ein.

Ohne Außenperspektive, fachlichen Beistand und Feedback wäre das Ganze hier sicherlich auch nur schwer bis gar nicht lesbar geworden. All die vielen Rechtschreib- und Grammatikfehler, die man machen kann, den Satzbau, den man ausversehen bis zur Unendlichkeit verzerrt, und die logische Gedankenführung, die ebenso unabsichtlich doch gerne auch hin und wieder mal im Nirwana verschwindet, haben mehr als nur ein kritisch-kompetentes Auge gebraucht. Ohne dich, mein lieber Chris, wäre das alles hier sicherlich nur ein Haufen unsortierter Buchstaben. Und mehr noch. Ohne dein aufbauendes und ermutigendes Feedback als belesenster Mensch, den ich kenne, als „Intermediär" und „Brainiac der Extraklasse" wäre ich sicherlich nie so schnell in die Gänge gekommen. Vor deinem Feedback hatte ich am meisten Respekt. Da du ja keine Ahnung hast, wie sehr positiv du mich doch in unserer Freundschaft immer wieder beeinflusst, und das seit fast schon zwei Jahrzehnten, gilt dir umso mehr noch mein Dank.

Und zum Schluss: Auch ich als Autor bin selbstverständlich Teil mehrere Systeme. Ich bin Kursleiter, Partner,

Freund und... - ja, und Vater. Ich glaube, wären meine Kinder nicht gewesen, mit allen ihren kleinen und großen Nöten, die man eben beim Heranwachsen so haben kann, dann hätte ich mich erst überhaupt nicht damit beschäftigt, wie man sein Gehirn autonom benutzen kann. Mich hätte nicht in solch einem Maße interessiert, wie man Ressourcen aus sich herauskitzelt. Ich hätte mich wohl kaum gefragt, wie man möglichst effektiv beeinflussen kann, um ein aufgeräumtes Kinderzimmer zu bekommen, wie man leichter und schneller Lesen und Schreiben lernen kann oder gar Mathe in seinen Kopf bekommt. Ich hätte weder meine NLP-Trainer-Ausbildungen gemacht, noch mich mit der Hypnotherapie beschäftigt, ich hätte mich nicht um Systeme geschert und wäre nicht zum „Wortfetischist" geworden.

Euch dreien, meine liebe Lara, mein lieber Jakob und mein lieber Felix, hab ich die größten Schritte in meinem Leben zu verdanken. Dessen bin ich mir (fast) täglich bewusst. Ich hoffe, ihr seid so stolz auf euren Vater, wie ich stolz auf euch bin. Dieses ganze Projekt ist Euch gewidmet. Ich hoffe, ihr könnt euch so den einen oder anderen Umweg ersparen und erreicht zielstrebiger eure gesteckten Ziele, als es euer Vater je geschafft hätte.

So, jetzt ist Schluss. Aber das musste noch gesagt werden.

Lieber Leser und liebe Leserinnen,

ich wünsche euch von Herzen das Allerbeste und viel Freude bei einem sich mehr und mehr verlebendigendem und autonomen Leben.

Euer Eike (Rappmund)

An meinem Geburtstag 2014

TEIL VIII - Quellen

Literarische Einflussnahme

VII

Literaturverzeichnis

Quellen

@_phantomscherz_. 2013. s.l. : twitter, 2013.

Bandler, R. & Grinder, J. 1975. Patterns of the Hypnotic Techniques of Milton H. Erickson. s.l. : Meta Publications, 1975.

Bandler, Richard & Grinder, John. 1975. Pattern of the Hypnotic Techniques of Milton H. Erickson. s.l. : Junfermann Verlag, 1975.

Bandler, Richard, 2009. Kommunikation und Veränderung - Struktur der Magie II. s.l. : Junfermann, 9. Auflage, 2009.

—. 2005. Reframing - ein ökologischer Ansatz in der Psychotherapie. s.l. : Junfermann; 8. Auflage, 2005.

—. 1998. Struktur der Magie I. s.l. : Junfermann Verlag, 1998.

Bandler, R., Grinder, J. Patterns: Muster der hypnotischen Techniken Milton H. Ericksons. s.l.: Junfermann; 4. Auflage, 2005

Bandura, Alber. 1967. Vicarious extinction of avoidance behaviour. s.l. : Journal of Personality and Social Psychology, 5, 16ff, 1967.

Bargh, John Prof. 2011. Die Macht des Unbewussten. ARD Mediathek, Universität Yale : ARD, 2011.

Begemann, E. 1959. Innere Differenzierung in der Schule für Lernbehinderte als individuelles und spezifisches Lernen. Göttingen : s.n., 1959.

Boeree, George (PHD). 2006. Personality Theories. Shippensburgh University, USA : Shippensburgh University, 2006.

Braid, James. 1853. Hypnotic therapeutics, illustrated by cases. With an appendix on table-moving and spirit-rapping, .

London : The Monthly Journal of Medical Science, 20ff, 1853.

—. 1843. Neurypnology; or the rationale of nervous sleep, considered in relation with animal magnetism. Illustrated by numerous cases of its successful applications in the relief and cure of disease. London : John Churchill, 1843.

Brehm, J. W. 1966. A Theory of psychological reactance. New York : Academic Press, 1966.

Brochet, Frederic. 2001. Chemical Object Representation in the Field of Consciousness. s.l. : General Oenology Laboratory, France, 2001.

Brown, Derren. 2010. The Giveaway Experiment. [youtube] s.l. : Derren

Brown, 2010.

Brownstein, A. 2003. Biased predicision processing. s.l. : Psychological Bulletin, 129, 517f, 2003.

Burger, J. M. 2009. Replicating Milgram: Would people still obey today? s.l. : American Psychologist, 64, 2009.

—. 2004. What a coincidence! The effects of incidental similarity on compliance. s.l. : Personality and Social Psychology Bulletin, 30,35, 2004.

Cho, Siwon. 2001. Influence of Consumer Age and Clothing Type of Salesperson on Consumer Satisfaction with Salesperson's Performance. Blacksburg : Master Arbeit, Virginia Polytechnic Institute and State University , 2001.

CIA. 1963. Kubark Counterintelligence Interrogation. s.l. : CIA, 1963.

Cialdini, Robert B. 2010. Die Psychologie des Überzeugens. Bern : Verlag

Hans Huber, 2010.

Damian, Markus F. 2003. Semantic priming in the name retrieval of objects and famous faces. British Journal of Psychology : The British Psychological Society, 2003.

Dilts, Robert. 2001. Die Magie der Sprache. s.l. : Junfermann Verlag, 2001.

–. 1999. Modelling mit NLP. s.l. : Junfermann Verlag, 1999.

–. 1998. Von der Vision zur Aktion. s.l. : Junfermann Verlag, 1998.

Drachmann, D. & andere. 1978. The extra credit effect in interpersonal attraction. s.l. : Journal of Experimental Social Psychology, 14, 458ff, 1978.

Dünnebier, Katrin. 2009. Urteilsverzerrungen in der schulischen Leistungsbeurteilung, Eine experimentelle Studie zu Ankereffekten. Bern : Zeitung für Pädagogische Psychologie, 23, Hogrefe, 2009.

Dutton, Kevin. 2010. Flipnosis. The Art of Spli-Second Persuasion. London : Wiliam Heinemann, 2010.

Erickson, Milton H. 2007. Hypnotherapie. Aufbau. Beispiele. Forschung. s.l. Klett-Cotta; 9. Auflage, 2007.

–. Die Lehrgeschichten von Milton H. Erickson. s.l.: Iskopress, Nachdruck 2011.

Fazio, R. H., Blascovich, J. & Driscoll, D. 1992. On the functional value of attitudes. s.l. : Personality and Social Psychology Bulleti, 18, 388ff, 1992.

FBI. 2007. Understanding Stockholm Syndrom. s.l. : FBI Law Enforcement Bulletin, 76, 10ff, 2007.

Feinberg, R. A. 1986. Credit Cards as spending facilitating stimuli. s.l. : Journal of Consumer Research, 1986.

Ferdinand, W. / Verleger, K. 1963. Zur Beurteilung der Leistungen erziehungsschwieriger Schüler. s.l. : Die Deutsche Schule, 1963.

Fisher, Helen. 2011. Die Macht des Unbewussten. s.l. : ARD, 2011.

Flynn, F. J. 2002. What have you done for me lately? s.l. : Organizational Behaviour and Human Deciion Process, 2002.

Foroni, F., & Rothbart, M. (2013). Abandoning a label doesn't make it disappear: The perseverance of labeling effects. Journal of Experimental Social Psychology, 49, 126–131.

Freedman, J. L. & Fraser, S. C. 1966. Compliance without pressure. The „foot in the door" technique. s.l. : Journal of Personality and Social Psychology, 4, 195f, 1966.

Gilligan, Stephen G. 2008. Therapeutische Trance: Das Prinzip Kooperation in der Ericksonschen Hypnotherapie. s.l. : Carl-Auer, 2008.

Goldstein, Noah J. 2009. Yes! Andere überzeugen - 50 wissenschaftlich gesicherte Geheimrezepte. s.l. : Huber, 2009.

Gouldner, Alvin. The Norm of Reciprocity. s.l. : University of Kansas, 1960.

Grawe, Klaus. 2004. Neuropsychotherapie . s.l. : Hogrefe Verlag, 2004.

Grinder, John Thomas. 1976. On deletion phenomena in English. s.l. : Mouton de Gruyter, 1976.

Grochowiak, Klaus & Heiligtag, Stefan. 2002. Die Magie des Fragens: Warum es keine unschuldigen Fragen gibt. s.l. : Junfermann, 2002.

Grochowiak, Klaus. 2007. Das NLP - Practitioner Handbuch. s.l. : Junfermann, 2007.

Hafalir, Elif I. 2011. The Impact of Credit Cards on Spending: A Field Experiment. s.l. : Carnegie Mellon University, 2011.

Havener, Thorsten. 2011. Denk doch was du willst! s.l. : Wunderlich, 2011.

Hill, Jae H. 1968. VICARIOUS EXTINCTION OF AVOIDANCE BEHAVIOR THROUGH FILM. s.l. : Psychological Reports, 22, 192, 1968.

Hobfoll, Stepvan E. (PhD). 2001. The influence of culture, community and the nested-self in the stress process. Chicago : Applied Psychology. An international Review, 50, 337ff, 2001.

Hogue, Katly. 2012. The Effect of High Attractiveness on Perceived Intelligence. s.l. : Hannover College, 2012.

Hull, Clark L. Ph.D. 1933. Hypnosis and Suggestibility - an experimental approach. Wales : Crown House Publishing Ltd., 1933.

Hüther, Gerald /Nitsch, Cornelia. 2008. Wie aus Kindern glückliche Erwachsene werden. München : Gräfe und Unzer Verlag, 2008.

Jonas, David & Daniels, Anja. 1993. Was Alltagsgespräche verraten. Verstehen Sie limbisch? s.l. : Hannibal Verlag GmbH, 1993.

Korzybsky, Alfred. 1933-1958; 1995. Science and Sanity: An Introduction to Non-Aristotelian Systems and General Semantics . New Jersey : Inst of General Semantics , 1933-1958; 1995.

Kossak, Hans-Christian. Hypnose: Lehrbuch für Psychotherapeuten und Ärzte. . 2013 : Beltz; 5. Auflage.

Kößler, Susanne. 2006. Affektives Priming mit emotionalen Bildern in einer lexikalischen Entscheidungsaufgabe, eine EEG Studie. Uni Konstanz : Diplomarbeit, 2006.

Krappmann, Lothar. 1975. Soziologische Dimension der Identität. Stuttgart : Klett Verlag, 1975.

Langer, Ellen J. 1978. The mindlessness of ostensibly thoughtful action: The role of „placebic" information in interpersonal interaction. s.l. : Journal of Personality and Social Psychology, Vol 36(6), Jun 1978, 635-642, 1978.

Langlois, Judith H. & Andere. 2000. Maxims or Myths of Beauty? A Meta-Analytic and Theoretical Review. s.l. : Psychological Bulletin, 126, 390ff, 2000.

Latané, B. & Nida, S. 1981. Ten years of research on group size and helping. s.l. : Psychological Bulletin, 89, 308ff, 1981.

Lott, A. J. & Lott, B. E. 1965. Group cohesiveness as interpersonal attraction: A review of relationships with antecedent and con sequent variables. s.l. : Psychological Bulletin, 64, 259ff, 1965.

Lynn, M. & Shurgot, B. A. 1984. Responses to lonely hearts advertisements: Effects of reported physical attractiveness, physique and coloration. s.l. : Personality and Social Psychology Bulletin, 349ff, 1984.

Maslow, Abraham. 1973. Psychologie des Seins. München : s.n., 1973.

Maturana, Humberto R. 1985. Erkennen: Die Organisation und Verkörperung von Wirklichkeit: Ausgewählte Arbeiten zur biologischen Epistemologie. s.l. : Vieweg+Teubner Verlag, 1985.

Mauss, Marcel. 1954. the guft. London : Cohen and West / in dt.: Suhrkamp, 1954.

Metzger, Wolfgang. 1959. Die Entwicklung der Erkenntnisprozesse, in: Entwicklungspsychologie. Göttingen : s.n., 1959.

—. 1973. Psychologie in der Erziehung. Bochum : s.n., 1973.

Milgram, S. 1974. Obedience to authority. New York : Harper & Row, 1974.

Mohl, Alexandra. 2006. Der große Zauberlehrling. s.l. : Junfermann, 2006.

Mollenhauer, Klaus. 1964. Einführung in die Sozialpsychologie. Weinheim s.n., 1964.

Moriarty, Thomas. 1975. crime commitment and the responsive bystander. s.l. : Journal of Personality and Social Psychology, 31, 370ff, 1975.

Mulzer, Chris. 2004. Metaprogramme. Berlin : Bibliothek des Verkaufswissens, 2004.

Murayama, Kou. 2012. Predicting Long-Term Growth in Students' Mathematics Achievement: The Unique Contributions of Motivation and Cognitive Strategies. s.l. : Child Development Volume 84, 2012.

Myrseth, K. R. O., Fishbach, A., & Trope, Y. (2009). Counteractive self-control – when making temptation available makes temptation less tempting. Psychological Science, 20, 159-163.

Naylor, R. W. 2006. Promotions spontaneously induce a positive evaluative response. s.l. : Journal of Consumer Psychology, 2006.

Neuroscience, Society of. 2010. Das Gehirn - eine kurze Zusammenfassung. Washington, D.C. : Society of Neuroscience, 2010.

Nida, Latané & andere. 1981. Ten Years of Research on Group Size and Helping. s.l. Psychological Bulletin, Vol. 89, 1981.

Paese, P. W. & Gilin, D.A. 2000. When an adversary is caught telling the truth. s.l. : Personality and Social Psychology Bulletin, 26, 75-90, 2000.

Phillips, D. P. 1980. Airplane accidents, murder and the mass media. s.l. : Social Forces, 58, 1001, 1980.

Prevention, Center of Disease Control and. 2010. div. Statistiken. s.l. : National Institutes of Health, 2010.

Radatz. 2008. Beratung ohne Ratschlag: Systemisches Coaching für Führungskräfte und BeraterInnen. s.l. : Verlag Systemisches Management, 2008.

Rauen, Christopher. 2005. Handbuch Coaching. s.l. : Hogrefe-Verlag, 2005.

Razran, G. H. S. 1938. Conditioning away social bias by the luncheon technique. s.l. : Psychological Bulletin, 37, 481, 1938.

Regan, R. T. 1971. Effects of favor and liking on compliance. s.l. : Journal of Experimental Social Psychology, 7, 627-639, 1971.

Roth, Gerhard. 2011. Neurowissenschaftler. Die Macht des Unbewussten. ARD Mediathek, Universität Bremen : ARD, 2011.

Roth, Heinrich. 1962. Pädagogische Psychologie des Lehrens und Lernens. Hannover : s.n., 1962.

Schindler, R. M. 1998. Consequences of preceiving oneself as responsible of obtaining a discount. s.l. : Journal of Consumer Psychology, 7, 371-392, 1998.

Schlenker, B.R., Dlugolecki, D. W. & Doherty, K. 1994. The Impact of self-presentations on self-appraisals and behavior. The power of public commitment. s.l. : Personality and Social Psychology Bulletin, 20, 20-33, 1994.

Schmid, Gary Bruno. 2010. Tod durch Vorstellungskraft: Das Geheimnis psychogener Todesfälle. s.l. : Springer, 2010.

Schmidt, Gunther Dr. 2013. Liebesaffären zwischen Problem und Lösung. Hypnosystemisches Arbeiten in schwierigen Kontexten. s.l. : Carl-Auer; 5. Auflage, 2013.

Schmidt, Gunther. 2006. Einführung in die hypnosystemische Therapie und Beratung. s.l. : Carl-Auer Verlag, 2006.

Schulz von Thun, Friedmann. 2010. Miteinander reden . s.l. : rororo; 48. Auflage, 2010.

Simon, Fritz B. 2012. Einführung in Systemtheorie und Konstruktivismus. s.l. : Carl-Auer, 2012.

Simons, D. J., & Chabris, C. F. (1999). Gorillas in our midst: Sustained inattentional blindness for dynamic events. Perception, 28, 1059-1074.

Smith, G. H. & Engel, R. 1968. influence of a female model on perceived characteristics of an automobile. s.l. : the American Psychological Association, 681ff, 1968.

Spitzer, Manfred. 2012. Das menschliche Gehirn: Möglichkeiten und Grenzen. s.l. : youtube, 2012.

Spitzer, Manfred Prof. Dr. Dr. 2012. Wie lernt das Gehirn? Neuste Erkenntnisse der Psychologie und Hirnforschung. Fachtagung Umwelt bildet : Bundesverband TuWas e.V., 2012.

Stone, Jeff, Lynch, Christian. 1999. Stereotype Threat Effect on Black and White Athletic Performance. s.l. : Journal of Personality and Social Psychology, 1999.

Szabo, L. 2007. Patient protect thyself. s.l. : USA today, 2007.

Teuscher, U. 2005. The effects of time limits and approaching endings of emotional intensity. Los Angeles : American Psychological Society, 2005.

Watzlawick, Paul. 2006. Die erfundene Wirklichkeit: Wie wissen wir, was wir zu wissen glauben? s.l. : Piper , 2006.

–. 2009. Lösungen. Zur Theorie und Praxis menschlichen Wandels. Bern : **Huber**, 2009.

Weber, Gunthard. 2013. Aufstellungsarbeit revisited... nach Hellinger? s.l. Carl-Auer, 2013.

Weiß, Rudolf. 1965. Zensur und Zeugnis. Linz : s.n., 1965.

Weller, J. A. 2007. Neural Correlates of Adaptive Decision Making for Risky Gains and Losses. s.l. : Psychological Science, 18, 958ff, 2007.

Wilke, Helmut. 2006. Systemtheorie: Systemtheorie 1. Grundlagen. Stuttgart : UTB, 2006.

Wissenschaft, Bild der. 2005. Menschen im Groß- und Kleinformat. online : Bild der Wissenschaft online, Ausg. 4, 2005.

VIII

VII

TEIL VIII - Angehängt

Stichworte

VII

Stichwortregister

A

B

C

D

E

VII

F

G

H

I

J

VII

K

L

S

T

U

V

W

X

Y

Z

VII

Über tredition

Der tredition Verlag wurde 2006 in Hamburg gegründet. Seitdem hat tredition Hunderte von Büchern veröffentlicht. Autoren können in wenigen leichten Schritten print-Books, e-Books und audio-Books publizieren. Der Verlag hat das Ziel, die beste und fairste Veröffentlichungsmöglichkeit für Autoren zu bieten.

tredition wurde mit der Erkenntnis gegründet, dass nur etwa jedes 200. bei Verlagen eingereichte Manuskript veröffentlicht wird. Dabei hat jedes Buch seinen Markt, also seine Leser. tredition sorgt dafür, dass für jedes Buch die Leserschaft auch erreicht wird

Autoren können das einzigartige Literatur-Netzwerk von tredition nutzen. Hier bieten zahlreiche Literatur-Partner (das sind Lektoren, Übersetzer, Hörbuchsprecher und Illustratoren) ihre Dienstleistung an, um Manuskripte zu verbessern oder die Vielfalt zu erhöhen. Autoren vereinbaren unabhängig von tredition mit Literatur-Partnern die Konditionen ihrer Zusammenarbeit und können gemeinsam am Erfolg des Buches partizipieren.

Das gesamte Verlagsprogramm von tredition ist bei allen stationären Buchhandlungen und Online-Buchhändlern wie z. B. Amazon erhältlich. e Books stehen bei den führenden Online-Portalen (z. B. iBook-Store von Apple) zum Verkauf.

Seit 2009 bietet tredition sein Verlagskonzept auch als sogenanntes „White-Label“ an. Das bedeutet, dass andere Personen oder Institutionen risikofrei und unkompliziert selbst zum Herausgeber von Büchern und Buchreihen unter eigener Marke werden können.

Mittlerweile zählen zahlreiche renommierte Unternehmen, Zeitschriften-, Zeitungs- und Buchverlage, Universitäten, Forschungseinrichtungen, Unternehmensberatungen zu den Kunden von tredition. Unter www.tredition-corporate.de bietet tredition vielfältige weitere Verlagsleistungen speziell für Geschäftskunden an.

tredition wurde mit mehreren Innovationspreisen ausgezeichnet, u. a. Webfuture Award und Innovationspreis der Buch-Digitale.

tredition ist Mitglied im Börsenverein des Deutschen Buchhandels.